카발라와 예수 그리고 성경

카발라적 성경해석

김 태 항

하 모 니

카발라와 예수

그리고 성경

카발라적 성경해석

하 모 니

카발라와 예수 그리고 성경: 카발라적 성경해석

2016년 10월 15일 초판 1쇄 인쇄

저자 / 김태항

펴낸이 / 金泰恒

펴낸곳 / 하모니

출판등록 2009 5월 7일 제 2009-03호
충청북도 제천시 하소로 88, 203-605

전화 (043)920-7306, 010-4289-0093

E-mail: kthcross@hanmail.net

ISBN 979-11-85010-06-9 03230

서문

이 책이 전하는 내용을 가장 장 나타낼 수 있는 제목을 찾다가 마침내 〈카발라와 예수 그리고 성경〉으로 정하였다. 이 책이 전하고자 하는 핵심 내용이 이 3개의 단어(카발라, 예수, 성경)에 다 함축되어 들어 있다는 생각에서였다.

세상에서 가장 많이 팔린 책이 성경이고 지상에서 가장 널리 알려진 인물이 예수이다. 그러다 보니 저명한 저자들에 의하여 이 주제에 대한 수많은 책들이 나왔다. 그래서 사람들은 "이제는 더 덧붙일 것도 설명할 것도 없어 보이는 예수와 성경에 대하여 저자가 무슨 내용을 말하고자 하지."라고 생각할 수도 있을 것이다.

그런데 엄밀하게 따져보면 우리는 예수와 성경에 대하여 잘 안다는 착각에 빠져있다. 예수에 대한 역사적 자료는 지극히 한정되어 있고 그것도 어록이나 생애에 대한 기록이 아니라 역사적으로 존재하였다는 아주 단편적인 기록일 뿐이다. 이런 정보만으로 우리가 예수에 대하여 안다고 말할 수는 없다.

신약이라는 것도 예수가 직접 글로 남긴 것이 아니라 예수에 대한 제자들의 열렬한 신앙고백을 복음서와 서간이란 이름을 붙여 편찬하여 거역할 수 없는 신의 말씀으로 권위를 부여한 것뿐이다. 교회에서는 동정녀 출생, 대속이론, 원죄론 등을 내세우는데, 예수가 자신이 동정녀에서 태어났다고 말한 적이 없고(복음서 저자의 주장일 뿐이다), 자신이 인간의 죄를 대신하여 죽는다는 말한 적이 없고, 원죄를 말한 적이 없다. 모두 교부들이 자신의 의식 수준에서 성경을 해석하여 만들어낸 이론일 뿐이다.

그리고 지금 정경으로 인정받고 있는 신약은 여러 종파 간의 싸움에서 승리한 로마 가톨릭의 주장만 담고 있을 뿐이다. 그 결과로 예수의 비밀 가르침으로 알려진 영지주의 가르침은 철저하게 파괴되어 사라졌다.

신약처럼 구약도 그 권위가 도전 받고 있다. 구약에는 역사적인 사실도 담겨있지만 구약의 많은 부분이 신화이고 상징임이 연구를 통하여 드러나고 있다. 구약을 신의 말씀으로 생각하여 문자 그대로 해석하면 너무도 많은 것을 놓치게 된다. 이러한 데도 우리가 예수와 성경을 안다고 말할 수 있을까?

그러면 예수는 무엇을 말하였을까? 이에 대한 답은 카발라에서 찾을 수 있다. 유대신비 가르침인 카발라가 무엇이기에 이것이 예수와 관련이 있다는 건가라고 의문이 들 것이다.

비밀 전승에 따르면 신이 아담(인간)이 원래의 고귀하고 조화로운 상태를 되찾도록 카발라를 전하였고 그 후 이 가르침은 노아, 에녹, 아브라함, 모세, 다윗, 솔로몬 등처럼 준비된 자를 통하여 이어져 왔다고 한다.

또 다른 비밀 전승에 따르면 우리가 알고 있는 인류 문명 이전에 대서양에는 고도로 발달한 아틀란티스라는 문명이 있었고 이들 문명이 지녔던 과학, 종교 등 모든 지식의 통합적 체계가 카발라였다고 한다. 이 문명은 5만 년 전에 대서양으로 가라앉아 사라졌고 그때 살아남은 위대한 영혼들이 이들 가르침을 보존하여 이 세상에 전하였다고 한다.

이들 성자 중에는 헤르메스로 잘 알려진 토트와 성경에서 영원한 사제로 언급이 되는 멜기세덱이 있었다. 멜기세덱이 이 카발라를 아브라함에게 전해주었고 그 후 오랫동안 비밀리 구전되어 내려왔다.

고대 비밀전승에 따르면 이 멜기세덱이 바로 예수의 전생이었다. 멜기세덱은 팔레스타인에서 예수로 태어났고 그는 이 카발라 가르침을 준비된 제자들에게 전해주었다. 이것이 영지주의 가르침이었다. 반면에 지금의 정경은 의식 수준이 낮은 일반인에게 설해진 도덕적 수준의 내용이었다. 이처럼 카발라는 예수와 긴밀한 관련이 있다.

예수가 그랬듯이 진리는 시공간에 따라 그리고 사람들의 의식수준에 따라 다르게 설해져 왔다. 그런데 이런 기본적인 사실도 무시하고 의식수준이 낮았던 시대에 방편으로 설해진 가르침을 아직도 금과옥조처럼 따르는 종교단체도 있고 심지어 지금과는 너무도 달랐던 시절에 설해진 도덕규범이나 지침을 신의 말씀으로 받아들여 따르는 종교단체도 있다. 이들 종교 단체는 시공간에 따라 변하는 지침과 영원불변하는 진리를 구별해야 하는데 이것을 구분도 못하고 있다.

인류는 오랜 세월 자신이 누구이며 자신과 신과의 관계는 무엇이고 자신의 존재 의미는 무엇인지에 대하여 깊게 사색하여 왔고 그 결과로 우주 신비를 구성하는 여러 단편적인 퍼즐 조각들을 찾아내었다. 그러나 조각은 진리를 구성하는 작은 부분이었지 전부는 아니어서 우리는 전체적인 전망을 볼 수가 없다.

수많은 퍼즐 조각이 합쳐지면 비로소 우주의 신비를 생생하게 보여주는 하나의 완전한 그림이 만들어진다. 그런데도 진리의 한 단면을 보고 그것이 진리의 전부라고 주장하는 종교단체가 많다. 과연 완전에 가까운 그림을 보여주는 가르침은 없을까?

수많은 퍼즐 조각을 합쳐서 하나의 완전한 그림을 보여주려는 작은 시도로 이 책을 저술하였다.

이 책은 우주의 진리를 담고 있는 위대한 카발라 사상과 그것에 근거한 성경 해석 그리고 수천 년간 인간의 의식을 구속하여 온 기독교 교리에 대한 이성적 비판으로 구성되고 또한 예수와 카발라와의 관계를 분명하게 밝히고 있다.

위대한 카발라 가르침으로 저를 이끌어 주신 스승님과 책이 나오는데 많은 도움을 주신 조력자분들에게 커다란 고마움을 전한다. 이 책이 진리를 구하는 사람들에게 작은 길라잡이가 되었으면 한다.

목차

서문

1장 카발라

2장 카발라와 예수

3장 카발라와 성경

4장 성경 구절의 카발라적 해석

5장 카발라와 기독교 교리

1장 카발라

1 카발라의 비밀 전승

(1) 유대신비 가르침인 카발라의 문자적 의미가 "전승"이듯이 카발라는 오랜 세월 입에서 입으로 구전되어 내려왔다. 카발라의 근원을 까마득한 시절로 상정하는 카발리스트들에 비하여, 유대 사상가나 역사학자들은 카발라가 AD 12세기에 프랑스 프로방스에서 본격적으로 시작되었다고 생각한다. 물론 많은 학자가 이전의 헤칼로트 신비주의(BC 1세기~AD 13세기)나 AD 2~6 세기에 저술된 것으로 추정되는 〈세페르 예치라〉까지 카발라 근원을 올리지만 그렇다 해도 그 역사는 유대신비주의란 이름에 어울리지 않게 짧다.

(2) 드러난 자료나 문헌을 바탕으로 판단하면 그 시점이 맞을 수도 있지만 이런 주장은 카발라가 구전 전승이라는 점을 놓치고 있다. 가르침은 얼마든지 늦게 기록이 될 수 있는 것이고 준비된 사람들을 통하여 은밀하게 오랜 세월 구전으로 전해질 수 있기 때문이다.

(3) 학자들은 12세기 카발라 등장을 두고 그것이 어디에서 왔고 어떤 사조의 영향을 받았는지에 관심이 크다. 그들은 이런 12세기 카발라 전개의 시작을 초창기 카발라 문헌인 〈바히르〉 출현으로, 그 끝을 카발라의 대표적인 문헌인 〈조하르〉의 출현으로 보기도 한다. 유대교의 중세 문화를 연구하는 일부 역사가들은 근원에 대한 의문을 제기하면서 위대한 율법학자 마이모니데스(1135~1204)의 극단적인 합리주의

(rationalism, 비합리적이고 우연적인 것을 배제하고 이성적이며 필연적인 것들을 중요하게 생각하는 사조)에 대한 반발로 보았다.[1] 한편 중세 카발라의 대두는 유대교 안에서 일어난 본질적인 발전으로 본 학자들도 있었다.

카발라 기원에 대한 복잡성 때문에 분명하게 근거를 제시하는 이론은 없지만 게르숌 숄렘을 위시한 적지 않은 학자가 카발라 사상이 영지주의의 영향을 받았다고 보고 있다.[2] 그러나 최근 학자들의 연구에서는 이런 영지주의 영향을 부정하면서 카발라는 중세 중기에 발현한 유대교의 창의적인 영적 현상으로 간주되어야 한다고 주장한다.[3] 이들은 어떤 문헌이나 용어로도 카발라에 대한 영지주의의 영향이 입증이 되지 않는다는 주장을 편다.

사실 뒤에 보겠지만 카발라는 영지주의의 영향을 받은 것이 아니라 오히려 영지주의에 영향을 준 사상이다. 앞에서 보았듯이 역사적인 관점에서 카발라를 보게 되면 이런 주장은 맞을 수가 없다. 왜냐하면 영지주의는 1~2세기경에 시작되었고 역사적인 카발라는 그 후대에 나타났기 때문이다. 그러나 카발라의 전승은 역사적인 기록이 있기 훨씬 이전부터 시작되었다. 비록 사용된 언어와 용어가 달라서 카발라와 영지주의가 달라 보여도 그 근원은 같다.

(4) 비밀 전승에 따르면 신이 천사에게 카발라를 가르쳤고 아담이 에덴동산에서 추방당한 후에는 아담(인간)이 원래의 고귀하고 조화로운 상태를 되찾도록 천사가 아담에게 카발라를 전하였고 그 후 이 가르

---

1) 조지프 댄 <카발라: 유대교 신비주의> p51.
2) 게르숌 <Origins of the Kabbalah> pp7~10.
3) 조지프 댄 <카발라: 유대교 신비주의> pp44~47.

침은 노아, 에녹, 아브라함, 모세, 다윗, 솔로몬 등처럼 준비된 자를 통하여 이어졌다.

(5) 또 다른 비밀 전승[4]에 따르면 우리가 알고 있는 인류 문명 이전에 대서양에는 고도로 발달한 아틀란티스 문명이 있었고 이들 문명의 주민들이 지녔던 과학, 종교 등 모든 지식의 통합적 체계가 카발라였다고 한다. 이 문명은 5만 년 전에 대서양으로 가라앉아 사라졌고 그때 살아남은 위대한 영혼들이 이들 가르침을 보존하여 이 세상에 전하였다. 이들 성자 중에는 헤르메스로 잘 알려진 토트와 성경에서 영원한 사제로 언급이 되는 멜기세덱이 있었다.

(6) 멜기세덱이 이 카발라를 아브라함에게 전해주었고 그 후 오랫동안 비밀리 구전되어 내려왔다. 이 카발라는 아틀란티스 문명에서 가르쳤던 엄청난 지혜와 지식을 숫자와 문자 그리고 상징 속에 숨기고 있다. 예수가 카발라에 박식하였다는 이야기가 있는데 이는 예수와 멜기세덱의 관계를 안다면 충분히 이해가 된다.

(7) 토트의 이집트 도착과 대피라미드 건설 이야기는 〈에메랄드 타블레트, 도리얼 해석〉에 잘 묘사되어 있다. 이 토트가 연금술과 점성술 등 서양 오컬트의 창설자로 알려진 헤르메스이다.

(8) 전승과 관련하여 히브리 문헌에서 중요하게 언급이 되는 인물이 예언자 엘리야이다. 엘리야는 이스라엘 왕국 초기의 예언자로 구약성

4) 김우타 〈구도여행과 소리 없는 소리〉 p338~339.

서 열왕기상에 나온다. 그는 구약성서에서 모세, 사무엘 등과 함께 위대한 예언자로 꼽힌다. BC 9세기에 활동한 그는 아합 왕의 재위 기간에 등장한다. 그는 죽은 아이를 살려내고, 비를 내리고, 불로 제물을 사르는 기적 등을 행하였고 아합의 멸망과 아하시야의 사망을 예언하였다. 그는 말년에 회오리바람에 실려 하늘로 올라감으로써 하늘로 승천한다. 성경 속에서 죽음을 맛보지 않고 하늘로 올라간 위대한 사람이 엘리야와 에녹이다.

(9) 창세기에 이렇게 나온다. "에녹은 하나님과 함께 살다가 사라졌다. 하나님께서 데려가신 것이다(창세기 5:24). 이 구절은 에녹이 죽음을 경험하지 않았다는 것을 보여준다. 외경인 에녹서는 오래전부터 열린 눈을 지닌 사람들로부터 위대한 책으로 간주가 되었으며, 전설에 따르면 아담의 6대손인 에녹은 카발라의 전수자였고 한다. 에녹서에 보면 에녹은 10개의 하늘을 통과하고 거기서 본 것을 상징으로 기록하였는데 이 10개의 하늘은 카발라의 10개 세피로트와 대응한다.

(10) 하늘로 승천은 위대한 영혼만이 할 수 있는 일로 알려져 있다. 구약에 이렇게 나와 있다. "그들이 말을 주거니 받거니 하면서 길을 가는데, 난데없이 불말이 불수레를 끌고 그들 사이로 나타나는 것이었다. 동시에 두 사람 사이는 떨어지면서 엘리야는 회오리바람 속에 휩싸여 하늘로 올라갔다."(열왕기하 2장 11절)

엘리야는 "너희가 그 예언을 받아들인다면 다시 오기로 된 엘리야가 바로 그 요한임을 알 것이다(마태복음 11:14)"라는 신약 구절에도 나온다. 이것은 세례 요한이 엘리야임을 밝히는 것이고 윤회를 인정하는 구절이다.

또한 마태복음 17:1~8(유사 구절: 마가복음 9:2~8)에 보면 엘리야는 예수와 모세와 함께 이야기한다.

1. 엿새 후에 예수께서는 베드로와 야고보와 야고보의 동생 요한만을 데리시고 따로 높은 산으로 올라가셨다.

2. 그때 예수의 모습이 그들 앞에서 변하여 얼굴은 해와 같이 빛나고 옷은 빛과 같이 눈부셨다.

3. 그리고 난데없이 **모세와 엘리야가 나타나서 예수와 함께** 이야기하고 있었다.

4. 그 때에 베드로가 나서서 예수께 "주님, 저희가 여기에서 지내면 얼마나 좋겠습니까! 괜찮으시다면 제가 여기에 초막 셋을 지어 하나는 주님께, 하나는 모세에게, 하나는 엘리야에게 드리겠습니다." 하고 말하였다.

5. 베드로의 이 말이 채 끝나기도 전에 빛나는 구름이 그들을 덮더니 구름 속에서 "이는 내 사랑하는 아들, 내 마음에 드는 아들이니 너희는 그의 말을 들어라." 하는 소리가 들려왔다.

6. 이 소리를 듣고 제자들은 너무도 두려워서 땅에 엎드렸다.

7. 예수께서 그들에게 가까이 오셔서 손으로 어루만지시며 "두려워하지 말고 모두 일어나라." 하고 말씀하셨다.

8. 그들이 고개를 들고 쳐다보았을 때는 예수밖에 아무도 보이지 않았다.

(11) 엘리야는 성경만이 아니라 유대 문헌에서도 전승과 관련하여 자주 언급이 된다.

- 예언가 엘리야가 라막(랍비 코르도베로, 사페드에서 활동한 위대한

카발리스트)에게 나타났다고 전해지고 그가 죽었을 때, 아리(랍비 이삭 루리아, 사페드에서 활동한 최고 카발리스트. 근대 카발라에 가장 커다란 영향을 주었다)는 불의 기둥이 그의 상여를 따르는 것을 보았다고 말했다.5)

• 랍비 시몬 요하이는 로마 당국을 비난하다가 사형을 언도받았으나 자신의 아들과 간신히 탈출하여 동굴로 숨어들었다. 동굴에 13년 머무는 동안 그는 신비 명상과 기도에 전념하여 예언자 그에게 엘리야가 신비가르침을 드러낼 정도로 높은 수준에 이르렀다. 엘리야는 시몬 요하이에게 최고의 신비 가르침을 가르쳤고 나중에 이것이 카발라 최고의 문헌인 〈조하르〉의 주요한 골격을 이루었다.6)

• 카발라 성자인 아불라피아는 환상을 통하여 엘리야와 에녹의 명령을 받고서 자신이 카발라의 비밀을 드러냈다고 언급하기도 하였다.7)

• 카발리스트들이 쓴 책에 보면 모든 세대마다 깨달음을 얻을 자격이 되는 특별한 사람들에게 엘리야가 나타나 지혜(카발라)의 신비를 가르쳤다고 나온다. 랍비 메나헴 레칸티(Menachem Recanti, 1228~1290)는 "엘리야가 랍비법정의 수장인 랍비 다비드에게 나타나서 그에게 카발라 지혜를 가르쳤다. 그는 이것을 자신의 아들인 랍비 아브라함 벤 다비드(Abraham ben David of Posqueres, 1120~1198)에게 가르쳤고 그에게도 엘리야가 나타났다. 이 전승은 이어서 아브라함 벤 다비드의 아들인 랍비 장님 이삭에게 전해졌고 그에게도 엘리야가 나타났다. 장님 이삭은 이 전승을 두 명의 제자에게 전하였다. 첫 번째 제자는 아가에 대한 주석서를 쓴 랍비 에즈라(Ezra)이고 두 번째 제자는 랍비

5) 아리예 카플란 <카발라 명상> p259.
6) 아리예 카플란 <카발라 명상> p52.
7) 아리예 카플란 <카발라 명상> p119, 원본: Sefer HaCheshek, p. 13b.

아즈리엘(Azriel)이었다. 이들로부터 람반(Ramban, Nachmanides, 1194~1270)에게 전승이 전해졌다."라고 말하였다.

아브라함 벤 다비드(약칭: 라바드)는 마이모니데스의 법전에 대한 주석을 달면서 "루아흐 하코데시(성령, 깨달음)가 오랜 세월 우리 학당에 드러났다."라고 쓰고 있다. 다른 곳에서도 마찬가지로 "신의 신비가 신을 경외하는 사람에게 드러나듯이 이것이 나에게 드러났다."라고 쓰고 있다.

아리의 수제자인 랍비 하임 비탈은 "아리(이삭 루리아)에게 엘리야가 계속하여 모습을 드러내어서 직접 입으로 신의 신비를 가르쳤다. 이것은 라바드(아브라함 벤 다비드)에게 일어난 것과 같았다. 참된 예언이 더 이상 존재하지 않을지라도 "루아흐 하코데시(성령, 깨달음)는 엘리야를 통하여 여전히 여기에 현시한다."라고 말하였다.[8)]

(12) 이처럼 카발라는 위대한 유대 성자들을 통하여 전승되어 내려왔다는 사실이다. 이런 카발라 전승이 글로 정리되어 책으로 나온 것이 〈세페르 예치라〉, 〈바히르〉, 〈조하르〉, 그리고 많은 카발리스트들의 문헌이며 이런 책 말고도 많은 자료가 여러 비의 단체를 통하여 비밀리에 전승되어 내려왔다.

그러므로 카발라를 책이 나온 시점에서 기원을 추정하는 것은 어리석다고 하겠다. 카발라는 가장 오래된 근원을 지닌 사상으로 모든 가르침의 원천이면 지혜의 보고이다. 카발라는 토트(헤르메스)와 멜기세덱(예수)을 통하여 후대로 전승되어 내려왔다.

---

8) 아리예 카플란 <카발라 명상> pp310~313.

참고 헤르메스와 에메랄드 타블레트

헤르메스는 연금술과 점성술 그리고 신비 가르침의 창시자로 알려진 전설적인 인물이다. 신비학 분야의 학자들은 그를 고대 이집트 시대에 생존하였던 인물로 받아들이고 있다. 그러나 워낙 오래된 시절의 이야기라 그에 대하여 역사적 자료를 통하여 알 수 있는 것은 별로 없다. 신처럼 위대하여 이집트에서는 토트 신으로 숭상되었고 그리스 사람들은 이 토트를 자신들의 신 중 하나인 헤르메스와 동일시하였다고 여겨진다.

그는 헤르메스 트리스메기스투스(Trismegistus)라는 이름으로 불리는데 그리스어로 "세 번 위대한 헤르메스"라는 의미이다. 이 "세 번 위대하다"라는 것에 대하여 여러 이론이 있는데 그 하나는 그의 저서 〈에메랄드 타블레트, Emerald Tablet〉에 나오는 내용("내가 세계의 지혜의 세 부분을 가지고 있다")에서 유래한 것이라는 주장이다.

두 번째 이론은 그가 가장 위대한 철학자였고, 가장 위대한 사제였고, 가장 위대한 왕이었기 때문에 트리스메기스투스라고 불렸다는 주장이다. 또 다른 의견으로는 그가 우주의 3계(물질계, 멘탈계, 영계)에 통탈하였기 때문에 그렇게 불렸다고 한다. 그만큼 위대하고 위대한 분이셨던 것은 확실하다.

그는 신비하고 철학적인 주제를 다룬 많은 작품을 쓴 것으로 알려졌는데 그가 저술한 것으로 혹은 그의 철학이 반영되어 있는 것으로 추측되는 작품들이 〈코르푸스 헤르메티쿰, Corpus Hermeticum, 헤르메스주의 전집〉, 〈에메랄드 타블레트, Emerald Tablet〉, 〈키발리온, Kybalion〉이다.

〈코르푸스 헤르메티쿰〉은 가장 널리 알려진 헤르메스주의 문헌이며 원본은 그리스어로 기록되어 있다. 이들 그리스어 문헌들은 기원후 2세기 훨씬 이전에 존재하였던 더 많은 문헌들의 일부인 것으로 여겨지고 있다. 〈코르푸스 헤르메티쿰〉 문헌의 성립 연대를 정확히 밝혀내는 것은 어려운 일이나 여러 가지 의견이 존재한다. 학자에 따라 다르나 대체로 기원후 1세기와 3세기 사이에 편집된 것으로 보고 있다. 이 그리스어 문헌들이 르네상스 시대에 이탈리아 학자들에 의해 집성되어 〈코르푸스 헤르메티쿰, Corpus Hermeticum〉이라는 책으로 편찬되었다.

〈에메랄드 타블레트〉는 우리에게 아주 잘 알려진 "위에서와 같이 아래에서도(As above, so below)"라는 격언이 나오는 원천으로 그 내용은 무척 짧다.

한편 그 기원이 기원전 3만 6천년까지 올라가는 〈에메랄드 타블레트〉가 있는데 이것은 12개의 타블레트로 구성되어 있으며 신비와 영감으로 가득 차있다. 심오하고 상징적인 내용으로 되어 있어서 고대 비밀 가르침을 모르는 사람은 그것을 읽어도 무슨 뜻인지 알 수가 없다.

이 책은 토트에 의하여 아틀란티스 언어로 기록이 되었고 20세기 가장 위대한 영적 스승인 도리얼 박사에 의하여 영어로 번역이 되었다. 이 책은 저작권법에 의하여 한국어로 번역이 허락되지 않고 있다.

〈키발리온〉은 1912년에 익명의 공저자들이 저술한 책이다. 이 책에서 저자들은 자신들을 "세 명의 입문자들(Three Initiates)"로 칭하며 헤르메스 철학의 기본적이며 동시에 핵심적인 원리들을 소개하고 해설한다. 키발리온은 2014년에 하모니 출판사에서 〈헤르메스 가르침: 키발리온〉이란 제목으로 번역 출간되었다.

〈키발리온〉에는 “위와 같이 그렇게 아래는 같다”라는 헤르메스 격언이 자주 나온다. 그만큼 헤르메스 가르침에서 이 격언이 차지하는 비중이 크다는 뜻이다. 이 격언은 상위의 법칙은 아래의 법칙과 같고 영적인 법칙은 물질 법칙과 같고 우주/신은 인간과 같다는 의미를 담고 있다. 여기서 같다는 말은 양자 간에 질적 차이는 존재하지만 전개 방향은 유사하다는 의미이다. 우주의 축소판인 인간을 소우주 혹은 신성한 존재로 부르는 이유이기도 하다.

〈키발리온〉에서는 헤르메스 철학의 근간이 되는 7개의 헤르메스 원리가 소개되고 해석이 된다. 헤르메스 철학의 핵심 원리는 이러하다. 1. 유심론의 원리, 2. 상응의 원리, 3. 진동의 원리, 4. 극성의 원리, 5. 리듬의 원리 6. 원인과 결과의 원리, 7. 성의 원리

이것을 이해하면 그동안 난해하고 어려워보였던 여러 신비 가르침의 개념이나 여러 사상이 쉽게 이해가 된다.

헤르메스가르침은 지상의 거의 모든 신비가르침의 근간이 되는 것으로 세월의 흐름 속에 이들 내용이 변하고 다른 내용이 더해졌어도 그것에 담겨져 있는 근본적 가르침은 헤르메스에 뿌리를 두고 있다.[9]

〈에메랄드 타블레트 내용〉

(그리스본가 여러 영어본이 있다. 여러 영어 본을 참고하여 번역)[10]

1. 이것은 진실 그 자체이다. 참으로 확실하고 거짓이 없다.

2. 위와 같이 그렇게 아래는 같고, 아래와 같이 그렇게 위는 같다. 이것을 통하여 하나의 존재가 행하는 기적들이 일어나고 완전해진다.

---

9) 세 명의 입문자 〈헤르메스 가르침〉 pp182~184.
10) 세 명의 입문자 〈헤르메스 가르침〉 pp186~187.

3. 모든 것이 하나의 존재로부터 하나의 존재의 사색으로 만들어지듯이 그렇게 만물은 하나의 존재의 사색을 통하여 이 하나의 존재로부터 만들어졌다.

4. 그것의 아버지는 태양이며, 어머니는 달이다. 바람이 그것을 자궁에 놓았고 흙이 그것을 키웠다.

5. 그것이 흙과 합일하면 그 힘은 완전하다.

6. 아주 신중하고 그리고 지혜롭게 불로부터 흙을 분리시키고 거칠고 조악한 것으로부터 정묘하고 가는 것을 분리시켜라.

7. 이것은 땅에서 하늘로 올라가며 다시 하늘에서 땅으로 내려온다. 그리고 위와 아래의 힘을 얻게 된다.

8. 이것으로 그대는 온 세상의 영광을 얻게 되리라.

9. 그러면 모든 어둠과 무지는 떨어져나갈 것이다.

10. 이것은 모든 정묘한 것들을 물리치고 모든 거칠고 단단한 것들에 침투할 수 있기 때문에 이것의 굳건한 힘은 다른 어느 것보다 강하다.

11. 이것으로 세상이 창조되었도다.

12. 그러므로 여기에 주어진 방법으로 경이로운 기적이 일어난다.

13. 나는 온 세상 지혜의 세 부분을 가지고 있기 때문에 사람들은 나를 "트리스메기스투스"라 불렀다.

14. 태양의 일에 관하여 내가 해야 한 말은 이것이 끝이다.

참고 헤르메스와 카발라

토트'(헤르메스 트리스메기스투스)를 신화적인 인물로 생각하는 사람들도 많은데 그것은 토트란 이름이 이집트 신이고 헤르메스는 그리스 신 이름이기에 그러하다. 신처럼 위대한 존재였기에 고대인들은 그를 신의 반열에 올려놓은 것이다.

사실 고대지혜의 전통에서는 토토를 실존 인물로 본다. 그러나 토트의 실존을 증명하는 역사적 자료가 거의 없다 보니 일반인에게는 실존하지 않았던 신화적인 인물로 간주된다. 토트가 에메랄드 원판 위에 신비 지식을 새겼다고 전해지는 전설 속의 책이 〈에메랄드 타블레트〉이다. 이것에는 근원이 다른 두 가지 버전이 존재한다.

그에 대한 정보는 비밀리 전해진 고대 지혜의 가르침에 의존할 수밖에 없는 실정이다. 물론 이런 고대 지혜를 인정하지 않는다면 더 이상 논의는 의미가 없다. 그러나 역사를 통하여 진리나 지혜는 늘 두 가지 방식으로 전해져 왔다는 사실을 기억할 필요가 있다. 현교와 밀교가 그러한데 대표적인 예가 일반 불교와 티베트 비밀불교, 기독교와 영지주의, 유대교와 카발라이다.

비의 교리는 늘 소수의 준비된 사람의 입과 입을 통하여 비밀리 전해져 내려왔다. 고대 비밀 가르침은 인간과 우주의 역사, 신과 인간의 관계, 우주기원, 우주창조, 인간 존재의 의의, 자아각성 방법 등이 담겨있는 진리의 보고이다.

이 가르침에 따르면 토트는 대서양에 있었던 그러나 지금은 바다 아래로 사라진 아틀란티스 대륙의 성자였으며, 대략 5만 년 전에 그 문명이 바다 속으로 가라앉을 때 소수의 수준 높은 사람들을 인솔하여 이집트 지역으로 온다. 여기에서 토트는 오랫동안 머물며 당시 아

주 미개하였던 이집트 사람들을 개화시키고는 지금으로부터 36,000년 전에 지상에서 떠난다.[11)]

그는 그 후에도 세 번 육체를 입고 지상에 태어나 위대한 일을 하였다. 우리에게 많이 알려진 〈에메랄드 타블레트〉를 쓴 헤르메스는 토토의 마지막 화신이었다. 한편 토트가 이집트를 떠나기 전(36,000년 전)에 남긴 〈에메랄드 타블레트〉는 분량도 상당하고 엄청난 신비를 감춘 비의 중의 비의이다.

토트는 아틀란티스 사람이었고 카발라는 아틀란티스 문명의 사상과 철학 그리고 지혜의 핵심을 담고 있다. 그런데 카발라가 문헌을 통하여 역사적으로 모습을 드러낸 것이 2세기이고 12세 후반기에 들어서야 지금의 카발라라고 할 수 있는 이론과 문서가 나오기 시작한다. 그러다 보니 학자들은 카발라 이전에 존재한 신플라톤주의나 영지주의, 연금술, 헤르메스 사상 등이 카발라 사상에 영향을 주었으며 그 원천이라고까지 주장한다.

이것은 역사 뒤편에 숨겨진 진실을 몰라서 일어나는 일이다. 카발라는 오랜 세월 구전으로 비밀리 전승되다가 뒤늦게 역사의 앞마당으로 나온 것뿐이다. 지상에 존재하는 거의 모든 종교나 사상은 카발라의 영향을 받았고 그 흔적이 남아있다. 신비주의의 원천으로 알려진 헤르메스 가르침은 토토의 신분에서 알 수 있듯이 카발라의 한 부분이다. 토트의 마지막 화신이었던 헤르메스가 카발라 사상을 당시 사람들(이집트 고왕조 시기, BC 3100년~BC 2040년)의 수준에 맞게 전한 것이 지금 많이 알려진 헤르메스 가르침이다.

11) 김우타 <구도여행과 소리없는 소리> p420.

〈에메랄드 타블레트의 주요내용(도리얼 해설)[12]〉

“아틀란티스인 나 토트는 신비의 마스터, 기록의 보관자, 강력한 왕, 마법사, 많은 세월을 살아온 자로, 이제 아멘티로 떠나가기에 앞서 후세의 길잡이가 되도록 위대한 아틀란티스의 깊은 지혜를 기록으로 남겨두려 한다.”(책 편찬 이유)

“내 주변의 사람들이 죽고 다시 윤회하는 것을 지켜보면서도 나는 오랫동안 살아왔다. 나와 함께 하였던 높은 의식의 혼들은 점차로 아틀란티스를 떠났고 낮은 행성에서 온 저급한 혼들이 대신 자리를 차지하였다.” (아틀란티스 문명의 쇄락)

“거주자(지구의 영적 통치자)가 영원히 불타오르는 불의 꽃 방향을 변화시키니 지구의 균형이 변화되어 바다가 넘쳐나 수많은 사람들이 죽고 단지 빛의 신전만이 운달 섬의 높은 산 위에 남아있었다. 거기에 거주하는 소수의 사람만이 구원되었다.” (아틀란티스의 침몰)

“마스터가 나를 불러 말씀하였다. ‘사람을 모아 그대가 배운 기술로 그들을 사막의 동굴에 사는 털 많은 야만인의 땅으로 데리고 가라. 거기서 그대가 알고 있는 계획을 수행하라.’” (이집트로 감)

토트는 이집트에 가서 오랜 세월 야만 상태의 사람들을 교화시켜 어느 정도 영적인 상태에 이르도록 한다. 이집트를 떠날 시기가 되었을 때 대피라미드를 건설하게 된다.

---

12) 김우타 <구도여행과 소리없는 소리> p421.

"나는 아멘티로 통하는 입구 위에 아멘티로 통하는 문을 높게 쌓아 올렸다. 나는 그 통로 위에 중력을 이겨내는 힘을 사용하여 강대한 피라미드를 쌓아올렸다." (피라미드 건립)

"오랜 세월 남아 있도록 나는 영원히 불타는 지구 내부의 힘의 피라미드를 본떠서 대피라미드를 건립하였다. 내가 다시 돌아올 때까지 여기에 남아있도록 이 속에 마술 같은 과학의 지식을 비장하여 둔다. 내가 아멘티 홀에 쉬고 있는 동안에도 내 혼은 사람들 속에 자유롭게 화신하여 살 것이다." (피라미드의 비밀)

참고 주요한 카발라 스승들

아키바(Rabbi Akiva **대략** AD 50~135)
랍비시대(70~500)의 가장 위대한 유대 랍비 중 하나로 탈무드에서는 가장 위대한 성자로 언급된다. 늦은 나이에 공부를 하여 최고의 영적 수준에 도달한 사람이다. 로마의 박해를 받고 감옥에서 숨졌다. 『조하르』의 작가로 알려진 시메온 요하이의 스승이다.

시메온 요하이(Rabbi Simeon bar Yohai, 2세기)
아키바의 수제자 중 하나였으며 135년경에 활동한 것으로 알려졌다. 그는 로마 지배에 반대하여 항쟁하다가 로마군에게 쫓기는 상황에 처하여 아들인 랍비 엘라자르 벤 시메온과 함께 동굴에 숨어 지내게 된다. 전설에 따르면 그는 동굴에서 카발라를 공부하면서 13년을 보내게 되고 이것을 글로 남겼는데 이것이 카발라 최고의 문헌인 『조하르』이다.

장님 이삭(Isaac the Blind, 1165~1235)
프랑스 프로방스 출신으로 프로방스에서 활동한 가장 위대한 카발라 사상가였다. 그는 왜곡의 염려와 카발라가 그릇되게 받아들여질 것을 우려하여 대중에게 카발라를 전하는 것을 반대하였다. 그는 세피로트와 천상의 에센스에 대한 명상을 통하여 신과 합일을 이끄는 명상 신비주의를 발전시켰다

아불라피아(Abraham Abulafia, 1240~1290)
카발라에 대한 독창적 접근법을 발전시킨 학자이다. 〈세페르 예치라〉와 그 주석서를 연구하였고 높은 수준의 자각 상태를 얻기 위하여 히브리 문자와 숫자 가치를 이용한 독특한 자신의 명상법을 개발하였다. 신의 이름과 히브리 문자에 대한 집중 명상을 가르쳤다.

모세스 코르도베로(Moses Cordovero, 1522~1570)
코르도마에서 태어났으며 스페인 종교재판의 공포 이후 이스라엘 사페드로 이주하였다. 그는 사변적 카발라 체계를 확립하려고 하였으며 그 시도로 『조하르』에 대한 연구를 시작하였다. 그는 초월 신인 아인 소프와 생명나무 세피로트와의 관계에 큰 관심을 가졌다. 카발라 고전 중의 하나인 『석류나무 과수원, Pardes Rimonim』의 저자이다.

이삭 루리아(Rabbi Isaac Luria, 1533~1572)
루리아 학파 창시자로 독자적인 카발라 체계를 발전시킨 인물이다. 근대 카발리즘의 출발점이다. 그는 『조하르』 사상을 깊이 연구하였고 동시대 학자인 코르도베로와는 달리 카발라 사상의 실천적 측변에도 관심을 가졌다. 그가 직접 쓴 글은 거의 없지만 제자 하임 비탈이 그

의 가르침을 기록하여 후대에 전하였다. 덕분에 루리아의 카발라 사상은 이후에 나타난 모든 유대 신비주의에 커다란 영향을 끼쳤다. 18세기에 시작되어 오늘날에도 여전히 일부 주요 유대인 공동체들 안에서 유행하고 있는 사회와 종교 운동인 현대 하시디즘 교리 역시 루리아 카발라의 영향을 받았다. 중요한 교의로는 창조와 관련한 침춤과 그릇의 깨어짐 그리고 티쿤(되찾음) 이론이다.

발 셈 토브(Baal Shem Tov, 1698~1760)
러시아와 폴란드 국경선에 가까이 위치한 우크라이나의 한 작은 마을에서 태어났다. 부모는 그가 어렸을 때 돌아갔으며 어려서부터 카발라를 공부하였고 여러 성인들로부터 가르침을 받았다. 그는 36세에 자신의 존재를 세상에 드러내었고 성스럽고 의로운 교사로 알려지기 시작하였다. 그는 하시디즘 운동을 일으켰는데 하시드는 경건한 사람을 의미한다. 이 운동의 핵심은 카발라의 대중화였다. 이전까지는 카발라는 소수의 학자나 카발리스트들의 전유물이었으나 발 셈 토브는 카발라 사상을 대중에게 전하려고 하였다. 그는 모든 사람이 심오한 카발라로부터 영적인 보상을 얻기를 바랐다. 그는 추상적이고 어렵고 심오한 카발라 사상을 대중이 이해할 수 있는 수준으로 가져왔다. 그는 책을 쓰지 않았으나 제자인 랍비 야코프 요세프(Yakov Yosef of Polonoye)가 그의 사상을 글로 남겨 퍼져나갔으며 이후 제자들에 의하여 그의 지혜를 전하는 많은 책들이 저술되었다. 오늘날 그의 가르침을 따르는 많은 하시디즘 단체와 수행자가 있다. 영적 상승을 위한 수단으로 기도를 강조하였는데 그는 신에게 기도할 때 자신의 혼을 대양의 물방울처럼 신의 일부분으로 생각하라고 하였고 전적으로 육체에서 벗어나 육체를 인지할 수 없는 수준에 도달하여야 한다고 했다. 이 수준에 도달하면 생각에서 벗어나게 되고 근원적 상태에 도달한다고 가르쳤다.

브레슬로프의 랍비 나흐만(Nachman of Breslov, 1772~1810)
하시디즘 지도자. 바알 솀 토브의 증손자. 그의 핵심 기법은 신과 교섭하는 것이었다. 나흐만의 방법은 가장 대중적이었고 말 그대로 누구나 사용할 수 있었다. 나흐만의 체계에서 수행자는 신 앞에서 하는 기도처럼 기도 상황 속에서 자발적으로 떠오르는 생각에 집중한다. 신과 개인적 관계를 맺기 위한 가장 강력한 방법은 각자의 언어로 개인적인 기도를 하는 것이라 가르쳤다. 그는 신과의 대화를 기도가 아니라 명상으로 언급한다.

도리얼(Dr. Doreal, 1902~1963)
미국 태생의 신비 사상가이며 오랜 세월 비밀리에 전해 내려온 고대 비밀 가르침을 세상에 전하였다. 그가 전한 고대 비밀 가르침 중에는 구전으로만 전해 내려온 신비 카발라 교리가 있다. 이 책에 나오는 생명나무 이론의 상당 부분은 도리얼의 가르침이다.

아리에 카플란(Rabbi Aryeh Kaplan, 1934~1983)
미국 출신 랍비로 카발라에 대한 깊은 이해를 보여주는 여러 책들을 저술하였다. 대표적인 책으로는 『유대명상』 『카발라 명상』 『성경과 명상』 등이 있고, 이들 책은 국내 출판사인 하모니에서 출간되었다.

2 카발라의 기본 개념 이해하기

유대 신비 가르침인 카발라는 상징과 비의로 쓰여 있어서 일반인이 이해하는데 어려움이 크다. 그러나 핵심이 되는 기본 개념을 알고 나면 카발라가 그렇게 어려운 것만은 아니다.

유의할 점은 카발라는 기존 종교처럼 고정된 경전이 있는 것이 아니라 오랜 세월 여러 카발라 학파들에 의하여 주장된 다양한 교의의 합체이다. 그러므로 학파마다 주장하는 점이 다를 수 있다. 카발리스트들은 각자 자신의 용어와 자신의 방식으로 카발라를 표현했다. 그래서 역사가들의 관점에서 볼 때 단 하나의 카발라는 없는 셈이다. 그러나 모든 학설의 중심에 흐르는 기본 사상은 크게 다르지는 않다.

(1) 유대교와 카발라

유대교에서 토라(모세오경)는 절대적인 위치를 차지하고 있다. 유대인은 토라를 우주의 모든 비밀이 담겨 있는 청사진으로 보고 있다. 그래서 유대교에서 토라 연구는 신의 지혜에 도달하기 위한 최고의 수단으로 간주되며 가장 중시되는 덕목이다.

유대 신비학파인 카발리스트들도 토라를 존중하고 연구를 하였지만 정통 유대교와는 다른 견해를 지녔다. 카발라 핵심서인 『조하르』에 이런 글이 나온다.

> "토라의 몸은 율법으로 구성되어있고 토라의 옷은 이야기로 이루어져 있으며 이들은 대충 보아도 알 수 있는 것들이다. 그러나 토

라의 정신은 깊은 성찰을 통하여서만 알 수 있는 신비적인 것이다.”

카발리스트들은 토라에 숨겨진 신비적 의미를 찾기 위하여 그리고 신의 지혜와 신과의 만남을 위하여 철학적 사유와 여러 명상법을 사용하였다. 그들은 드러난 것 너머의 신의 창조력이 펼쳐지는 차원에 대하여 말하였고 물질세계 너머의 영역 즉 아인(근원, 신)에 접근하고자 했다.

(2) 아인(Ain)

카발라에서는 모든 개념 너머에 존재하는 형상 없는 최고의 존재를 아인으로 부른다. 아인 소프는 무한 혹은 한계 없음[13]으로 번역되는데 이것은 “모든 원인의 원인”, “고대의 날들” 등으로 불리기도 한다. 이것은 형상도 없고 속성도 없고 시작도 끝도 없다. 아인 소프에 대한 적당한 말을 고른다면 아무것도 없는 무(無)가 아니라 인간 마음이 알고 있는 그 어떤 것도 아닌 그러나 모든 것이 내재되어있는 상태, 불교로 말하면 공(空)의 상태에 비교될 수 있을 것이다. 존재나 비존재의 상대적 개념을 넘어서 있다. 종교에서 말하는 신의 개념에 가까우나 오히려 신의 개념이 나오기 전의 무한 상태/공 말한다.

(3) 창조

아인이 창조를 시작한다. 창조의 목적은 베일에 가려져 있으며 아인은 공간에 자신의 빛을 순차적으로 내려 보내 10개의 빛으로 우주를 창조한다. 이 과정은 카발라 학자에 따라 굉장히 복잡하게 설명이

---

13) 아인은 무(無)의 의미이고 소프는 한계(限界)의 의미를 지니고 있고 이 둘을 합치면 한계 없음 즉 “무한”이라는 의미가 산출된다.

된다.

한편 20세기 위대한 카발리스트인 도리얼 박사는 난해하고 복잡한 여러 카발라 창조이론 속에 숨겨진 상징을 현대인이 이해하기 쉽게 풀어 잘 설명하고 있다. 설명이 구체적이고 사실적이다.

시작도 끝도 없고, 공간도 존재도 없는 공(Void, 심연, 아인에 해당)에서 홀연히 빛(아인 소프에 해당, 무한)이 나타났다. 이 빛은 주변의 공(Void)을 밀어내며 한동안 계속 확장하였고 빛이 확장하는 가운데 조화로운 움직임과 무질서한 빛의 움직임이 나타났다. 확장을 끝낸 빛은 중심에 조화로운 빛, 바깥에 조화롭지 못한 빛(부정)으로 나뉘어져서 존재하였다. 조화로운 빛은 우주 알 또는 모든 것의 근원, 횃불을 든 자, 왕 중의 왕, 호아라고 불렸다. 이것이 바로 존재하는 모든 것의 첫 번째 원인이며 근원적 존재이다.

이 첫 번째 원인인 조화로운 빛은 무질서한 빛을 자신처럼 조화롭게 변형시키기 위하여 첫 번째 빛을 발출하니 여기서 창조가 시작된다. 이 첫 번째 빛은 창조의 숨이며 근원자의 의지이며, 우주의 법칙으로 모든 것은 여기에서 시작되어 여기로 돌아간다.

첫 번째 빛은 무질서한 빛(부정, 부질서)을 밀어내고 창조의 공간을 설정한다. 창조 공간이 생기고 첫 번째 빛에서 순서적으로 9개의 신성 빛이 확장하여 나와 우주 창조를 시작하였다. 그러므로 우주는 상징적으로 10개의 빛(우주를 상징하는 생명나무의 10개의 광)으로 구성되었다.

우주공간에 수많은 행성이 만들어지자 우주 중심에 있는 영 태양(spiritual sun, 물질태양의 원천, 우리가 보는 물질태양은 영태양의 물질 통로이다)의 문이 열리고 신성한 에너지는 우주로 흘러들어왔으며 행성들은 물질 태양 주변을 돌고 마침내 우주는 살아 숨쉬기 시작했다.

창조의 숨으로 식물과 동물이 탄생하고 모든 것이 뜻대로 작동되자 '왕 중의 왕', '호아'의 확장인 '우주의식'은 자신을 무수히 많은 빛(영혼)으로 나누어 행성에 나타나 무질서한 빛(부정)을 조화로운 빛으로 변화시키는 일을 시작하였다. 한동안 뜻대로 우주는 작동하였고 모든 것이 좋았다.

그러다 자유의지를 가진 태초의 영혼들이 일에 대한 욕심으로 부정(무질서, 부조화한 빛) 속에 너무 깊게 몰입하다가[14] 그만 무질서한 빛 속에 갇히고 말았다. 상징적으로 에덴동산에 더 이상 머물 수 없는 일이 일어났다. 이 일로 인간은 신성 힘을 잃고 신 상태에서 추락하여 지금 우리의 영혼이 거주하는 물질 육체로 들어왔다.

이후 인간은 윤회를 통하여 다양한 삶을 살아가면서 영적 진화의 길을 걷고 있으며 이것은 원래의 신아(神我)를 회복하는 과정이다. 근원으로 돌아가는 길은 카발라의 생명나무에 있으며 이것은 신과 인간을 연결하는 사다리이다.[15]

(4) 영혼과 윤회

인간의 본성을 높게 본다는 점에서 카발라는 같은 사상적 모태에서 출발한 유대교나 기독교와 크게 다르다. 카발라는 유대교나 기독교와는 완전히 다른 언어로, 인간의 기원과 신과의 관계에 대해 이야기한다.

카발라 이론에 의하면 인간은 신의 최고 영적 속성 즉 영적 법칙을 띠고 있는 생명나무의 10개 빛으로 구성된다. 인간의 에센스인 혼은 신성하고 영적이며 육체는 그 영혼을 감싸고 있는 외투에 해당한

---

14) 부정이 내려오는 통로는 창세기에서는 선악과나무로 표현되고 그것에 몰입하다가 갇힌 사건은 선악과 열매를 먹은 것으로 표현됨.

15) 김우타 <구도여행과 소리 없는 소리>, pp353~354.

다. 인간은 신의 의지를 아래 세계에 보내고 아래 세계의 결과물을 위로 보내는 매개 역할을 한다. 영혼은 신의 창조 힘이 이 세상에 충분히 활현되도록 하고 우주 구조를 완성시키는 일을 한다. 신 안에 존재하는 것은 인간 안에서 개화하고 발전한다.

신과 인간의 교감은 아담의 죄로 무너지게 되고 이것으로 신과 분리가 일어난다. 사실 아담의 추락은 상징이고 그 속에는 까마득한 시절에 일어난 사건이 숨겨져 있다. 〈조하르〉에 보면 아담 안에 모든 영혼이 포함되어 있다. 이것은 모든 영혼이 동시에 창조(창조란 단어보다 발출이 어울린다)되어 존재하였다는 뜻이다. 영혼은 모두가 나이가 같다. 아담의 실락은 우리 모두의 실락을 상징하는 사건이었다.

실락 후에 인간에게는 이 세상을 원래 상태로 회복시키는 일과 신과 재결합(원래 상태로 복귀)이 가장 중요한 목적이 되었다. 그래서 카발라는 유대교나 기독교와 달리 영혼의 윤회를 인정한다. 불성 즉 신성을 지닌 신의 불꽃인 영혼은 카르마를 전부 극복할 때까지 사람만으로 윤회를 계속한다. 카발라는 모든 사람은 내면의 힘을 통하여 분리 상태를 극복할 힘을 가지고 있다고 가르치는데 이것이 기독교 교리와 다른 점이다. 신과 합일을 위하여 신과 인간 사이의 분리를 이어주는 것이 토라(torah)이며 카발라는 이 토라의 숨겨진 의미를 바르게 해석하도록 한다.

(5) 생명나무

카발라는 고대 지혜 가르침 중에서 가장 변형 되지 않은 원형 그대로의 진리를 담고 있다. 카발라는 지식 차원에 머무는 것이 아니라 우리가 신과 합일할 수 있게끔 실제적인 안내를 한다. 생명나무는 카발라 교리의 핵심이다. 생명나무에 카발라의 심오한 사상이 함축되어 담겨있다고 보면 된다. 생명나무(41쪽 참조)는 (1)우주창조의 과정 (2)우주법칙의 운영 (3)인간의식(意識)의 지도 (4)우주만물의 DNA로 작동한다.

아인(공)은 10개의 신성한 빛을 발출하여 우주를 창조하는데 이 10개의 빛이 생명나무를 구성한다. 이 10개의 빛이 생명나무 몸체를 구성한다면 히브리 22문자는 생명나무로 흐르는 신의 에너지 통로에 해당한다. 생명나무는 신의 모습을 한 첫 번째 신의 발출물이고 이 모습을 본 따서 인간이 창조되었다. 여기서 창조란 말은 발출이나 확장을 의미한다. 왜냐하면 인간은 신에서 확장되어 나온 존재이기 때문이다. 생명나무를 대성인간(아담카드몬, 대우주)이라 하고 이 생명나무의 모습을 띤 인간을 소성인간(소우주)이라고 한다.

인간에게는 생명나무의 모든 속성이 존재하고 있다. 이 말은 인간은 자신 안에 축소판 생명나무를 가지고 있으며 신의 10개 속성이 인간에게 현시하고 있다는 의미이다.

생명나무는 그 빛이 내려온 순서와 그 빛을 연결하는 방법에 따라 그리고 히브리 22문자를 배열하는 방법에 따라 여러 형태의 생명나무가 존재한다. 정통 히브리 생명나무, 루리아 생명나무, 그라 생명나무, 서양 생명나무(헤르메틱 생명나무), 도리얼 생명나무 등이 있다.[16)]

생명나무의 핵심은 아래와 같다.

1. 생명나무를 구성하는 10개 세피로트는 아인(신)의 속성을 담고 있다.
2. 히브리 22문자는 아인(신)의 무한 힘이 흐르는 통로이다.
3. 생명나무(아담 카드몬, 신성 인간)가 물질계에 반영되어 나타난 모

16) 김태항 <카발라의 신비열쇠> pp160~162.

습이 인간(소우주, 소성인간)이다. 인간(아담)이 에덴동산에서 추방되기 전에는 인간은 신의 완전한 통로로 기능하였고 생명나무를 따라 신의 신성한 힘이 흐르듯 그 반영물인 우리에게도 신의 힘이 충만하게 흘렀다.

4. 우리 육체가 영혼의 몸이듯 우주는 신의 몸이다. 우주가 거대한 생명나무(아담 카드몬)로 표시되듯 이것을 닮은 우리 육체도 생명나무의 모습을 띠고 있다. 신의 속성을 반영하고 있는 생명나무는 인간의 육체에만 반영되어 비치는 것이 아니라 우리 마음에도 비치고 온 우주에 비친다. 그러므로 하나(신) 속에 모든 것이 있고 모든 것에 하나(신)가 깃들어 있다.

5. 인간에게 반영되어 있는 생명나무의 10개 세피로트는 우리 육체를 상징하고 히브리 22문자는 육체의 주요 기관과 내분비선 그리고 신체의 여러 부분을 상징한다. 22문자는 고유한 진동을 가지고 우리 육체와 동조한다. 그래서 히브리 문자와 소리를 통하여 육체 치료가 가능하고 또한 육체의 신비 센터를 열 수 있다.

6. 생명나무는 우리에게 에덴동산(신과의 합일 상태)으로 돌아가는 길을 보여준다.

7. 에덴동산에서 추방되기 전에는 인간은 신의 속성을 지닌 완전한 신적 존재였다. 그 신성을 찾아서 자신의 위대함을 자각하는 일이 깨달음이고 에덴동산으로의 회귀이다. 생명나무의 10개 빛과 22히브리 문자를 통하여 신에게 다시 돌아가야 한다. 생명나무는 신과의 합일을 찾는 구도자에게 매우 중요한 열쇠이다.

8. 예수는 물질 육체로 32년을 살고 33년째에 물질계를 통과하여 상위계로 갔다. 우리도 이 32개의 길(생명나무의 10개 빛과 22문자)을 통하여 33번째 단계인 근원적인 존재에게로 돌아갈 수 있다.

9. 인간에게 존재하는 이 생명나무는 마음, 의식, 영혼, 치유 등 여러 차원으로 활용된다. 예를 들면 신의 마음이 작동하는 방법은 인간의 마음이 작동하는 원리와 다르지 않다. 다만 그것이 일어나는 공간의 속성에 영향을 받아 다르게 보일 뿐이다.

10. 생명나무를 통하여 신의 창조 능력이 인간에게 부여되어 있기 때문에 우리는 어느 정도는 생각으로 여러 가지 창조(치유, 발명, 문화 활동 등)를 할 수 있다. 신은 자신의 일부인 인간을 통하여 자신의 의지를 실현시키고 있다. 즉 창조를 위한 신의 손발이 인간이다. 다만 에덴동산에서 추방되어서 그 통로가 완전하지는 않다.

11. 생명나무는 인간을 살아 숨 쉬게 하는 힘일 뿐 아니라 우주 만물을 생동시키는 힘이기도 하다. 작은 씨앗 속에 나무와 풀의 모든 비밀이 담겨있고 유전자 속에 생명의 신비가 담겨있듯이 생명나무에 우주 창조와 우주 작동 원리가 담겨있다. 지극히 간단한 생명나무 형상 속에 우주법칙의 비밀이 담겨있다는 것은 우리에게 큰 희망을 안겨준다. 왜냐하면 이것은 우주 신비를 여는 열쇠이고 인간의 비밀을 여는 열쇠이기 때문이다.

(6) 히브리 문자

카발라 철학을 논하면서 히브리 문자를 간과하고 지나갈 수는 없다. 이것은 카발라가 히브리 문자로 기록되었다는 이유 때문이 아니라 히브리 문자의 독특성 때문이다. 그러나 히브리어를 몰라도 카발라를 공부하는데 지장은 없다. 다만 히브리 문자는 다른 언어처럼 단순히 의미를 전하는 문자가 아니라는 점이다. 22문자의 소리는 특별한 진동을 지니고 있으며 이들 소리가 우주의 에너지를 운반하는 진언과 같은 역할을 한다. 또한 이 문자의 형태는 아무런 의미 없는 형상이 아니라 특별한 힘이 흐르는 장치이다. 그래서 카발라에서는 히브리 문자의 소리와 그 형상을 가지고 근원과 합일을 추구하는 명상 기법이 발달하였다.

(7) 사계(四界, 4개의 세계)

생명나무에 카발라 사상의 핵심이 함축되어 담겨있는데 생명나무의 중요한 사상 중 하나가 4계 이론이다. 생명나무 그림(생명나무의 4계와 3개 기둥, 41쪽)을 보면 1에서 10까지 10개의 빛이 나열되어 있다. 1, 2, 3 빛은 최고 상위의 삼각형을 형성하고 이들 빛은 영적 세계(영계)를 이룬다. 이 영적 세계는 앞으로 창조될 모든 것이 존재하는 계이며 발출의 계이다. 신성한 신의 세계라고 할 수 있다. 이어서 4, 5, 6 빛으로 이루어진 삼각형은 신성 마음의 계(멘탈계)를 형성한다. 이 계는 신의 마음이 작동하여 창조가 시작되는 계이다. 7, 8, 9 빛으로 이루어진 삼각형은 아스트럴계이며 여기에서 멘탈계에서 창조된 것이 형성되기 시작한다. 물질세계의 모든 기본 매트릭스(틀)는 아스트럴계에 존재한다. 마지막 10번째 빛은 우리가 사는 물질계를 형성하고 여기에 신이 창조한 것이 구체적인 모습을 띠고 나타난다. 4계는 우주의 창조 과정을 설명하고 있으며 이 우주는 눈에 보이는 물질세계 외에도 상위의 다른 존재의 계를 포함한다. 이 4계와 연계되는 것이 혼의 4국면으로 우리 혼은 4계에 따라 4개의 속성으로 나뉘어져 존재하고 있다.[17)]

---

17) Doreal <The Kabbala, part 3>, pp10~13.
김우타 <구도여행과 소리 없는 소리>, pp344~345.

(8) 3개 기둥

생명나무의 또 다른 중요한 이론이 3개 기둥 이론이다. 생명나무 그림을 보면 중앙에 케테르, 티페레트, 예소드, 말쿠트가 위치하고 우측에는 호크마, 헤세드, 네차흐가 있고 좌측에는 비나, 게부라, 호드가 있다. 이들 빛의 속성을 보면 중앙은 무극이고 우측은 양이고 좌측은 음이다. 또한 우측의 헤세드는 자비의 속성을 나타내고 좌측의 게부라는 정의의 속성을 상징한다. 그래서 우측 기둥을 자비의 기둥, 좌측 기둥을 정의의 기둥이라 부른다. 여기에는 여러 상징이 숨어있다. (1)창조의 음양 법칙 (2)중간 기둥을 통하여 근원의 자리로 상승하는 방법 (3)자비와 정의의 균형 속에 존재하는 신.

세피로트와 대응물[18)]

	세피로트	의미	신체부위	속성
1	케테르, Keter	왕관/창조 근원	머리	무극
2	호크마 Chokmah	지혜	뇌	양
3	비나, Binah	이해, 지성	마음	음
4	티페레트,Tiferet	아름다움	가슴/몸통	무극
5	헤세드, Chesed	자비/사랑	오른 팔	양
6	게부라. Geburah	힘/정의	왼 팔	음
7	예소드, Yesod	기초/토대	성기	무극
8	네차흐, Netzach	견고/승리	오른 다리	양
9	호드, Hod	광휘/영광	왼 다리	음
10	말쿠트, Malkhut	물질왕국	발	무극

18) 김우타 <구도여행과 소리 없는 소리>, p344, 도리얼(Doreal)의 생명나무 이론임.

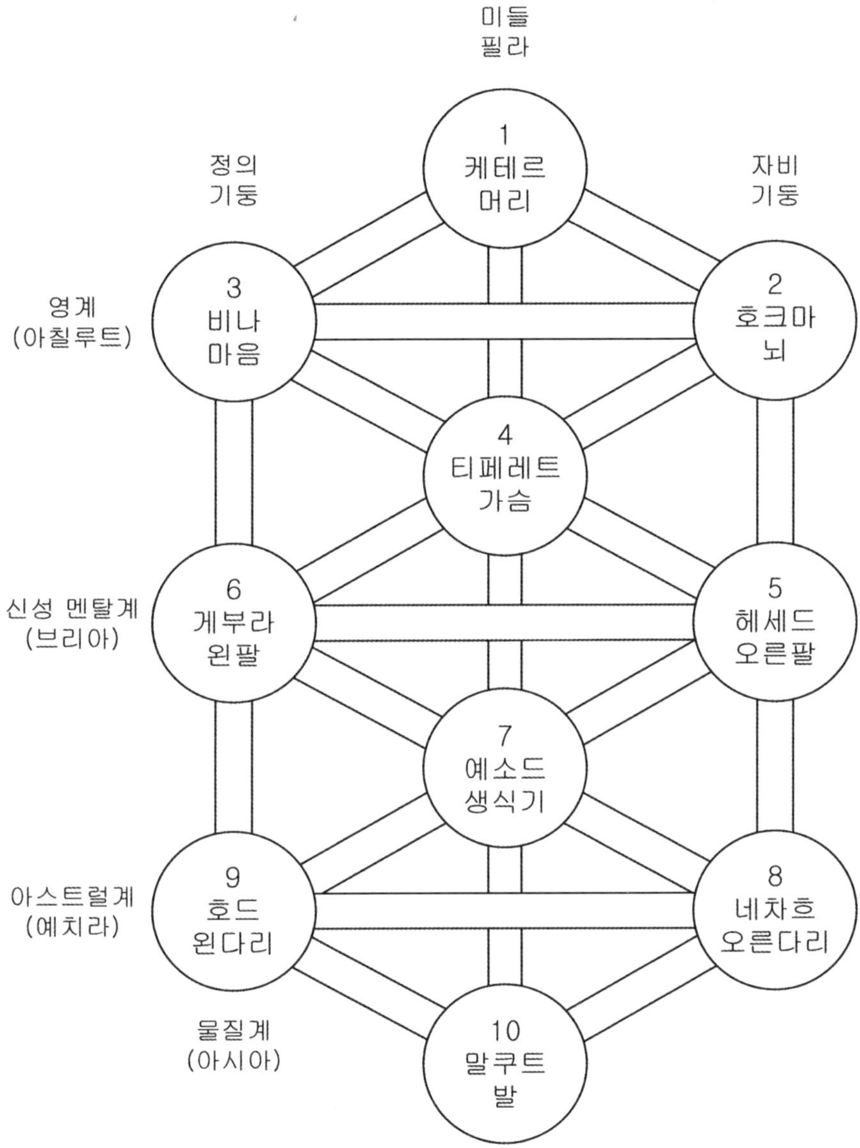
미들
필라
정의
기둥
자비
기둥
1
케테르
머리
3
비나
마음
2
호크마
뇌
영계
(아칠루트)
4
티페레트
가슴
6
게부라
왼팔
5
헤세드
오른팔
신성 멘탈계
(브리아)
7
예소드
생식기
9
호드
왼다리
8
네차흐
오른다리
아스트럴계
(예치라)
물질계
(아시아)
10
말쿠트
발

도리얼 생명 나무

(9) 신과 합일

영혼의 최종 목적은 원래의 자리(근원과 합일, 상징적으로 에덴동산)로 돌아가는 것이다. 근원으로 돌아가기 위하여 카발리스트들은 토라를 카발라적으로 공부하고 명상한다. 카발리스트들은 히브리 알파벳을 신의 문자로 보았으며 그 형상과 소리에 특별한 의미를 주었다. 이런 문자의 형태와 문자의 치환 그리고 소리에 근거한 카발라 고유의 명상법이 생겨났다. 특히 신의 신성 4자 문자(YHVH)에 대한 명상이 강조되었다. 그들은 히브리문자나 신의 이름 등에 대한 명상을 통하여 신과 영적 결속(데베쿠트)을 추구하였다. 카발라 명상에는 집중 명상, 관조명상, 자각명상, 공명상, 만트람 명상, 시각화 등이 있다.

(10) 신의 이름(YHVH)과 명상법

구약에서는 하느님을 여호와(Yehowah), 야훼(Yahweh), 예호바(Jehova)로 부른다. 이 이름은 신의 이름을 나타내는 히브리 4자 문자(요드 헤 바브 헤, YHVH)에서 근원한다. 본래 히브리문자는 모음 없이 자음만 있었고 구약은 자음만으로 기록되었다. 자음 사이에 모음을 넣어 정확히 발음을 해야 하는데 이것은 사람의 기억력에 의존하였다.

신에 대한 경외감이 컸던 이스라엘 사람들은 신의 이름을 함부로 말하지 않았다. 대신 주님(Lord)의 의미를 지닌 Adonay(아도나이)에서 모음을 가져다 YHVH(요드헤바브헤) 사이에 넣어 신을 대신하는 이름을 만들었다. 그 이름이 여호와/예호바이다. 예외적으로 1년에 한번 열리는 대속죄일에 제사장은 신의 원래 이름을 발성할 수 있었다. 그러나 세월이 흐르면서 이 신을 지칭하는 올바른 발음법은 잊혔고 완전히 잃어버린 단어가 되어버렸다.

신의 진짜 이름은 여호와가 아니라 YHVH이다. 그러나 그 참 이름을 어떻게 발음하는지 모른다. 히브리 22문자 중 어떤 문자는 오늘날 발음과는 다르게 발음되었다. 이들 문자를 두고 여러 가지 논의가 있었다. 이 YHVH를 바로 발음할 수 있는 사람은 천국의 열쇠를 얻는다고 말하여지기도 하였다.

4자 문자(YHVH, יהוה)의 의미는 출애굽기 3장 14절에 나온다. 여기에 보면 신은 모세에게 이집트에 가서 히브리인들을 해방시키라고 말한다. 그러자 모세는 묻는다, "누가 나를 보냈다고 말하오리까?" 그러자 신은 "에헤예 아쉐르 에헤예"라고 말한다. 이것은 "나는 스스로 있는 자이다." "나는 곧 나다." "나는 영원히 존재하는 자다."로 번역되는데 신은 균형 속의 균형으로 존재한다고 하여 이것을 "나는 균형 속의 균형이다."라고 해석하는 학자도 있다.

유대인들은 히브리 알파벳을 신의 문자로 생각하였고 문자마다 깊고 높은 의미와 강력한 힘이 내재하고 있다고 여겼기 때문에 YHVH의 이름을 굉장히 중요시하였다. 신의 이름과 형상은 신을 드러내는 징표이며 그 속에 신의 속성이나 특성이 반영되어 있어서 신의 이름을 알면 신과 동조할 수 있고 직접 대면할 수 있다고 생각하였다.

신과 동조는 소리의 힘 즉 만트람(진언)과 밀접한 관계가 있다. 동양에서는 명상수련이나 치유 혹은 상위 존재와 동조를 위하여 소리(진동)를 사용하는 경우가 많다. 밀교의 진언이나 카발라 마법의 히브리어 발성이 대표적인 예이다.

신은 말씀(진동)으로 우주의 모든 것을 창조하였고 우주는 진동으로 운행된다. 이 세상에 진동 아닌 것이 없다. 미립자, 원자, 분자는 진동이며 분자가 합쳐져서 이루어진 물질도 진동이다. 그러므로 진동의 비밀을 아는 자는 우주의 비밀 열쇠를 가진 셈이다.

특정한 음과 음조 그리고 강세로 이루어진 소리는 특별한 기능이 있다. 티베트 불교의 진언, 인도 요가의 만트람, 카발라에 나오는 히브리 문자, 신의 이름, 천사 이름은 모두 소리의 진동과 관련이 있다. 신의 이름이나 천사 이름을 바르게 발성할 수 있으면 신이나 천사는 이에 반응한다. 이것은 상응의 법칙과 진동의 법칙 때문이다.

소리는 에너지나 의지를 전하는 매체이다. 전기가 구리선을 통하여 흐르듯이 힘(에너지)이나 의지는 특정 진동을 지닌 소리를 통하여 흐른다. 그러므로 효력이 있으려면 용도에 맞는 올바른 소리와 발성자의 의지가 합쳐져야 한다. 같은 진언을 하여도 사람에 따라 효과가 다른 것은 발성자의 의지와 생각이 소리에 영향을 미친 까닭이다. 의지에는 발성자의 정성과 믿음 그리고 앎이 포함된다.

바른 소리와 의지가 결합되어도 발성법을 모르면 역시 효과가 없다. 진언할 때 조화로운 생각과 존경심을 유지해야 하고 육체와 마음은 최대한 이완되어야 하며 들숨과 날숨의 원리에 따라 소리 내어야 한다.

진언은 신체 특정 부위를 자극하여 상위의 힘이 흐르도록 하기, 신체에 작동하여 세포 구조를 배열하거나 재배열하여 질병 치유하기, 오컬트 센터 열기, 부정적인 힘 몰아내기, 상위의 존재와 동조하기, 육체를 우주에 조화롭게 조율하기 등에 사용된다.

신의 이름을 진동시켜 근원적 존재와 동조하게 되면 합일이 일어난다. 그래서 카발리스트들은 신의 올바른 이름을 열정적으로 찾아왔다. 『세페르 예치라』에 보면 신이 히브리 문자인 요드 헤 바브(YHV)를 배합하여 6방향(동서남북상하)으로 우주를 봉인하는 구절이 나온다. 요드 헤 바브(YHV) 문자는 신의 이름인 테트라그라마톤

(YHVH, 4자 문자)를 구성하는 문자이기도 하다. 이 강력한 문자(이 문자가 지닌 소리)를 가지고 신은 우주의 경계를 설정하였고 이것을 자신의 이름으로 하였다.

카발라에 보면 우주[19]는 4계로 이루어졌는데 이 4계는 신의 이름인 YHVH로 표시된다. 영계는 요드(Yod), 신성 마음계는 헤(He), 아스트럴계는 바우(Vau), 물질계는 헤(He)로 표시된다. 신의 이름인 YHVH는 우주 즉 사계(四界)를 창조한 힘의 진동인 셈이다. 이것은 지상에 존재하는 가장 강력하고 위대한 소리이다.

4계의 창조를 통하여 신은 자신의 모습을 드러내었다. 4계는 YHVH로 구성된 신의 발출물로 신의 의지와 힘이 작동하는 신의 몸이기도 하다. 특정 만트람이 특정 신체부위를 깨우듯이 신의 이름은 우주(4계)를 진동시킨다. 그래서 이 신의 이름은 경외되었고 대중에게 숨겨졌다.

카발라 가르침에 따르면 의식이 정화된 사람이 신의 이름을 바르게 발성하게 되면 원하는 것이 창조되나 그렇지 못한 사람이 이기적인 목적으로 신의 이름을 발성하면 스스로를 파괴하게 된다고 한다.

카발라 특히 실천 카발라[20]에서는 이 4자 문자에 대한 관심이 크다. 요드-헤-바브-헤를 4계의 순서에 따라 요드는 영계(케테르, 호크마, 비나마)에 헤는 멘탈계(티페레트, 헤세드, 게부라), 바우는 아스트럴계(예소드, 네차흐, 호드), 헤는 물질계(말쿠트)에 배열하지만[21] 학자에 따라 그 배치를 다음과 같이 하기도 한다.

요드-헤-바브-헤(YHVH, 테트라그라마톤)에서 요드(Yod)는 히브리 문자로 י 이다. 이 문자의 윗부분은 생명나무의 첫 번째 세피라와 대

---

19) 눈에 보이는 물질우주를 포함한 모든 우주.
20) 카발라 마법, 고급마법으로 불린다.
21) Doreal <The Kabbala, Part 1>, p14.

응하고 아래 부분은 헤(He, ה)와 함께 2번째 3번째, 4번째 세피라와 대응한다. 바브(Vav, ו)는 요드(י)가 아래로 확장된 모습인데 4번째 세피라에서 9번째 세피라까지 대응한다. 헤와 바브 사이에 세피라가 겹치는 부분이 생겨난다. 두 번째 헤(He, ה)는 10번째 세피라와 대응한다.[22] 요드를 1~2번째 세피라, 헤를 3번째 세피라, 바브를 4~9번째 세피라, 헤를 10번째 세피라에 배열하는 학자도 있다.[23]

이처럼 4자 문자(YHVH) 즉 신의 이름은 생명나무의 10개 세피로트를 구성하고 있다. 그리고 생명나무가 모든 인간에게 반영되어 빛나고 있음을 고려하면 이 4자 문자는 인간의 속성을 반영하는 것이기도 하다. 소우주인 인간이 대우주인 신의 발출물이고 신의 모든 속성을 지닌 신성한 존재임을 고려하면 신의 이름인 4자 문자가 인간에게 반영되어 존재하는 것은 너무도 자연스럽다. 우리는 4자 문자로 이루어진 신성한 존재이기에 상위의 근원과 동조할 수 있고 합일할 수 있다. 신의 4자 문자(YHVH) 모양은 다음과 같다.

(가로 배열)

(세로 배열)

22) Kraig, Donald <Modern Magick>, pp106~107.
23) Kaplan, Aryeh <Sefer Yetzirah>, p62.

신의 이름인 테트라그라마톤(YHVH)이 의미하는 것은 신은 모든 계를 아우르는 단일자이며, 이 4자 문자는 신과 동조할 수 있는 우주 비밀의 열쇠라는 것이다. 그러나 지금은 4자 문자를 바르게 발성할 수 없어서 잃어버린 이름이다. 그러나 비밀 단체를 통하여 그 올바른 발성법이 구전되어 전해온다고 하며 그 이름을 얻는 자는 세상과 운명의 주인이 된다고 한다.

카발라에는 여러 가지 명상법이 있고 그중에 카발라에만 특별한 것이 신의 이름 명상법이다. 이것은 카발라 명상에서 그만큼 신의 이름(형상과 발성)이 중요함을 보여주는 예이다.

명상법(1)

조용히 앉아 심호흡을 한다. 마음과 육체를 이완시킨다. 신의 4자 문자를 바라본다. 심상이 가능하면 마음의 눈으로 신의 문자를 바라본다. 만약 잃어버린 신의 이름을 안다면 그 소리를 마음으로 발성한다. 신의 4자 문자에서 나오는 에너지나 빛과 하나가 된다.

명상법(2)

명상 자세에서 앞에 놓인 4자 문자를 바라본다. 각각의 문자를 마음으로 새겨본다. 심호흡을 하면서 이들 문자가 몸으로 들어오게 한다. 마음의 눈으로 몸 안에 존재하는 4자 문자를 본다. 몸이 신성한 신의 이름으로 채워지고 문자에서 신성한 빛이 온 몸을 비춘다고 심상한다. 4자 문자를 통하여 신과 합일 의식을 경험한다.

명상법(3)

마음속에 다른 생각은 버리고 오직 신과 연결되어 있음을 생각한다.

마음의 눈앞에 4자 문자를 놓고 그 문자들이 무한으로 확장하는 것을 심상한다. 신과 합일을 경험한다.

명상법(4)[24]

최대한 이완할 수 있는 자세를 취한다.
마음이 잠잠해질 때까지 천천히 깊게
숨을 들이쉬고 내쉰다.

마음이 준비가 되면 신의 문자(4자 문자)를 보거나
아니면 눈을 감고 마음의 눈으로 그 문자를 본다.
문자 주변, 문자 사이, 문자 안의 공간을 알아챈다.
이 공간 속으로 녹아들도록 한다.
공간과 하나가 되고 텅 빔과 하나가 된다.
생각도 형상도 시간도 없는 공(空)의 공간이다.

이 공간 속에 머문다.
생각이나 외부 소음으로 집중이 흩어지면
이것을 알아차리고 다시 공간 속으로 몰입한다.

명상 중에 문자가 의식으로 들어온다면
문자 사이의 공간으로 다시 들어간다.
이것이 공이다.

---

24) Green, Nan F <Discovering Jewish Meditation> p122.

2장 카발라와 예수

1 카발라와 예수

기독교와 카발라를 연관 지으려는 시도는 중세 유럽에서 카발라를 접했던 일부 기독교 학자들에게서 시작되었다. 이들의 주장은 크리스천 카발라로 불렸다. 그러나 그들은 주로 카발라 가르침을 기독교 교리와 연관 지어 설명하려고 했지 예수를 카발라와 직접 연관 지어 설명하려고 하지는 않았다. 사실 기독교 교리라는 것이 예수가 아니라 교부들의 작품이어서 교회 교리를 카발라와 연관 짓는 일이 얼마나 의미가 있는지는 모르겠다. 그러나 카발라를 예수라는 인물과 연관 짓는 일은 전혀 차원이 다른 문제이다.

기독교인들에게는 놀라운 이야기겠지만 비밀 전승에 따르면 성경에 나오는 멜기세덱은 예수의 여러 전생 중에 한 분이었다. 이 멜기세덱이 아틀란티스 시대부터 전해온 카발라를 아브라함에게 전하였고 아브라함은 이것을 후대에 전하였다. 이런 카발라 전승을 고려하면 예수가 카발라에 정통하였다는 것은 충분히 짐작할 수 있다. 예수의 행적이나 말씀 등에서 이런 전승을 직접 확인할 수 있다.

2 신비의 인물 멜기세덱

멜기세덱은 신비의 인물이다. 창세기 14장 17~21절에 보면 아브라함이 멜기세덱에게 십일조를 바치는 내용이 짧게 나온다. 바울(히브리서 5장, 7장)은 멜기세덱을 지극히 높으신 하느님의 사제이며 아버지도 없고 어머니도 없고 족보도 없으며 생애의 시작도 끝도 없는 영원히 사제직을 맡아보는 사람으로 표현하였다. 또한 예수가 하느님으로부터 "멜기세덱 교단"의 영원한 사제로 임명되었다고 말하였다.

그러면 아브라함이 십일조를 바쳐 존경을 나타냈을 만큼 위대한 멜기세덱은 누구인가?

그에 대한 비의 기록에 따르면 멜기세덱은 까마득한 오랜 세월 동안 인류의 영적 성장을 위하여 봉사해 온 인물로 한 번도 추락한 적이 없는 위대한 영혼이었다. 그래서 시작도 끝도 없는 영원한 사제로 표현이 되었다.

비밀 전승에 따르면 그는 아틀란티스 시대에 지혜의 학교를 열어서 사람들에게 지혜와 지식을 전하였다. 아틀란티스를 구성하는 10개 섬의 지배자들도 멜기세덱의 자문을 구할 만큼 그는 위대하였다.

아틀란티스 문명이 저급한 혼들에 의하여 점차 붕괴되기 시작하였을 때 멜기세덱은 아틀란티스를 다스리던 영적 지배자와 아틀란티스의 앞날에 대하여 협의하였고 이후 지배자는 지구 균형을 변화시켜서 아틀란티스를 침몰시키고 만다.

당시 여러 대륙에 아틀란티스 식민지가 있었으며 식민지 주변에는 원시 수준의 사람들이 살고 있었다. 아틀란티스의 침몰과 함께 세계의 지각은 엄청나게 변화하였고 멜기세덱은 지혜의 학교가 위치한 안

틸리아의 사람들을 인솔하여 다른 땅으로 이동하였다. 이들이 가지고 있었던 지혜 중에 오늘날 우리가 카발라라고 하는 것이 있었다. 카발라는 이들에 의하여 보존되었다.

이들은 오랜 세월 여러 지역을 돌아다니다가 이집트에 도착하여 성경에 나오는 아브라함을 만나게 된다. 멜기세덱은 여기서 국가 통치법과 여러 법칙을 아브라함 부족에게 가르쳤다.

아브라함 시대에 멜기세덱은 기억력이 비상한 유대인에게 카발라를 전수하였으며 이 카발라는 아틀란티스에서 가르쳤던 엄청난 지식을 숫자와 문자 그리고 상징 속에 숨기고 있었다.

아브라함에게 카발라를 전하고 멜기세덱은 다른 사역을 위하여 오랜 세월 자신을 수행해온 높은 의식의 사람들과 그 후손들로 "멜기세덱 교단"을 만들어 고대 가르침을 보존하게 하고 자신은 그들을 떠난다.

구약성경에 멜기세덱에 대한 기록이 거의 없는 이유는 이스라엘 12부족 중에 사제직을 담당하였던 레위족이 이스라엘의 부족 권위가 대사제장인 멜기세덱의 존재로 훼손될 것을 우려하여 후대에 성경에서 그의 내용을 삭제하였기 때문이다.

한동안 잊혔던 카발라를 모세가 다시 찾았고 모세는 이것을 부족장들에게 가르쳤고 이후 카발라는 비밀리 전해져왔다. 멜기세덱은 카발라와 고대지혜를 후대에게 전해준 사람이었다. 멜기세덱이 사라진 후에는 그 무리 일부가 남아서 이스라엘 연맹체의 사제 겸 왕이 되었다. 고대에 이들은 히브리인으로 알려졌으며 유대인은 아니었다. 아브라함 무리는 셈계 사람이었고 멜기세덱 사람들은 푸른 눈에 하얀 피부, 붉은 머리를 한 사람들이었다. 예수는 히브리인이었고 멜기세덱은 예수의 전생이었다.[25)]

3 역사적 예수

기독교 신자가 아니더라도 웬만한 사람은 예수가 누구인지 알고는 있다. 우리가 많이 듣게 되는 내용은 그분이 하느님의 아들이고 인간의 죄를 대신하여 십자가에 못 박혀 죽었다는 것이다. 이것을 믿는 사람도 있겠고 종교 창설자에 대한 신비화 경향으로 돌리는 사람도 있을 것이다.

예수 개인의 업적이나 위대함에 대한 평가는 사람마다 다르고 심지어 극과 극을 달리기도 한다. 그러나 기독교가 인류 역사에 미친 영향과 오늘날 세계 인구에서 기독교인의 비율을 생각하면 위대함의 여부를 떠나서 인류에게 커다란 영향을 미친 사람임에는 분명하다.

지금의 거대한 기독교 조직과 교리(원죄, 천당, 지옥, 구원론, 믿음, 예수신성 등)에 대하여 예수는 과연 상상이나 하였을까? 중세 암흑시대의 사상과 문화 억압, 그리고 지금도 진행 중인 종교 간의 다툼과 학살, 일방적 선교와 거대 자본화한 대형교회, 기복신앙, 종교 간의 공존거부, 타종교의 구원 부정 등은 예수가 의도한 일은 아니었을 것이다.

교회나 성직자들의 무지와 탐욕 그리고 정치적 이유로 예수의 가르침은 전혀 다른 모습으로 변해버렸다. 심하게 말한다면 교회는 예수의 가르침을 형태도 알아볼 수 없는 괴물로 만들어 놓았다. 인간을 죄 많은 노예로 만들었고 이성과 지성 대신 맹목적 믿음을 강요하여 인간을 새장에 가두어버렸다.

---

25) 김우타 <구도여행과 소리 없는 소리> pp382~384.

예수에 대한 역사적 자료는 지극히 한정되어 있고 그것도 어록이나 생애에 대한 기록이 아니라 역사적으로 존재하였다는 아주 단편적인 기록일 뿐이다. 결국 예수를 바로 알기 위해서는 그나마 남아있는 4복음서(복음서의 진실성을 인정한다면)의 예수 어록을 올바르게 해석하는 일이고 더 나아가 예수의 어록이 남아있는 여러 외경 구절(특히 도마복음)도 해석해야 할 것이다.

예수를 보는 세 가지 시선이 있다. 하나는 예수를 신의 아들로 보는 정통 교회 견해, 둘째는 예수를 신화적 인물로 그 역사적 존재를 부정하는 견해, 셋째는 예수를 영적인 교사, 동양의 언어로 표현한다면 붓다 같은 깨달은 자로 보는 견해가 그러하다.

첫째 견해는 우리에게 너무도 익숙한 기독교 교리이고 두 번째 견해는 예수의 역사적 실제성을 부정하고 신화적 인물로 해석한다. 셋째는 종교에 관계없이 진리를 추구하는 사람들의 견해로 예수를 훌륭한 영적 교사로 받아들인다. 최근에는 기독교인의 자기 본위적이고 이기적인 행태에 분개하여 예수의 존재를 인정하되 그 가르침에 대하여 혹평하는 반기독교 주의도 존재한다.

그러나 여러 정황(유대역사가 요세푸스[26]의 기록, 복음서 내용, 기타 여러 자료)에 비추어 보면 예수의 실존은 부정할 수 없는 사실이다. 다만 그의 가르침이 얼마만큼(기록된 것보다는 알려지지 않는 가르침이 훨씬 많을 것이다) 전해졌고, 얼마나 정확하게 전해졌는지[27]와 복음서에 나오는 내용(행적, 치유, 기적 등)이 얼마나 신빙성이 있는지

---

26) 그는 93~94년경 <유대 고대사>를 쓰는데 여기에 예수에 대한 언급이 있다. 예수 동생 야고보의 사형 보고에 이어 예수에 대하여 이야기한다. 여러 이본이 있어 나중에 기독교인이 예수 관련 내용을 덧붙인 것이 아니가하는 의문이 제기되어 왔다.

27) 예수의 말이 아니라 복음서 작가의 의견이거나 교회에 의하여 첨가되고 각색된 구절을 찾아내는 일.

는 심도 있게 연구되어야 할 과제일 것이다.

그러나 정말 심각한 문제는 교부들이 성경을 자기 입맛대로 해석하여 자신들의 생각이 반영된 거창한 기독교 교리를 만들어 내었다는 것이다. 기독교 교리의 뼈대를 구성하는 이론은 신의 인간 창조(창조주와 피조물 관계로 설정), 원죄, 하느님 아들인 예수 등장, 하늘나라, 예수의 죽음과 부활 그리고 구원이라 할 것이다. 이 뼈대로 말미암아 거의 모든 교리가 죄에 대한 회개, 신에 대한 믿음과 구원 그리고 하늘나라에서 영생 등으로 구성된다. 만약 이 기본 뼈대가 잘못되었다면 이것에 근거하여 생겨난 모든 교리는 근거가 없어서 무너지고 말 것이다.

이런 교리가 예수가 의도했던 것인지 아니면 후대에 교회와 교부들이 자기들 입맛에 따라 창작했는지는 우리가 이성을 가지고 규명하면 진실이 드러날 것이다. 진리는 하나여야 한다. 그런데 기독교 교리는 힌두교나 불교, 유대 신비가르침인 카발라 등과는 너무도 다르다. 누군가는 잘 알지 못하고 있거나 거짓말을 하고 있는 것이다.

우선 간단히 인간의 본질에 대한 것을 살펴보자. 동양사상이나 예수의 비밀가르침인 영지주의 그리고 유대 신비사상인 카발라 사상은 인간을 근원적 존재(절대자)의 피조물이 아니라 신의 발출 혹은 확장으로 본다. 그러므로 구원은 근원에서 나온 인간의 영혼이 원래의 자리로 돌아가는 것을 의미한다. 인간 모두를 신성한 존재로 본다.

그러므로 예수가 하느님 아들이듯 우리도 하느님 아들이다. 물론 대다수 사람에게 신성은 아직 깨어나지 않아서 잠자는 상태에 있다. 그리스도라는 단어는 예수에게만 사용되는 고유한 칭호가 아니라 기름이 부어진 사람 즉 동양에서 말하는 의식이 개화된 깨달은 자를 지칭하는 보통 명사이다.

예수를 깨달은 자로 받아들이면 신성이니 삼위일체니 하는 문제는 그다지 논란거리가 되지 못한다. 신의 일부분인 사람은 신성한 존재이고 신과 하나이기 때문이다. 이런 시야로 예수를 바라보고 이해한다면 예수가 말하는 하늘나라, 죽음, 부활, 구원, 치유, 이적 등은 새롭게 해석되어 우리에게 다가온다.

2천 년간 인류역사를 지배해 왔던 것이 기독교 교리이다. 오랜 세월 정치, 문화, 사회를 압도해 왔던 기독교 교리를 대신하여 예수의 참 가르침이 그 자리를 차지한다면 인류가 새로운 차원으로 성장해 나아갈 수 있는 획기적인 사건이 될 것이다.

참고 요세푸스의 예수에 대한 기록[28]

그리스어 번역판

(괄호 안 내용은 기독교인이 추가했거나 바꾸었다고 추정되는 부분)

1. 그때(감히 사람이라고 칭할 수 있다면) 현자인 예수께서 나타나셨다.
2. 놀라운 기적을 행하신 그분은 기꺼이 진리를 받아들이는 사람들에게는 스승이 되셨다.
3. 그분은 수많은 유대인들과 그리스도인들을 제자로 받아들이셨다.(그분은 메시아였다)
4. 우리 중에 높은 사람들의 고소로 필라테가 십자가형을 언도했으나, 그분을 사랑하는 사람들은 누구 하나 변치 않고 하던 일을 계속하였다.
5. (그분이 행하신 수많은 기적과 부활을 예언한 예언서의 내용처럼 돌아가신지 사흘 만에 부활하신 후 다시 나타나셨다.)

---

28) 콜린 듀리에즈 <AD 33> pp204~205.

6. 그 후부터 그의 이름을 따르는 기독교도들은 쇠퇴되지 않고 있다.

아랍어 번역판

1. 그 무렵 예수라고 부르는 현자가 한명 있었다.
2. 이 사람은 좋은 일을 했기 때문에 덕이 높은 사람이라고 소문이 자자했다.
3. 그래서 유대인들과 국적이 다른 나라 사람들 중에서도 그의 제자가 되는 사람이 많았다.
4. 필라테는 그에게 십자가형을 언도하고 처형했으나 그의 제자들은 제자의 의무를 포기하지 않았다.
5. 예수의 제자들은 자신들의 스승이 십자가형을 받은 후 3일 만에 다시 나타났고 여전히 살아 있다고 주장했다. 그 때문에 예수를 기적을 언급한 예언서에 실려 있는 구세주라고 생각하게 되었다.
6. 그 후 예수의 이름을 본떠 이름 지은 그리스도인들은 지금까지도 사라지지 않고 있다.

4 예수가 태어난 시대적 상황[29]

예수의 삶을 잘 이해하기 위해서는 예수가 태어난 시대적 상황을 알아야 한다. 바리새인이나 사두개인과의 갈등, 유대인의 예수에 대한 기대와 실망, 로마 지배하의 유대정치와 문화, 사용언어, 대중성향 등은 예수 이해를 위한 전제 조건이다. 그렇게 되면 예수의 사역 실패와 유대교에서 기독교의 분리 그리고 세계종교로 발전 등이 좀 더 쉽게 이해될 수 있다.

한국의 경우 기독교가 서구에서 들어와서 우리는 예수를 서양인으로 생각하는 경향이 크다. 예수는 종교의 고향이라 할 수 있는 중동지방 출신이어서 동양 문화의 특징인 비유적이고 모호한 표현을 사용하여 대화를 이끌어나갔다. 논리적이고 직설적인 표현을 사용하는 로마나 그리스 전통과는 달랐다. 서양 철학자들의 말투나 글은 직설적이다. 석가나 예수의 어록에 비유가 많이 나오는 이유는 동양적 사고가 작용했기 때문이다. 중동인의 사고방식은 서양보다는 동양인의 사고방식에 가까웠다. 예수는 동양에서 동양인으로 생각하고 자라났다.

예수 시절에 히브리어는 문헌 속에만 존재하는 죽은 언어였다. 예수는 당시 팔레스타인 지방에서 사용되던 아람어를 사용하여 가르침을 폈다. 이것은 오늘날 아랍어와 비슷하고 그리스 영향을 많이 받았다. 그러나 예수의 말씀을 담고 있는 신약은 아람어가 아니라 당시에 많이 사용되었던 그리스어(헬라어)로 기록이 되어서 번역 과정을 거쳤다.

---

29) 김우타, <구도여행과 소리 없는 소리> pp 378.

예수 활동 당시 이스라엘은 로마의 지배하에 있었다. 로마법과 유대법이 갈등 속에 있었다. 로마인의 사고는 실용적이고 과학적이었으며 오늘날 관점에서 본다면 물질적이고 현대적 마인드를 지녔다고 볼 수 있었다. 그들은 생소한 동양의 사고나 문화에 경외심과 혐오감을 동시에 느꼈다. 동양인의 강한 믿음과 그들이 믿는 종교 의식이나 의례에서 보이는 피 희생의식 같은 비이성적이고 미개해 보이는 문화 등을 로마인은 이해할 수 없었다. 유대인과 로마인 사이에는 멸시와 불신 그리고 갈등이 자리 잡고 있었다. 로마는 유대인을 다스렸으나 종교에는 개입하지 않았다.

당시에 유대인은 3개의 종파(바리새파, 사두개파, 에세네파)가 있어서 서로 세력을 키워갔다. 가장 대중적인 지지를 받은 것이 바리새파였는데 엄격하게 의식과 의례를 지킨 보수적인 유대인이었다. 바리새인은 성직자와 법률가 그리고 권력자로 구성되었고 매우 보수적이었다. 엄격하게 율법을 지키는 오늘날 유대교인의 모습은 바로 예수 시대의 바리새인과 비슷하다고 할 수 있다. 이들은 전래된 의식과 율법을 그대로 따르고 어떤 변화도 받아들이지 않으려 했다. 이들의 엄격함은 형식주의에 빠지기도 하였으나 예루살렘이 파괴되고 이스라엘이 망한 후에 유대인들 사이에서 영향력 있는 집단으로 남아 유대인을 하나로 만드는데 기여하였다. 세례 요한이나 예수는 바리새파의 율법을 거부하여 갈등을 가져왔으며 결국은 십자가에 못 박히게 된다.

오래 전에 들어온 그리스문화를 받아들인 유대 상류층 사두개파는 규칙에 철저한 바리새인과 거리를 두고 살았다. 그들은 로마정권을 지지하였고 로마문화를 유대인을 위하여 사용하려 했다. 그들은 로마문화를 따랐고 바리새파와 다툼 속에 있었으나 예수에 대해서는 바리새인 못지않게 큰 반감을 드러냈고 예수의 처형 및 사도(使徒)들의 박해에 참여하였다.

세 종파 중에 성경에 언급되지 않은 종파가 에세네파이다. 사해(Dead Sea)에서 떨어진 서쪽 지역에 주요 은거지가 있었던 것으로 알려져 있다. 수도원에서 협동생활을 하며 조용히 살아갔다. 모든 재산은 커뮤니티에 속하였다. 에세네파는 B.C 150년경에 시작되었고 AD 1세기 말경에 사라졌다. 그들은 모든 것의 창조주이고 전지하신 유일신을 경배했다. 에세네파는 특히 복종, 정직, 성적 금욕, 정의 그리고 절제를 중요한 덕목으로 생각했다.[30]

세례 요한이 이 파에 속했을 것이라는 의견이 강력하게 주장되고 있고 예수의 바리새인에 대한 비판이나 평화적 가르침을 고려하면 예수도 에세네파 사람이었을 것이라고 주장하는 학자도 있다. 비의 단체에서는 이렇게 말한다.

> 예수의 아버지인 요셉이 에세네파의 지도자였고 세례 요한도 에세네파였다. 예수는 나사렛(지명 이름이 아니라 에세네파의 사원이었다)에서 교육을 받으며 12세까지 성장하였다. 요한의 제자들이 예수의 제자로 선택되는데 이는 예수가 아무나 제자로 선택한 것이 아니라 상당 기간 요한에게 가르침을 받은 사람을 선택하였기 때문이다.[31]

로마, 그리스, 소아시아, 이집트 등 여러 문화가 이스라엘에 들어와서 유대문화와 충돌하였고 여러 종파가 갈등 속에 있었다. 예수는 정치적으로 엄청난 갈등과 분쟁의 시기에 살았다. 예수는 이런 소용돌이치는 혼란한 세계에 영적 지혜를 전해야 하는 위치에 있었다.

---

30) 가톨릭 백과사전(Catholic Encyclopedia).

31) Ziranda, <Symbolism of the life of Jesus> pp5~6.
Doreal, <The Occult and Mystery teachings of Jesus> p8.
Doreal, <The life of Jesus> p6.

당시 유대 대중의 의식수준은 낮아서 예수는 자신의 메시지를 올바로 전할 수가 없었다. 그래서 의식이 높은 소수의 준비된 사람들에게는 참 진리를, 대중에게는 수준을 낮추어 도덕적 가르침을 전하였다. 전자는 영지주의 가르침을 형성하였고 후자는 지금의 성경을 형성하였다.

유대인들은 암울한 로마 지배로부터 자신들을 구원해 줄 메시아를 기다리고 있었다. 메시아에 대한 유대교 교리는 다윗 왕이 기름부음을 받으면서 들었던 약속, 즉 그와 그의 자손들이 마지막 시대까지 이스라엘을 다스릴 것이며 이방 민족을 다스리게 될 것이라는 믿음에 그 기초를 두고 있었다. 왕국 멸망 후에는 이 믿음은 다윗 왕가의 통치가 기적적으로 회복되리라는 예언자적인 대망으로 변형되었다.

유대인들은 메시아가 정치적, 군사적 지도자이며 실제적 국가를 세울 것으로 생각했다. 이런 점에서 예수는 유대인의 기대에 부응할 만한 것을 가지지 못하였다. 그는 민족주의자가 아니었고 에세네파의 평화적인 가르침을 따랐다. 더군다나 예수는 구원을 위해서는 율법에 대한 순종이 아니라 믿음이라고 주장했기에 바리새인은 예수를 받아들일 수 없었다.

예수는 심판자이며 율법주의자 같은 하느님의 이미지를 위협하였고 사람들이 형식적인 율법에서 벗어나도록 가르쳤기에 정통 유대인의 분노를 샀다. 예수는 율법만이 아니라 종교적 의례 즉 성전의 권위까지 문제 삼았다. 이것에 이해관계를 지닌 대제관, 레위인, 장사꾼, 예루살렘 주민 등 성전으로 먹고 사는 사람들의 반감을 샀다. 자신들의 종교를 뒤흔드는 예수의 설교가 나라의 안전을 위협한다고 생각한 유대인들도 예수에게서 돌아섰다. 이상주의자 예수가 설자리가 없었다. 사람들을 영적으로 성장시키려든 예수의 시도는 성공할 가능성이 적었다. 이에 예수는 의도적으로 십자가에 못 박히는 상황을 만들어 사람들에게 극적인 교훈을 주려고 한다.

그러나 유대 고위 사제들의 예수에 대한 거부감에는 또 다른 이유가 있었다. 유대 종교 단체와 고위 사제들은 자신들을 고대 신비의 유일한 보관소며 관리인으로 생각하였고 이런 고대 신비가 그들의 내부 조직에서만 보존되어야 한다고 생각하였다. 진리를 보존하려는 노력은 좋았으나 세월이 흐르면서 사제들은 세속적 일에 관심을 두기 시작하였고 권력과 재산을 탐하게 되었다. 이와 관련 도마복음 39절에 흥미로운 구절이 있다.

> 예수께서 말씀하시길, "바리새인들과 학자들이 지식(영지)의 열쇠들을 취하여 감추었느니라. 그들 자신도 들어가지 않으며 들어가기를 원하는 자들도 들어가도록 허용치 않느니라. 그러나 그대들은 뱀들처럼 지혜롭고 비둘기들처럼 순수 하라."

예수는 사람들에게 고대 신비의 지혜를 전해주려 하였고 이것은 자신들만이 알고 있는 지혜가 대중들에게 전해지면 자신들의 권위가 무너질 것을 우려한 사제들의 엄청난 반발을 불러일으켰다. 예수는 자신들의 권위와 안정을 위협하는 없애야 할 위험한 인물이 되었다.

이것은 오늘날도 마찬가지이다. 교회는 생각이 앞서는 선지자나 지혜로운 사람들을 질시하고 박해하며 대중을 미망에서 해방시키기보다는 이들을 이용하고 지배하기 위하여 교리를 이용하고 있다.

5 예수와 에세네파

신약성경에 보면 바리새파와 사두개파는 자주 등장하는 반면에 에세네파는 전혀 등장하지 않는다. 예수는 사두개파와 바리새파에 대하여 비난하면서도 이상하게도 이들과 더불어 당시 주요 종파였던 에세네파에 대해서는 언급하지 않는다.

기독교 사회에서 에세네파는 큰 주목을 받지는 못하였으나 최근에 쿰란의 사해 사본이 발견되면서 비로소 관심을 받기 시작하였다. 대부분의 학자들은 쿰란 공동체가 에세네파의 본거지였다고 주장하나 일부 학자들은 확실한 근거가 나오지 않았다며 이런 견해에 대하여 반대한다.

에세네파에 대한 기록은 유대인 역사가 필로(Philo of Alexandria. 대략 BC20~AD50)와 요세푸스(Flavius Josephus, A.D 37년경~100년경) 그리고 플리니(Pliny)의 글에서 나타나고 있다. 요세푸스, 알렉산드리아의 필로 그리고 플리니가 전하는 기록이 때때로 일치하지 않는 경우도 있다.

에세네파는 어떠한 종파였을까? 확실하게 드러난 것은 없지만 앞에 언급한 역사적 기록과 여러 학자들의 연구에 의하여 그 실체가 조금은 밝혀졌다. 다음은 〈가톨릭 백과사전(Catholic Encyclopedia)〉에 나오는 에세네파에 대한 글을 정리한 것이다. 여러 자료(필로, 요세푸스 등)를 바탕으로 신뢰할 수 있게 잘 정리되어 있어 에세네파를 이해하는데 도움이 된다. 그러나 여전히 베일에 싸여있는 단체임은 확실하다.

에세네파라는 이름은 처음 필로가 '신성한(holy)'이라는 의미의 단어 'hosios'를 사용한데서 유래했으며 요세푸스는 Essæi와 Esseni로 표기하였다. 그들의 숫자는 약 4,000명 정도였던 것으로 알려지는데 사해(Dead Sea)에서 떨어진 서쪽 지역에 주요 은거지가 있었던 것으로 알려져 있다. 이곳 외에도 외딴 곳에 작은 마을들을 이루며 살고 있었으나 더러는 도시에도 거주하였다. 에세네파는 BC 150년경에 시작되었고 AD1세기 말에 사라졌다.

그들은 모든 것의 창조주요 통치자요 전지하신 유일신을 경배했다. 모세는 가장 존경을 받았고 그의 이름을 모독하는 것은 죽음을 의미했다. 그들은 운명을 믿었지만 자유의지는 부인하지 않았다. 그들은 성전으로 희생제물을 보내기는 했지만 성전에서 동물을 죽여 피를 바치는 의식을 행하지 않았다. 그들은 경건한 마음을 신께 드리는 것이 가장 좋은 의식이라 여겼기 때문이다. 안식일은 엄격히 지켜졌고 모임에서는 연장자의 순으로 자리가 배정되었으며 그 모임에서는 성서가 낭독되고 회원 중에 지도적 위치에 있는 지혜로운 사람이 우화적인 방법으로 성서를 읽고 설명하였다. 의식 전에 몸을 깨끗이 씻는 것을 중요시 하였다.

그들의 내부 비밀 교리는 잘 알려져 있지 않다. 죽음은 환영받을 일로 여겨졌다 왜냐하면 그들은 "육체는 타락하기 쉽고, 육체를 구성하는 물질은 영원한 것이 아니지만, 반면에 영혼은 불멸하고 영원히 살아있으며, 가장 신비한 하늘로부터 생겨난 영혼은 내재하는 어떤 갈망에 의해 감옥에 들어가는 것처럼 육체 안으로 던져진다."라고 생각했기 때문이다. 육체의 속박에서 자유롭게 되었을 때 그들은 오랜 예속으로부터 자유를 얻고 위로 올라간다고 여겨서 대단히 기뻐했다.

에세네파는 특히 복종, 정직, 성적 금욕, 정의 그리고 절제를 중요한 덕목으로 생각했다. 그들은 병자들에 아주 큰 관심을 기울였고 연장자를 존중하였으며 방문자들에게 친절과 환대를 베풀었다. 모든 사람은 평등하다고 여겼고 노예제도는 자연을 거스르는 것으로 간주하였다. 큰 죄를 저지른 사람은 오랜 기간 추방되거나 완전히 추방되는 처벌을 받았는데 그 기간에 공동체 밖의 사람들이 제공하는 음식물을 먹지 말아야 했다. 그 결과로 큰 곤란을 겪고 가끔은 죽기도 했다.

모든 것을 공유했고 집마저도 자신의 소유물이 아니었다. 그들은 농사나 농기구 제작 혹은 가정용품 제작을 하며 살아갔다. 그러나 전쟁 무기는 생산하지 않았고 여행 중에는 방어용 이외에는 무기를 소지하는 것도 허용되지 않았다. 수확물과 노동 삯은 재산관리인이 관리하였고 관리인은 각자가 필요로 하는 것을 제공하였다. 의복이나 신발은 다 헤질 때까지 사용하였다. 물물교환 이외에는 어떠한 상거래도 금지되었다. 공동체의 장, 사제, 재산관리인은 선거로 선출되었다.

그들의 일과를 보면 동트기 전에 기상하였으며 해가 뜨기 전까지는 불경스러운 주제에 대해서는 말하지 않았다. 그들은 마치 해가 떠오르도록 갈구하는 것처럼 열정적으로 기도하였다. 그들은 지정된 일터로 가서 5시간 일을 했다. 모두가 모였을 때 그들은 특별하게 악귀를 몰아낸 축성된 물로 목욕을 했다. 그리고 흰 옷을 입고 조용히 공동 식당으로 들어갔다. 식사 후에 다시 저녁까지 일을 하였다. 저녁 식사도 같은 방식으로 진행되었다. 이들 상당수는 장수를 하였고 마음과 육신은 로마인들이 그들에게 가한 끔직한 고문에도 흔들림 없이 미소 지으며 죽음을 맞이할 정도로 꿋꿋하였다.

대다수의 에세네파 사람들은 결혼을 하지 않았는데 이것은 결혼을 잘못된 것으로 여겨서가 아니라 여성들을 신뢰하지 않았고 평화와 조화를 열망했기 때문이었다. 공동체는 어린아이들을 입양하였고 플리니(Pliny)가 말한 것처럼 "인생이란 거친 바다와의 싸움에서 지친" 어른들을 받아들여서 공동체를 유지하였다. 그들이 입회하면 그들에게는 목욕 시에 입을 앞치마(apron)와 흰 의복과 작은 삽이 주어졌다. 작은 삽은 구덩이를 파서 태양 광선으로부터 자신의 배설물을 덮는데 사용하기 위한 것이었다.

그들은 1년 동안 공동체 밖에서 금욕적 규칙을 준수하였으며 이것은 그들의 극기를 시험하기 위한 것이었다. 그런 다음 2년간 육체적 시험이 주어지는데 그동안 그들은 공동체 정식 회원의 정결의식에 참여하였지만 그들의 식사에는 참여할 수 없었다. 그들이 이 모든 시험에 통과하면 완전한 구성원으로 받아들여졌으며, 신을 영광되게 하고 정의를 지키며 모두에게 특별히 지도자에게 충성을 바치겠다는 맹세를 하였다.

그들은 동료에게 아무 것도 숨기지 않고 외부인들에게 아무 것도 발설하지 않겠으며 어떠한 일이 있어도 그들이 소유한 서적과 내용 그리고 천사들 이름을 비밀로 지키겠다는 것을 서약하였다.

기독교 영지주의는 육체를 영혼의 감옥으로 여겼고 영혼의 불사와 윤회를 인정하였다. 위에 언급된 에세네 가르침 즉 "육체는 타락하기 쉽고, 육체를 구성하는 물질은 영원한 것이 아니지만, 반면에 영혼은 불멸하고 영원히 살아있으며, 가장 신비한 하늘로부터 생겨난 영혼은 내재하는 어떤 갈망에 의해 감옥에 들어가는 것처럼 육체 안으로 던져진다. 육체의 속박에서 자유롭게 되었을 때 그들은 오랜 예속으로부터 자유를 얻고 위로 올라간다고 여겨 대단히 기뻐했다."를 보면 기독교 영지주의 사상과 매우 비슷하다. 공식적인 회원이 되기 위해서는 1년의 예비단계, 2년의 입문단계를 합쳐 3년의 시간을 필요로 하였는데 원한다고 누구나 될 수 있는 것이 아니라 엄격한 심사를 통하여 강인하고 헌신적인 사람만을 엄선하였음을 알 수 있다.

마지막 구절, "외부인들에게 아무 것도 발설하지 않겠으며 어떠한 일이 있어도 그들이 소유한 서적과 내용 그리고 천사들 이름을 비밀로 지키겠다는 것을 맹세하였다."는 이들의 신비적 성향을 잘 보여준다. 그들이 소유한 서적은 무엇이며 그 천사의 이름을 비밀로 한 까닭은 무엇이었을까?

예로부터 우주의 비밀을 담고 있는 서적은 비의 단체를 통하여 비밀리에 전승되어 왔다. 이것은 의식 수준이 낮은 대중에게 공개되어 그 내용이 왜곡되거나 남용되는 것을 방지하기 위함이었다. 여기의 천사 이름은 일종의 만트람(진언)으로 우주 신비의 문을 열거나 신과 동조할 수 있는 진동의 힘이었다. 카발라에서 신의 이름과 천사 이름을 중시하고 이들 이름을 명상 도구로 사용하는 것도 같은 이유에서이다. 이들 이름은 외부에 누설되지 말아야 하였다. 이들은 신의 이름인 테트라그라마톤(4자 문자)의 올바른 발음법을 비밀리 간직하여 왔을 것이다.

유대교의 비밀가르침은 카발라이고 예수의 비밀가르침은 영지주의이다. 고대 비밀 전승에 의하면 예수는 카발라의 대가였으며 영지주의 사상은 카발라의 한 갈래였다. 에세네파는 고대 비밀가르침이 담겨있는 서적들을 보존하여 왔고 다가올 예수의 우주적 사역을 준비한 단체였다. 예수는 에세네파의 보호 아래 자랐고 예수가 십자가에 못 박혀서 지상에서 자신의 임무를 완성하자 에세네파는 자신들의 역할을 완료했기에 조용히 역사에서 사라졌다. 십자가 사건 후에 이들의 존재에 대한 역사적 기록은 없다.

카발라와 영지주의는 예수의 가르침이었다. 두 가르침(카발라와 영지주의)이 유사할 수밖에 없는 이유이다.

6 예수의 비밀가르침

상식을 지닌 사람이라면 세계 성인으로 붓다와 예수를 꼽는데 아무런 이의가 없을 것이다. 물론 일부 기독교인은 붓다는 인간의 자식이고 예수는 하느님의 아들이므로 두 사람을 같은 레벨로 다루는 것을 있을 수 없는 일이라며 거부감을 보이기도 한다.

두 사람이 인류에게 제시하는 가르침은 참으로 소중한 자산인데 두 성인이 태어난 시기와 환경이 다르다 보니 두 가르침의 특징이 확연히 드러난다. 진리가 하나라면 가르침에 모순이 있으면 안 되겠지만 진리가 전해지는 환경(사람들 의식수준, 정치체계, 문화풍속 등)에 따라 표현되는 방법과 수준이 다를 수밖에 없음을 인정해야 한다. 초등학생에게 대학생 수준의 가르침을 줄 수 없고 대학생에게 초등학생 수준의 가르침을 줄 수는 없다. 그래서 문화나 사람들 수준에 맞는 가르침이 전해진다.

성인들이 가르침을 전해주다 보면 영원히 변하지 않는 진리 외에도, 시공간에 따라 변할 수 있는 그러나 당시에는 필요한 도덕적 지침이나 규율, 의식(Ritual) 등을 전하게 된다. 그러다 보면 풍토와 풍속에 따라 금기하는 음식이 다를 수 있고 규율도 마찬가지이다. 그런데 시대가 변하였는데도 이런 지침이나 규율 혹은 의례를 어기면 마치 큰 죄라도 범한 것처럼 이런 규율에 매여 살아가는 종교나 종교인들이 많다. 이런 어리석음을 범하지 않으려면 이성과 식별력으로 진리를 골라낼 줄 알아야 한다.

예수와 붓다의 가르침이 달라 보이는 것은 앞에서 말한 여러 상황을 고려하면 이해가 될 것이다. 그리고 또 다른 요인은 경전의 의도적 왜곡과 오역이다. 이 왜곡 문제는 이야깃거리가 참으로 많은 주제이기도 하다.

붓다는 내면의 마음 문제에 초점을 맞추고 예수는 하늘나라와 이웃에 대한 사랑, 하느님에 대한 사랑에 주로 초점을 맞춘다. 삶이 힘이 드니 사람들이 종교를 찾는다. 그러니 종교는 당연히 고통스러운 삶에서 희망을 주는 말이나 해결책을 제시하여야 한다. 붓다는 마음의 본질을 아는 것이 문제 해결의 핵심임을 말하고 예수는 고통 없는 행복 가득한 천국을 제시하여 사람들에게 희망을 준다.

붓다의 가르침은 삼법인[32]과 사성제[33]로 대표되는데 이것은 어느 시공간에서도 변하지 않는 우주의 진리이다. 붓다는 체계적이고 논리적으로 삶의 문제에 대한 해결책을 제시한다. 8정도[34]는 집착을 없애서 행복해지는 구체적인 수행법이다. 명상, 선, 위빠사나도 이 8정도에 포함되어 있다.

예수는 사랑을 강조한다. 정말 중요한 덕목이다. 사랑이 없다면 세상이 어떻게 존재할 수 있을까? 이웃을 그리고 하느님을 사랑하는 것은 좋은데 말로만 사랑한다고 무엇이 변할까? 우선 내면의 마음이 변해야 하는데 말로만 사랑을 외친다고 사랑이 되는 것은 아니다. 그리고 사랑 말고도 중요한 덕목이 많이 있다. 그런데 사랑은 인간이 지녀야 할 덕목이지만 사람의 근본 의문이나 고통을 해결해 주지는 않는다.

절대자에 대한 맹목적인 믿음만으로 삶의 고통과 의문이 사라진다면 얼마나 좋을까? 그러나 이것으로 삶의 갈증은 해소되지 않고 욕

---

32) 영원한 것은 없고, '나'라는 것도 없고, 존재하는 모든 것이 괴로움이다.

33) 고집멸도, 즉 삶은 고통이고 이 고통은 사람이나 사물에 대한 집착/갈애 때문이며 그런데 이 집착을 8정도로 멸할 수 있고 집착을 멸하면 도를 이룬다는 내용.

34) 바른 견해(正見), 바른 생각(正思惟), 바른 언어(正語), 바른 행위(正業), 바른 생활(正命), 바른 노력(正精進), 바른 마음챙김(正念), 바른 집중(正定).

망과 갈애로 인한 고통도 사라지지 않는다. 종교인들의 범죄가 일반인보다 낮은 것도 아니고 그들의 행복지수가 높은 것도 아니다. 내면의 변화가 없고 말만의 믿음이 삶을 지배하기 때문이다. 물론 믿음만으로 편하게 살아가는 사람도 있다. 그러나 자기 자신과 우주의 신비 그리고 우주법칙을 모르면서 믿음만으로 편하게 살아간다는 것은 무지이고 자기기만이고 자기최면이다.

예수의 가르침은 참으로 훌륭한 도덕적 지침이다. 그러나 위대한 예수의 가르침이 이것뿐일까? 전승에 따르면 성경은 예수 가르침의 극히 일부분만을 담고 있다. 이것 말고 정말로 영원불변한 참 가르침은 신약성서에 기록이 되지 않았다. 일반 대중은 눈이 있어도 보지 못하고 귀가 있어도 듣지 못하는 사람들이어서 주로 도덕적 덕목을 설하였고 진리는 상징적으로 설해졌을 뿐이다. 마태복음[35]에는 예수가 두 가지 방법으로 진리를 전하는 내용이 나온다. 대중이 아닌 준비된 제자들에게 전해진 가르침에는 우주법칙의 작동원리가 담겨있었다.

성경에 나오는 예수 말씀은 지극히 단편적 내용으로 대부분 도덕적 지침이고 그나마 진리도 비유로 설하여져서 영적 지혜가 없다면 그 깊은 의미를 알 수가 없다.

예수의 참 가르침을 알려면 우리에게는 두 가지 방법이 있다. 하나는 정경에 기록되지 않은 가르침을 찾아내는 것과 다른 하나는 비유로 설해진 성경 구절의 행간을 해석하는 일이다. 사실 예수는 우주신비에 대한 모든 면(물질적, 정신적, 영적 측면)을 가르쳤다.

"이것(정경)이 유일한 경전이니 이것 외에는 다른 것은 믿지 말

35) 마태복음 13:10절, 제자들이 예수께 가까이 와서 "저 사람들에게는 왜 비유로 말씀하십니까?" 하고 묻자, 13절. 내가 그들에게 비유로 말하는 이유는 그들이 보아도 보지 못하고 들어도 듣지 못하고 깨닫지도 못하기 때문이다.

라."고 하늘에서 지침으로 내려온 것이 아니라, 예수 사후에 존재한 수많은 종파 중에서 정치적으로 승리한 로마 가톨릭 종파의 주장이 정경으로 인정받은 것뿐이다.

기독교 공인과 니케아 회의(AD 325) 후에 콘스탄티누스 황제는 로마교회와 일치하지 않은 종파나 단체를 여러 가지 방법으로 없애려고 하였다. 지금은 상상할 수 없겠지만 과거에는 통치자의 마음에 드는 것만이 살아남을 수 있었다. 그는 작품과 문서를 압수하였는데 그 중에는 영지주의 작품이 많았다. 이런 연유로 소수의 영지주의 작품만 살아남았다. 영지주의는 예수의 비밀 가르침으로 카발라 가르침을 반영하고 있었다.

영지주의 가르침도 여러 학파가 있어 세부적으로 들어가면 주장하는 것이 조금씩 다르지만 전체적으로 내세우는 주장은 비슷하다. 지금의 성경과는 많이 다르게 구원은 믿음이 아니라 영지(앎)를 통하여 가능하다는 주장에서부터 영혼의 윤회까지 주장하였다.

영지주의 가르침을 담고 있는 사본은 대부분 파괴되었고 소수만이 살아남아 전해지지만 이들 책만으로도 영지주의가 무엇인지 알 수는 있다. 이들 가르침은 예수가 준비된 제자들에게 전해준 내용이며 대중에게는 주어지지 않았다. 이들 가르침은 우리가 알고 있는 성경을 훨씬 뛰어 넘는 내용이다.

영지주의 이해 없이 신약성서를 바르게 해석할 수 없다. 특히 〈요한계시록〉과 〈요한복음〉은 영지주의 가르침을 통해야만 바로 이해될 수 있다.

윤회는 영지주의 가르침과 초기 기독교도의 핵심 이론이었다. 로마 황제나 초기교부들은 이런 가르침은 대중들이 받아들이기에는 너무 복잡하다고 생각하였다. 정치적 집단인 로마교회는 신비를 이해할 지식도 지성도 없는 대중에게 쉽게 다가가야 했다.

오늘날도 종교 성직자들은 정신적 혹은 영적 노력을 하기 싫어하는 대중에게 동일한 방법을 쓴다. 예수의 참 가르침은 영지주의 복음서에서 찾을 수 있고 대표적인 것이 〈도마 복음서〉이다.

성경의 구절을 문자 그대로 읽고 자신이 예수의 가르침을 안다고 생각하는 사람들이 많다. 물질적 관점이 아니라 영적인 관점에서 예수의 가르침을 조사하고 이해하여야 하는데 그런 시도는 하지 않는다. 기독교인에게서 이런 말을 듣는다. "이것이 진리이다. 이것에 더할 것은 없고 버릴 것도 없다."

참 종교는 박제된 것이 아니라 살아 움직인다. 모든 종교는 신의 의지에 대한 인간의 해석이며, 의식수준이나 시공간의 한계로 해석은 모든 것을 담을 수도 없고 완전한 것을 담을 수도 없다. 그러므로 완전한 종교, 완전한 경전은 있을 수 없다. 더구나 성경은 필사와 편찬 과정에서 여러 가지 이유로 내용이 추가되거나 제거되었고 내용이 변경되기도 하였다.

마태복음 13장에서 보듯이 예수가 제자들에게는 대중에게 주지 않은 다른 차원의 가르침을 준 것을 알 수 있다. 대중에게 가르쳐주지 않은 규칙과 법칙이 있고 영지주의 가르침은 그 일부분이다. 지금 성경은 예수가 무지한 대중에게 가르친 우화와 도덕규범일 뿐이다. 예수의 참 신비 가르침은 대중에게 주어지지 않았다. 마태 10장 8절에 예수가 12제자를 파견하면서 이런 말을 한다.

> "앓는 사람은 고쳐 주고 죽은 사람은 살려 주어라. 나병환자는 깨끗이 낫게 해 주고 마귀는 쫓아내어라. 너희가 거저 받았으니 거저 주어라."

이 구절에서 보면 제자들은 예수와 같은 치유능력을 지녔음을 알 수 있다. 아니면 예수가 그런 말을 할 수가 없었을 것이다. 즉 성경에는 나오지 않지만 제자들에게 여러 치유법칙이나 우주법칙을 가르쳤음을 보여주는 증거이다. 물론 가르침을 받은 제자들이 모두 이런 능력을 습득하였다는 뜻은 아니나 예수가 가르침을 주었다는 것은 확실하다. 이런 치유법칙이나 신비 가르침은 성경에 나오지 않는다.

열린 마음으로 종교와 경전을 봐야한다. 성경 자구에만 매여 소중한 것들을 놓치는 어리석음은 범하지 말아야 한다. 성경 구절에는 단순히 문자적 의미 외에도 깊은 뜻이 숨겨져 있는 경우가 많다. 그 뜻을 알아낸다면 우리는 예수의 참 가르침을 살짝 엿볼 수 있을 것이다. 이처럼 우리가 알고 있는 예수 가르침은 빙산의 일각이다.

(관련된 성경 구절)

"예수께서 제자들 앞에서 이 책에 기록되지 않은 다른 기적들도 수없이 행하셨다."(요한복음 20: 30)

"예수께서는 이 밖에도 여러 가지 일을 하셨다. 그 하신 일들을 낱낱이 다 기록하자면 기록된 책은 이 세상을 가득히 채우고도 남을 것이라고 생각된다."(요한복음 21: 25)

7 영지주의

기독교 교리의 중심이 되는 신약성서가 예수님 가르침의 전부라고 생각하거나 성경이 순수한 형태로 왜곡 없이 전해져 왔다고 믿는 것은 순진한 생각이다. 현재의 성경에 실려 있는 여러 복음서를 정경으로 정한 것은 예수가 아니라 교회 교부들이었다. 구전으로 전승되던 수많은 복음서 중에 어떤 복음서는 정경으로 채택되고 영지주의 같은 복음서는 이단으로 사라졌다. 왜 현재의 복음서만이 정통으로 인정되었느냐는 그 당시 시대적 배경을 살펴보아야 한다.

예수 사후에 예수 가르침을 두고 정통 그리스도교와 영지주의 간의 논쟁이 있었다. 2세기에 활발하였던 영지주의 활동은 정통 그리스도교 교부들의 박해 속에서 점차 세력이 약해졌으나 그래도 4세기까지는 어느 정도 존속하였다. 4세기경에 유럽과 중동에는 많은 기독교 종파가 있었고 그리스도에 관한 수많은 가르침이 존재하였다. 로마 가톨릭은 그중에 가장 큰 그룹이었다.

로마교회의 국가공인(AD 313년)과 니케아 종교회의(AD 325년) 후에 콘스탄틴누스 황제는 로마교회와 일치하지 않은 그룹이나 단체를 여러 가지 방법으로 없애려 하였다. 작품과 문서를 압수하였는데 그중에는 영지주의 작품이 많았다. 이런 연유로 소수의 작품만 살아남았다. 박해를 피하여 영지주의 단체는 비밀리에 활동하였고 그들 가르침을 보존하였다.

그리스도시대부터 4세기 말까지 영지주의는 유럽에서 번성하였다. 로마황제에 의하여 기독교가 공인되기 전까지는 영지주의 복음서는 지금 우리가 알고 있는 여러 복음서와 함께 예수의 가르침을 전하는 경전이었다.

영지주의 단체는 그들의 가르침을 상징 형태로 보존하였고 상징으로 된 가르침을 주었다. 왜냐하면 일상용어로 보존한다면 시대 흐름에 따라 언어의 의미는 변하고 오랜 세월이 흐르면 후대 사람들은 그 의미를 알 수 없기 때문이었다. 지금 전해지는 영지주의 작품의 비유나 상징 속에는 진리가 담겨있다. 상징이나 코드를 알면 쉽게 해석이 된다.

교회 교부나 로마 황제는 일반 대중의 통제를 위해서 대중의 이성을 자극하는 가르침 대신 감정적, 맹목적 신앙이 필요하였다. 그래서 그들의 정치적 목적이나 지배에 가장 적합한 내용을 지닌 복음서는 살리고 신비주의적이고 이성을 강조하는 복음서는 이단으로 파괴하였다. 결국 수많은 영지주의 복음서가 파괴되고 사라져갔다. 영지주의 복음서에는 윤회도 나오고 동양의 사상과 일치하는 내용이 많다. 맹목적인 신앙이 아니라 영지 즉 이성을 동반한 지식을 통한 신과의 합일을 주장했으니 이 세계의 유일한 대변자로서의 황제의 위치가 이런 가르침으로 도전 받게 되니 없애버린 것이다. 그러나 사라져버린 줄로만 알았던 영지주의 복음서가 1945년 이집트의 '나그함마디'라는 조그마한 마을에서 발견되어 세상에 모습을 드러내어 영지주의 복음서에 대한 연구가 급진전되었다.

영지주의는 인간의 자아(自我)와 하느님의 신성(神性)은 동일하다고 주장하였고, 영지주의 작품에 나오는 예수는 우리가 알고 있는 죄와 회개를 말하지 않고 영지(지식)를 통한 깨달음에 대해서 말하였다.

영지주의는 믿음이나 신앙심보다는 영지 즉 앎을 통하여 구원을 얻을 수 있다고 하였으며 구원은 무덤과 같은 육체에서 해방되어 자유로운 혼이 되어 신에게 돌아가는 것이었다. 영지주의는 감옥과도 같은 육체 속에 갇힌 신성 불꽃이 다른 육체로 다시 태어난다는 것을 가르쳤다. 윤회는 영지주의 가르침과 초기 기독교도의 핵심이론이었다. 예수는 준비된 제자들에게 카발라의 가르침을 그 시대와 그들 수준에 맞게 설명하였으며. 이것이 바로 영지주의 가르침이었다. 이것은 카발라 교의와 다를 것이 없었다.

박해 속에서도 영지주의 작품으로 살아남은 것으로는 진주성가, 도마 이야기, 요한 행장, 아스큐 사본, 헤르메스 작품이 있고 근대에 발견된 나그함마디 장서나 사해문서에도 영지주의 문학이 모습을 드러내고 있다. 박해 속에서도 살아남은 영지주의 유산은 근대 문학이나 철학에 영향을 주었는데 영국의 신비주의 작가 윌리엄 블레이크, 파우스트의 괴테, 멕빌, 실존주의 철학, 그리고 심리학자 칼 융에게까지 영향을 미쳤다.

나그함마디 장서 중에 영지주의 내용을 담고 있는 〈도마복음서〉는 아주 흥미롭다. 책은 “이것은 살아있는 예수가 말씀하신 비밀의 말씀이며 나 도마가 받아썼다.”로 시작되고 1장 2절의 “이 말씀의 해석을 발견하는 자는 죽음을 경험하지 않을 것이다.”라는 말이 나온다.

이것은 기존 성경과는 아주 다른 내용을 담고 있다. 중요 내용을 보면 “자신을 알게 될 때 알려질 것이며 살아 있는 아버지의 아들이 바로 그대임을 알리라. 그러나 자신을 모른다면 그대는 빈곤 속에 거하고 그대는 바로 그 빈궁함이 되리라.” “만약 그대가 내면에서 지혜를 가져온다면 가져온 그것이 그대를 구원할 것이다. 만약 그대가 내면에서 가져오지 못한다면 가져오지 않은 것이 그대를 파괴할 것이다.”

이처럼 맹목적인 믿음이 아니라 자아 인식이나 지배력 획득과 같은 내용이 구원을 위한 영지주의 방식임을 보여준다. 기독교에서 그렇게 내세우는 믿음에 대한 것은 찾을 수가 없다. 영지주의는 기독교 신비주의이며 예수가 준비된 제자들에게 전해준 가르침이다. 영지주의는 카발라 가르침의 일부였다.

8 예수와 카발라 상징

구약의 모세오경에 나오는 여러 가지 이야기는 사실을 기록한 것이 아니라 거의가 상징이다. 그래서 이야기를 문자 그대로 받아들이면 원래의 의미를 놓치게 된다. 구약은 유대신비사상인 카발라의 이해 없이는 그 숨겨진 뜻을 알 수가 없다. 카발라에서는 우주를 4개의 세계(영계, 멘탈계, 아스트럴계, 물질계)로 구분하는데 토라는 이 4개 차원으로 해석이 된다. 이 말은 4가지 의미가 중첩되어 있다는 것이다.

카발라의 대표적 서적인 〈조하르〉에서는 4개 차원을 상징적으로 외관, 육체, 영혼, 영혼의 영혼으로 표현한다. 모세오경 즉 토라에 나오는 이야기(외관에 해당)를 문자적으로 이해하면 너무도 많은 것을 놓치게 되며 터무니없는 이야기도 믿어야 하는 난처한 상황에 처하게 된다. 우리는 외관 안에 숨어있는 진짜 토라를 보는 지혜를 얻어야 한다. 그렇게 될 때 신의 숨이 토라를 통하여 이 세상에 작동하는 신비를 보게 된다.

신약도 구약만큼은 아니지만 적지 않은 글들이 카발라로 해석이 되어야만 진정한 의미가 드러난다. 〈요한계시록〉이 대표적 경전이다. 신약에서 예수가 한 말은 상당수가 도덕적 훈계지만 더러 카발라의 상징이 숨어있기도 하다.

흔히 카발라를 유대신비가르침으로 정의하는데 카발라는 소수의 준비된 사람들에게 구전으로 전해진 밀교이며 유대교는 일반 대중을 위한 현교였다. 이것은 기독교와 영지주의, 일반 불교와 티베트 불교의 관계에 비유될 수 있다.

예수는 이런 카발라 가르침에 통달하였다. 다만 대중들 수준이 낮아서 예수는 카발라 가르침보다는 누구나 알기 쉬운 도덕적 훈계나 하늘나라에 대하여 이야기할 수밖에 없었다. 그나마 예수의 카발라 사상이 어느 정도 반영된 가르침이 영지주의 복음서들이다.

신약에서 카발라 상징은 여러 가지 모습으로 나온다. 예수는 33살에 십자가에 못 박혀 돌아가신다. 33이란 숫자는 카발라에 나오는 상징적 숫자이다. 카발라의 핵심은 신(근원)과 인간(물질)을 연결하는 생명나무에 있는데 이 생명나무는 10개 빛과 22개 히브리문자로 이루어진다. 10개 빛과 22개 문자를 합쳐 32개의 길이 만들어지고 이것은 인간이 신에 도달하는 길이고 동시에 신이 인간으로 내려오는 통로이기도 하다. 이 32개의 길을 넘어서면 근원과 합일하고 이것은 숫자 33으로 표현된다. 예수의 33년 생애는 바로 카발라의 33 숫자를 상징한다. 즉 예수가 궁극적인 자리에 도달했음을 보여준다.

예수가 십자가에 못 박혀 돌아가신 것도 카발라의 상징이 숨어있다. 카발라에 따르면 우주는 근원에서 확충되어 나온 4계(영계, 신성마음계, 아스트럴계, 물질계)로 이루어져 있으며 우리는 물질계에 살고 있다. 우리가 이 4개의 세계를 넘어 궁극적인 자리에 도달할 때, 다른 말로 생명나무 32개의 길 너머 근원자의 자리(33으로 표현됨)에 이를 때 우리는 전체(무한자)와 하나가 된다.

십자가(+)를 보면 상하좌우 4개의 점이 있고 그 중심에는 점이 하나가 있다. 4개의 점은 4개의 세계를 의미하고 십자가 중심은 모든 것이 나온 원천 즉 무한자를 상징한다. 그래서 십자가는 완성을 의미하며 궁극적인 상태를 상징한다. 예수가 십자가에 못 박힌 것은 근원과 합일의 상징이었다.

히브리 22문자는 각각 문자마다 고유한 숫자 값이 주어지며 동시에 상징하는 의미가 있다. 히브리 마지막 문자 Tau(ת)는 그 수의 값이 400이고 의미는 “완성”이며 동시에 “십자가”이다. 즉 십자가는 완성이다.

12라는 숫자도 카발라와 관련된다. 예수의 12제자, 유대 12지파, 예수의 12세 행적 등이 그러하다. 예수의 어린 시절은 기록이 없다. 다만 예수가 12살에 되던 해에 부모를 따라 예루살렘을 방문하여 성전에서 학자들과 토론하는 내용이 나온다(누가 2:41~52).

12란 숫자의 근원은 히브리 22문자에서 찾을 수 있다. 히브리 문자는 창조에 사용되는 3개의 문자[3모자(母字)라 함], 두개의 세계(마음계와 아스트럴계)에 걸쳐있는 7개 문자[7복자(覆字)라 함], 12개의 문자{12단자(單子)라 함}로 구성된다.

히브리 22 문자는 각각 특정한 진동을 지닌 소리인데(만트람), 크게는 우주 창조와 운행에 관여하고 작게는 인간의 신체로 흐르는 영적 에너지의 통로로 그리고 창조에너지로 작용한다.

유대 12지파와 관련하여 새로운 사실이 숨겨져 있다.[36] 오늘날 많은 사람들이 유대인을 이스라엘 연합과 동일시하는데 유대인은 이스라엘 12연합체의 한 부족일 뿐이었다. 오늘날 연구에 의하면 이스라엘 12지파를 구성한 야곱의 12 아들은 12 부족(르우벤, 시므온, 레위, 유다, 이사갈, 즈불룬, 오셉, 베냐민, 단, 납달리, 가드, 아셀)이었고 이들이 이스라엘 부족 연맹을 형성하였다고 한다.

기원전 1020년에 이스라엘 왕국이 탄생했는데, 다윗이 남쪽에 따로 유대 왕국을 이룩하면서 이 12부족은 6부족씩 남과 북으로 갈라지게 되었다. 그러나 이스라엘 왕국의 왕이 죽자 다윗왕은 이 두 왕국을 통합했고 그의 아들 솔로몬은 위세를 크게 떨쳤다. 그러나 솔로

36) 김우타 <구도여행과 소리 없는 소리>, 378쪽

몬이 죽자 이 왕국은 다시 둘로 갈라지고 만다. 북쪽 이스라엘 왕국은 10부족, 남쪽의 유대 왕국은 2부족에 의해 지탱되고 있었다. 기원전 721년경에는 이스라엘 왕국이 앗시리아 군대에 의해 멸망하고 BC 586년에는 유대 왕국이 신바빌로니아의 침입으로 멸망하고 만다.

유대 왕국을 구성한 베냐민 부족과 유대 부족은 그 후에 혼혈을 통하여 거의 유대인이 되었다. 그러나 이스라엘 왕국의 10부족은 앗시리아에게 멸망당한 뒤에 역사에서 사라지고 말았다. 그들이 어디로 갔는지 기록이 남아있지 않다.[37]

---

37) 김우타, <구도여행과 소리 없는 소리> pp 377~379.

9 예수와 신구약

성경은 하나님께서 사람을 구원하기 위한 약속을 담고 있기에 약속의 책이라고 불린다. 예수가 오기 전에 기록된 39권의 책을 옛 언약의 책이라고 하여 〈구약 성경[38]〉이라 하고, 예수가 온 후에 기록된 27권을, 새 언약의 책이라고 하여 〈신약 성경[39]〉이라고 한다. 이처럼 구약과 신약이 간단히 정리는 되지만 구약과 신약이 기독교 성경으로 함께 어울릴 수 있는 것인지는 검토해 볼 문제이다.

지금이야 당연히 구약과 신약을 분리할 수 없는 기독교 공동의 경전으로 인정하지만 초기 일부 기독교 교부들은 예수 말씀이 기록된 신약만 성서로 채택하려고 했다. 구약의 사상은 예수의 사상과는 많이 달랐기 때문이었다.

예를 들면 예수는 사랑과 용서를 전하나 구약의 신은 적에 대한 살인과 복수를 지시한다. 예수의 사랑은 온 인류를 대상으로 하나 구약의 신의 관심은 오직 이스라엘에만 한정되어 있어 다른 민족은 살

---

38) 율법서: 창세기, 출애굽기, 레위기, 민수기, 신명기,
역사서: 여호수아, 사사기, 룻기, 사무엘상하, 열왕기상하, 역대상하,
에스라, 느헤미야, 에스더.
시가서: 욥기, 시편, 잠언, 전도서, 아가서.
예언서: 이사야, 예레미야, 예레미야애가, 에스겔, 다니엘, 호세아, 요엘,
아모스, 오바댜, 요나, 미가, 나훔, 하박국, 스바냐, 학개, 스가랴, 말라기.

39) 복음서: 마태복음, 마가복음, 누가복음, 요한복음.
역사서: 사도행전.
바울서신: 로마서, 고린도전후서, 갈라디아서, 에베소서, 빌립보서, 골로새서,
데살로니가전후서 디모데전후서, 디도서, 빌레몬서, 히브리서,
일반서신: 야고보서, 베드로전후서, 요한1,2,3서, 유다서,
예언서: 요한계시록.

육과 약탈의 대상이다. 유대교는 예수를 메시아로 인정을 하지 않고 언젠가 메시아가 나타나 유대민족만을 구원해 줄 것을 믿고 있다. 그래서 유대인은 예수의 가르침을 전하는 신약은 자신들이 믿는 구약과는 별다른 관련이 없다고 본다.

이처럼 신약과는 많이 다른 구약을 교부들이 경전으로 받아들인 까닭은 구약에서 예수의 정통성을 확보하고자 했기 때문이었다. 유대사회는 다윗 자손에서 메시아가 나올 것이란 믿음이 있었고 신약의 마태복음이나 누가복음은 친절하게 예수 가계도를 나열하여 예수가 다윗의 후손임을 보여주고 있다. 특히 마태복음에는 구약의 메시아 관련 구절을 예수의 행적과 일치시키려는 흔적이 곳곳에 보인다. 그러다 보니 구약을 경전에 포함시키지 않을 수가 없었다. 만약 구약을 배제하고 신약만으로 기독교 성경이 구성되었다면 지금과는 다른 참으로 흥미로운 교리가 생겨났을 것이다.

그런데 예수는 구약에 대하여 어떠한 생각을 지녔을까? 구약은 역사적 사실도 있지만 상당 부분은 신화이고 상징이다. 문자 그대로 해석하면 너무도 많은 것을 놓치고 심하면 구약 내용에 반감을 지닐 수도 있다.

유대신비 가르침인 카발라에서는 구약에는 4가지 의미가 중첩되어 있다고 가르친다. 문자적인 해석은 가장 낮은 단계의 해석이고 카발리스트는 문자적 의미 뒤에 숨어있는 영적인 의미를 찾아낸다. 예수가 율법에 매여 살아가는 바리새인들을 비난한 것도 토라의 숨은 의미를 모르고 표피적인 수준에 머무르는 그들이 한심하여 한 일이었다.

10 예수와 도마복음

도마복음서는 지금으로부터 약 100년 전에 이집트의 옥시링쿠스(Oxyrhynchus, 그리스어 본)에서 파피루스 형태로 발견되었고 1945년에 이집트의 나그함마디(Nag Hammadi, 콥트어본)에서 옥시링쿠스 파피루스와 동일한 내용을 담고 있는 파피루스가 다시 발견되었다.

나그함마디 파피루스의 영지주의 문헌들 가운데서 가장 주목을 끄는 책은 도마복음서이다. 모두 114편의 어록으로 구성된 도마복음서는 예수와 제자들 사이에 오고 갔던 말씀을 나열하고 있으나 상황이나 배경 등과 같은 역사적 정황이 없다. 예수의 가르침, 예언, 격언, 우화를 모은 구절은 서로 연결되어 있지 않고 독립적인 문장으로 구성된다. 도마복음서와 4복음서(공관복음서와 요한복음서)는 공통되는 내용도 많으나 4복음서에 없고 도마복음에만 독특한 소중한 구절이 이 복음서의 영지주의 성격을 대변한다.

도마복음서와 4복음서의 관계를 조사하면 매우 흥미로운 사실이 드러난다. 오늘날 학자들은 형태와 내용이 서로 비슷한 공관복음서의 저자 마태와 누가가 복음서를 쓰기 위하여 참고한 공통 자료("Q"로 불린다)가 있었을 것으로 추정하고 있고 이 공통자료 Q와 도마복음서는 상당히 유사한 내용을 담고 있으리라고 추정한다.

도마복음서를 어느 특정 영지주의 종파의 작품으로 돌리기에는 무리지만 영지주의 사상이 확연히 드러난다는 것은 숨길 수 없는 사실이다. 도마복음에서 예수는 하느님 아들이 아닌 동양의 깨달은 스승의 모습으로 나온다. 예수는 자신을 통하여서가 아니라 제자들 각자의 내면 자각을 통하여 하늘나라에 갈 수 있음을 말한다. 영지주의 사상과 카발라가 윤회나 깨달음을 인정하고 있음을 안다면 이것은 별로 이상한 내용도 아니다.

이 복음서는 예수가 전하고자 했던 비밀가르침의 일부를 보여주고 있다. 이것은 카발라 가르침에 근거한 예수의 참 된 말씀이었다. 도마복음을 통하여 우리는 예수의 참 모습을 볼 수 있고 예수가 카발라 성자였음을 확인할 수 있다.

11 크리스천 카발라[40]

카발리스트들은 토라 해석에서 보듯이 정통 유대교와는 다른 시각으로 세상을 보았으나, 그들은 유대 사상의 깊이를 더했고 그 외곽을 넓혔으며 유대교의 내적 발전에 엄청난 영향을 미쳤다. 그러나 카발라는 늘 변방의 학문이었고 소수의 학자들에 의하여 연구되었다.

19세기의 유대학자들은 카발라의 역할에 대하여 유대문화에 파괴적이고 해로웠다는 평가를 하였으나 20세기 들어와서는 좀 더 긍정적으로 바뀌었다. 최근에는 카발라가 유대사회와 유대인 삶에 내적인 면을 강화하였고 삶에 풍부한 상징과 상상을 가져다주었다는 것을 인정한다.

유대교와 많은 것을 공유하는 기독교는 카발라에 대하여 어떠한 태도를 보여 왔는지 참으로 궁금한 일이 아닐 수 없다. 비교(秘教) 단체의 견해지만 영지주의 가르침은 예수의 비밀가르침이며 영지주의가 카발라에서 근원한다는 주장은 기독교가 카발라와 뗄 수 없는 관계임을 예시하고 있는 것이다.

예수 사후에 예수 가르침을 두고 정통 그리스도교와 영지주의 간의 논쟁이 있었고 그리스도교 교부들은 영지주의를 이단으로 간주하고 박해하면서 자신들의 구미에 맞는 경전 목록을 만들기 시작하였다. 로마 황제가 정치적 도구로 가톨릭을 공인하고 나서 예수의 비밀가르침인 영지주의는 거의 대중 앞에서 사라지기 시작하였다. 지금 살아남은 신약성서 속에는 영지주의사상은 제거되고 거의 도덕적 계

40) Scholem, Gershom <Kabbalah>, pp196~201.

율만이 자리 잡고 있다. 지금의 기독교는 예수의 원래 가르침과는 상당히 다른 새로운 사상[41]이라고 말할 수 있다. 영지주의가 기독교의 주류가 되어 살아남았다면 카발라는 기독교 사상의 근간이 되어있었을 것이다.

흥미로운 사실이지만 기독교인들이 카발라에 관심을 가지게 된 이유는 유대인들을 기독교인으로 개종시키려는 목적에서였다. 이런 시도는 15세기에 시작되었다. 카발라의 숨겨진 원래 의미를 찾아보겠다는 목적으로 신비 성향의 크리스천 그룹에서 카발라 교리를 연구하기 시작하였다. 카발라를 기독교와 조화롭게 연계시키려는 의도와 그들이 지닌 철학 때문에 처음에는 카발라 학자들로부터 그들의 카발라 연구가 오해와 왜곡으로 차있다는 조롱을 받았다.

그러나 역사적으로 본다면 크리스천 카발라는 이미 13세기 말에 스페인에서 기독교로 개종한 유대인들의 카발라에 대한 기독교적인 해석이 시발점이었다. 부루고스의 아브네르(Abner of Burgos, 1270~1347?)가 대표적 인물이다.

이탈리아 플로렌스의 플라톤 아카데미(Platonic Academy)에서는 카발라에서 인류가 잃어버린 그러나 지금은 회복할 수 있는 원래의 신의 계시를 발견하였다고 주장하였다. 이들은 카발라의 도움으로 피타고라스, 플라톤, 오르페우스의 가르침을 이해할 수 있을 뿐 아니라 기독교 교리의 비밀도 알 수 있다고 믿었다. 피코 델라 미란돌라(Giovanni Pico della Mirandola, 1463~1494)가 대표적 인물이었다.[42] 그는 카발라 마법만큼 예수의 신성을 확신시켜주는 것은 없다고 하였다. 그는 말이 마법의 힘을 지닐 수 있으며 신이 아담과 이브에게 가

---

41) 바울의 사상이라 말하는 신학자도 있다.
42) Goodrick-Clarke, Nicholas <The Western Esoteric Traditions>, pp42~44.

르친 히브리어만이 그 효력이 있는데 그것은 신 자신의 음성으로 말해졌기 때문에 힘이 있는 것이라고 주장하였다. 심지어 카발라에 근거한 마법만이 효과적이란 말을 하기도 했다. 그는 카발라 원리에 근거하여 삼위일체와 화신을 증명할 수 있다고 믿었다. 교회 당국은 이런 주장에 단호하게 반대하였고 교회 내부에서는 카발라에 대한 여러 토론이 일어났다.

이런 갑작스러운 카발라에 대한 관심 증대는 기독교 지식인 사회에 커다란 파동을 일으켰다. 피코의 영향 아래 또 다른 유명한 크리스천 히브리 학자인 요하네스 로이힐린(Johannes Reuchlin, 1455~1522)이 카발라를 연구하여 2권의 책을 내었다. 그는 카발라에 나오는 신의 이름을 새롭게 해석하고 그것에 자신의 상상력을 더하였다. 그는 인간 역사를 3개의 시기로 나눌 수 있으며 첫 번째 시기에는 신은 3자 문자 샤다이(쉰-달레트-요드)를 통하여 자신을 드러냈고, 토라 시기에는 4자 문자(요드-헤-바브-헤)를 통하여, 그리고 영광과 구원의 시기에는 5자 문자(요드-헤-쉰-바브-헤)를 통하여 자신을 드러냈다고 하였다.

5자 문자를 히브리어로 발음하면 '예하슈아(Yeh-hah-shu-ah)'이고 그리스어에서 이것은 예-수(Yay-su)가 된다. 즉 예수(Jesus)라는 이름은 바로 신의 이름이라는 것이다. 그는 예수의 이름 속에는 이전에 금지된 신의 이름(4자 문자)이 있으며 지금은 발음 가능한 이름이라고 주장하였다. 피코와 요하네스는 카발라를 지적 성장을 위한 중심에 놓았고 당시에 사람들의 커다란 흥미를 끌었다.

아그리파 폰 네테스하임(Agrippa von Nettesheim, 1486~1535)은 실천 카발라에 대한 연구로 유명하였다.[43] 그는 『오컬트 철학에 관하여(De

43) Goodrick-Clarke, Nicholas <The Western Esoteric Traditions>, pp55~60.

occulta philosophia)』라는 책을 저술하였는데 이것은 동시대에 많이 읽혀졌던 오컬트 과학을 집대성한 책이었다. 이 책은 수비학과 위치크래프트(witchcraft)를 카발라와 연계시켰으며 르네상스 시대의 마법 연구에 촉진제가 되었다. 이 책에서 그는 히브리 문자와 피타고라스 수점술(數粘術)에 대한 유대 신비주의적 분석에 기초하여 세계를 설명했으며 마술을 신과 자연을 이해하는 가장 좋은 방법이라고 주장했다.

16세기에 들어 몇몇 크리스천 카발리스트들은 카발라를 더욱 깊이 연구하려고 하였고 카발라와 기독교 사이에 공통되는 근거를 찾으려고 하였다. 그들 중에는 추기경 출신 비테르보의 에지디오(Egidio da Viterbo, 1465~1532)가 쓴『셰키나, Scechina』와『히브리 문자에 대하여』라는 책은 『조하르』와『테무나』의 사상적 영향을 받았다.

프란체스코 수도회 출신의 프란체스코 조르조(Francesco Giorgio of Venice, 1460~1541)는 당시 가장 많이 읽힌『데 하모니아 문디, De Harmonia Mundi, 1525』와『프로블레마타, Problemata, 1536』라는 책을 저술하였는데 카발라는 책 내용의 중심을 차지하였으며『조하르』의 필사본 자료가 기독교 작품에 처음 사용되었다.

유대 자료에 더욱 친숙하였던 신비 사색가로는 프랑스 출신의 기욤(Guillaume Postal, 1510~1581)이 있었다. 르네상스 시대의 뛰어난 인물이었던 그는『조하르』와『세페르 예치라』를 라틴어로 번역하였고 그것에 자신의 견해를 덧붙였다. 이 기간 동안 크리스천 카발리스트들은 유대인 개종보다는 자신들의 종교적, 철학적 아이디어를 발전시키는데 더욱 관심이 있었다. 물론 사람들의 눈을 피하기 위하여 개종을 강조하기도 하였다.

요한 알프레흐트 비트만슈테터(Johann Albrecht Widmanstetter, 1560~

1557)는 카발라에 크게 헌신한 사람 중에 하나인데 그는 당시 뮌헨(Munich)에 현존하는 많은 카발라 필사본을 수집하였다.

17세기에 크리스천 카발라는 야콥 뵈메(Jacob Boehme, 1575~1624)의 신지학적 작품과 크노르 폰 로젠로스(Knorr von Rosenroth 1636~1689)의 『카발라 데누다타』로 커다란 힘을 받았다. 크리스천 카발라는 프란쯔 요제프 몰리토(Franz Josef Molitor, 1779~1861)에서 최고의 수준에 이른다. 그는 당시 대부분의 유대학자보다 더 나은 통찰력으로 카발라 교리의 본질을 드러내었다.

한편 16세기 말에 연금술적 상징을 받아들인 크리스천 카발라가 퍼지기 시작하였고 이 경향은 17~18세기를 통하여 계속되었다. 18세기 후반에 이 연금술 카발라는 프리메이슨의 수비학 및 오컬티즘과 결합하고 이것은 19세기 후반에 "황금새벽"으로 알려진 단체에 의하여 받아들여진다. 이 단체는 카발라의 오컬트 요소와 마법 요소를 강조하였으며 정통 히브리 카발라와는 다르게 비유대계 세계로 퍼지기 시작하였다.[44]

요약하여 말하자면 크리스천 카발라는 기독교 신앙에 근거하여 카발라 주제를 해석하거나, 카발라 개념이나 방법을 이용하여 기독교 교리를 해석하였다.[45]

---

44) Scholem, Gershom <Kabbalah>, p203.
45) Benz, Ernst <Christian Kabbalah, 2004>, p11.

3장 카발라와 성경

1 구약과 카발라

카발라의 신비를 담고 있는 고대 지혜 가르침에 따르면 모세오경에 나오는 이야기는 모두가 우화나 비유라고 한다. 구약의 역사적 내용은 실제로 일어난 사건이 아니라 신성한 우주 법칙을 비유적으로 설명하는 것이라고 한다.

예를 들면 창세기에 나오는 6일간의 창조는 생명나무 6개 세피로트(케테르, 호크마, 비나, 티페르트, 헤세드, 게부라)를 상징하고 7일째 휴식은 예소드(성시, 창조의 토대, 생명나무의 7번째 세피라, 생명나무 그림은 p41 참조)를 상징한다.

홍해가 갈라진 것을 카발라식으로 해석하면 이집트는 암흑과 속박의 상징이고 홍해를 가르는데 사용된 지팡이는 내면의 신성한 힘을 상징한다.

현대 영지주의 작가 티모시 프리크와 피터 갠디[46]는 이렇게 설명하고 있다.

"유대영지주의자들은 창세기와 출애굽기를 상징적으로 해석하였다. 창세기는 인간이 어떻게 길을 잃고, 방황하며, 유랑하게 되었는지에 대한 우화로 보며 반면에 출애굽기는 영지의 깨달음에 대한 우화로 본다. 창세기는 신비한 우주론으로 해석되었고 거기서 선악과를 먹었다는 것은 본래의 일자로부터 분리 사태로의 타락을 표현한다. 출애굽기는 깨달음의 우화를 표시한 것으로, 이집트에 포로가 되는 것은

46) <웃고 있는 예수: 종교의 거짓말과 철학적 지혜> pp98~99.

세상에서 방황하는 것을 상징하며 홍해를 건너가는 것은 입문의 과정을 표현한다. 또한 사막에서 40년간 유랑은 깨달음의 정신적인 과정을 표현하며 약속의 땅에 도착하는 것은 영지의 체험을 표현한다. 경전 안에 숨겨진 신비한 의미를 끌어내어 그들의 종교적인 전통을 다시 일깨우도록 노력하는 것이 영지주의의 전형적인 모습이다."

여기서 영지주의는 우리가 알고 기독교 영지주의만이 아니라 깨달음의 전통을 지닌 모든 단체들을 통칭하여 부르는 이름이다. 사실 영지주의에는 이론이 조금씩 다른 여러 종파가 존재하고 영지주의 근원이나 정체에 대한 학자들의 견해도 다르다. 앞에서 언급했지만 카발라는 영지주의의 모체이다.

구약의 신비주의적 해석은 일반인에게는 아주 생소한 일로 보이겠지만 유대 신비주의자나 카발리스트들에게는 새로운 것이 아니다.

유대교에서 토라(모세오경)는 절대적인 위치를 차지하고 있다. 유대인은 토라를 우주의 모든 비밀이 담겨 있는 청사진으로 보고 있다. 그래서 토라 연구는 신의 지혜에 도달하기 위한 최고의 수단으로 간주되며 가장 중시되는 덕목이다. 반면에 유대 신비학파인 카발리스트들은 토라를 존중하고 연구를 하였지만 정통 유대교와는 다른 견해를 지녔다. 카발리스트들은 토라에 숨겨진 신비적 의미를 찾기 위하여 그리고 신의 지혜와 신과의 만남을 위하여 철학적 사유와 여러 명상법을 사용하였다. 카발라의 대표적 고전 문헌인 『조하르』에 이런 글이 나온다.

"토라의 몸은 율법으로 구성되어 있고 토라의 옷은 이야기로 이루어져 있으며 이들은 대충 보아도 알 수 있는 것들이다. 그러나 토라의 정신은 깊은 성찰을 통하여서만 알 수 있는 신비적인 것이다."

히브리인들은 성경에 기록된 말씀을 이해하기 위해 다음과 같은 네 가지 방법을 사용하였다. 첫째는 '페샤트'(peshat)로서 문자 그대로 해석하는 것이고 두 번째는 '레메즈'(remez)로서 은유적 해석이며 세 번째는 '데라쉬'(derash)로서 장시간 검토와 연구를 통해 깊숙이 깔려 있는 실제의 내용을 명료하게 전달해 주는 해석이며 네 번째로 '소드'(sod)는 신비적 해석으로 비유 속에 감추어진 내면적인 의미를 찾아내는 것이다.

보통 우리는 문자적 의미에 한정되어 구약성경을 이해하나 카발리스트들은 4가지 차원을 다보고 일반인이 보지 못하는 신비를 이해한다. 이 4가지 차원의 해석은 생명나무 4계의 수준과 일치한다. 4계의 시각에서 구약은 4가지로 해석이 가능하다는 의미이다.

카발라의 대표적 문헌인 『조하르』에서는 이것을 상징적으로 '외관', '육체', '영혼', '영혼의 영혼'으로 표현한다. 다음은 『조하르』에 나오는 "토라를 바로 보는 법"이다.

랍비 시메온이 말하길
토라가 단순한 이야기와 일상적인 단어로
표현되어 있다고 말하는 사람은 참으로 불쌍하다.
만약 토라가 그러하다면
우리는 당장 일상적인 단어로 토라를 구성할 수 있을 터이고
기존의 토라보다 더 나은 것을 만들어낼 수 있을 터이니 말이다
세상의 일을 표현하기 위하여
심지어 세상의 통치자도 더 고귀한 단어를 지니고 있다.
만약 토라가 그러하다면 그러한 단어를 가지고 토라를 만들어 보자.

아! 그러나 토라의 모든 단어는 고귀한 단어이고 고귀한 비밀을 품고 있다.

와서 보라!
위의 세계와 아래 세계는 완전히 균형 잡혀 있다.
아래 이스라엘과 위의 천사도 그러하다.
천사에 대해서는 이렇게 쓰여 있나니:
자신의 천사들을 영들로 삼으시고(시편 104:4).
그러나 천사들이 내려왔을 때 천사들은
이 세상의 외관(옷)을 입었노라.
만약 천사들이 이 세상에 맞는 외관을 입지 않았다면
그들은 이 세상에서 견딜 수 없었을 것이고
세상은 천사들을 견딜 수 없었을 것이다.

만약 이것이 사실이라면
천사와 세상을 창조하였고 모든 것을 존재하게 하는
토라에 있어서는 더더욱 그러하지 않겠는가!
이 세상에 내려올 때 토라가 이 세상의 외관을
입지 않았다면 세상은 견디지 못하였을 것이다.

그러므로 토라에 나오는 이야기는 토라의 외관일 뿐이다.
외관이 진짜 토라이며 별 것 아니라고 생각하는 사람은
그 누구라도 그 영은 작아질 것이다.
그에게는 다가올 세상에서 어떤 몫도 없을 것이다.

다윗이 이렇게 말한 이유이다.
“저의 눈을 여시어 주의 법(토라)에서 나오는 놀라운 것들을 제가 보게 하소서(시편 119:18).”
여기서 놀라운 것은 토라의 외관 안에 있는 것을 말함이다.

와서 보라.
모두에게 보이는 외관이 있다.
어리석은 사람들이 멋진 외관을 한 사람을 볼 때
그들은 다른 것은 보지 않는다.
그러나 외관의 에센스는 육체이고
육체의 에센스는 영혼이다.
토라도 마찬 가지나니.
토라는 육체가 있는데 이것은 토라의 계율이고
토라의 구현이라 불린다.

이 육체(토라의 계율)는 외관으로 덥혀있는데
(토라에 나오는) 세상 이야기가 그러하다.
세상의 어리석은 사람들이 단지 외관 즉 토라에
나오는 이야기를 보고 다른 것은 아무것도 알지 못한다.
그들은 외관 안에 있는 것을 보지 못한다.
더 많이 아는 사람은 그 외관을 보지 않고
그 외관 안에 있는 육체를 본다.
현자와 하느님의 하인 그리고 시나이 산에 서 있었던 사람들은
영혼 즉 모든 것의 뿌리인 진짜 토라를 본다.
다가올 시기에 이들은 토라의 영혼의 영혼을 보게 될 것이니라.

와서 보라.
위에서 보았듯이
'외관', '육체', '영혼', 그리고 '영혼의 영혼'이 있도다.
일월성신(日月星辰)은 외관이고
이스라엘 커뮤니티(이스라엘 사람)는 영혼 즉
이스라엘의 아름다움(주: Beauty of Israel, 신의 남성적인 면)을
받는 육체이다.
이처럼 이스라엘 커뮤니티는 영혼의 육체이다.
우리가 언급한 영혼은 진짜 토라인 이스라엘의 아름다움이다.
'영혼의 영혼'은 '신성한 고대의 존재(the Holy Ancient One)'이다. 모든 것은 다 연결되어 있다.

토라가 단순한 이야기라고 하는 사악한 사람은 불쌍하도다.
그들은 이 외관만 보고 더 이상 보지를 못한다.
토라를 바르게 보는 의로운 사람은 행복하도다.

포도주가 단지 안에 놓여있듯
토라는 외관 안에 놓여 있어야 한다.
외관 안에 있는 것을 보라.
(토라에 나오는) 모든 단어와 이야기는 외관일 뿐이니라.[47)]

---

47) Matt, Daniel <Zohar>, pp43~45.

2 구약과 고고학 그리고 비교종교학

사람에 따라 성경을 보는 방식이 다른데 이것은 3가지 타입으로 분류가 될 수 있다. 첫째는 성경을 문자 그대로 받아들여서 믿는 사람, 둘째는 성경을 이스라엘 민족의 단편적인 역사에다가 신화나 전설, 격언 등을 모아서 편찬한 이스라엘 민족의 문학작품으로 보는 사람, 셋째는 성경을 비의를 감추고 있는 상징으로 보고 그 상징을 신비주의적으로 풀어 해석하는 사람이 그러하다.

기독교 신자들은 거의가 성경을 하나님의 말씀이 기록된 경전으로 믿고 따르고 있으나 고고학과 역사 그리고 신화 연구를 통하여 성경이 신의 말씀이 아니라 이스라엘 민족의 문학작품임이 드러나고 있다. 한편으로 영자주의자들이나 카발리스트들은 토라를 신비적으로 해석하여 그 속에 감추어진 신비를 구한다.

성경을 읽으면 이성을 지닌 사람이라면 누구나 이런 의문이 생길 수 있다. 창세기에 나오는 우주창조와 인간창조는 신화인가 사실인가? 노아 방주는 실재했을까? 출애굽기의 홍해가 갈라지는 이집트 탈출 사건은 정말로 일어났을까? 여호수아의 가나안 정복이나 이스라엘 최초 통일왕국을 이룩한 다윗과 솔로몬의 황금시대는 역사적 사실일까?

그래서 고고학적 발굴 작업을 통해 성서에 기록된 역사적 내용의 사실 여부를 밝히는 작업은 대단히 큰 관심거리가 되어왔다. 성서 고고학자들은 처음에는 고고학적 발굴 작업을 통하여 성서에 기록된 내용을 증명할 수 있으리란 생각을 하였다. 그러나 현재까지 드러난 결과를 보면 성서에 대한 신뢰를 완전히 뒤집고 있어서 교회당국자들을 당혹스럽게 한다. 고고학자들은 발굴과 연구를 통하여 까마득한 과거의 성서 역사를 새롭게 밝혀내고 있다.

저명한 두 명의 고고학자가 쓴 〈성경: 고고학인가 전설인가〉[48]는 성서의 진실을 명쾌하게 밝혀주는 책이다. 이 책에 근거하여 성서의 편찬 과정과 목적을 간단히 정리해 본다.

> "이스라엘 통일왕국(사울, 다윗, 솔로몬)은 솔로몬 왕 사후(930 BC)에 남북으로 갈라지게 되는데 기원전 722년경에 앗시리아에 의하여 북이스라엘 왕국이 멸망하자 남쪽의 유대왕국만이 남게 된다. 북이스라엘 왕국이 멸망하자 유대왕국으로 사람들이 많이 유입되어 상대적으로 유대왕국은 번영을 누리게 된다. 가장 융성한 시기는 BC 7세기로, 이 부흥기에 유다 왕국의 요시야 왕은 이스라엘 민족의 자긍심과 정체성을 확립시키기 위하여 이스라엘 민족의 소망과 비전을 담은 거대한 민족 서사시를 편찬한다. 물론 이것은 정치적, 군사적 목적을 위한 것이기도 하였고 이것이 바로 구약성서이다.
>
> 이스라엘은 오랜 세월 이집트의 지배를 받아왔고 이집트의 세력이 약해지면 다른 주변 국가의 지배를 받는 지방 소국이었다. 가나안의 산악지대에서 근근이 생명을 유지하는 보잘것없는 약소국이었다. 그래서 민족 부흥기에 가공의 인물 모세를 내세워 이스라엘 민족의 역사를 아주 위대하게 묘사한다. 이것이 구약의 핵심인 모세오경(토라)이 탄생하는 배경이다. 또한 전설처럼 내려오던 자랑스러운 이스라엘 통일왕국(다윗, 솔로몬 시대) 시대에 대한 기억은 역사 편찬의 중요한 자료가 되어, 작은 소국에 불과하였던 솔로몬 왕국은 엄청나게 부풀려져 기술이 된다."

48) 이스라엘 핑컬스타인 & 닐 애셔 실버먼 〈성경: 고고학인가 전설인가〉.

사실 사람들 사이에서는 이집트 탈출이 성서에 나오는 문자 그대로는 아니지만 어떤 형태로든 있었고, 다윗과 솔로몬의 통일왕국 시대는 이스라엘의 황금기였다는 생각은 대체적으로 널리 인정되어 왔다. 솔로몬 왕이 각종 영화와 음악, 미술작품의 단골소재가 된 것도 이를 방증한다.

그러나 저자들은 최신 고고학적 연구 결과들을 종합 검토하여 출애굽 이야기는 역사적인 사실이 아니며, 여호수아가 가나안을 정복한 적이 없고, 이스라엘인이 본래 가나안 원주민이었고, 다윗과 솔로몬으로 이어지는 번창한 제국은 존재하지 않았다고 말한다. 출애굽에 대한 고고학적 발굴결과를 분석하면서 저자들은 이런 결론을 내린다.

> 당시 가나안과 이집트 사이의 국경은 막강한 이집트 국경수비대가 엄격하게 통제하고 있었기 때문에 대규모 노예집단이 이집트를 떠나 가나안에 도착한다는 것은 생각하기 어렵다. 도망치는 이스라엘 민족의 대규모 군중이 파라오 정권의 여러 국경 요새를 통과했을 경우 그에 관한 기록이 남아있어야 한다. 이집트 신왕국 시대 전체와 특히 출애굽이 일어난 기원전 13세기에 기록된 수많은 이집트 문서자료에는 이스라엘인에 대한 언급이나 단서가 하나도 발견되지 않는다. 신전 벽의 기념물이나 무덤 속의 명문 혹은 파피루스 문서에서도 마찬가지이다.
>
> 성서에 의하면 이스라엘 백성은 사막과 시나이 반도 산악지대를 꼬박 40년 동안 이동하면서 여러 곳에서 야영과 방랑생활을 했다. 성경에 제시된 60만 명의 이스라엘 피난민들이 시나이 반도에서 한세대 동안 계속한 방랑생활을 입증하는 고고학적 자취가 확실히 발견되어야 한다. 그러나 북부해안을 따라 건설되었던 여러 이집트 요새를 제외하면 람세스 2세와 그의 바로 전 파라오들이나 바로 뒤의 파라오

들의 시대에 만들어진 야영지나 정착 주거지 터의 흔적이 시나이 반도에서 단 한 곳도 발견되지 않았다. 토기 파편이나 건축물 혹은 집터, 고대 야영지의 자취는 발견되지 않았다.

출애굽기에 언급되는 지리 사항은 기원전 7세기 때 사용된 것이다. 그 시기는 유대 왕국이 전성기를 구가하던 때로 출애굽기 시기보다 6세기나 후의 일이다. 이집트 탈출이 성경에 기록된 시기에 성경에 기록된 방식으로 일어난 실제 사건이 아니다.(pp81~85)

성서에 나오는 여호수아의 가나안 정복에 대한 고고학적 발굴 결과에 의하면

가나안의 모든 도시에는 방어시설이 없었고 무너져 내릴 성벽은 존재하지도 않았다. 여리고의 경우 기원전 13세기에는 주민이 거주했던 흔적이 없으며 기원전 14세기의 후기 청동기 시대 초기에 건설된 주거지는 별로 중요성이 없는 작고 빈약한 규모였으며 방어시설을 갖추고 있지 않았다. 이 거주지 터에는 또한 파괴의 흔적도 없었다. 따라서 이스라엘 군대가 언약궤를 앞세우고 성벽으로 둘러싸인 도시 주변을 행진하며 전쟁나팔을 불어 여리고의 높고 튼튼한 성벽을 무너뜨리는 유명한 장면은 간단히 말해서 낭만적인 환상이었다.(p104)

다윗과 솔로몬 시대에 대한 고고학 발굴 결과를 보면

이 시대의 이스라엘 왕국이 있던 고원지대의 물질문화는 단순한 수준이었다. 그 지역에는 농촌지대가 압도적으로 많았고 문물을 갖춘 왕국의 기능 발휘에 필요한 광범한 문자 보급의 흔적이나 기록문자, 비문서 흔적이 발견되지 않았다. 인구의 측면에서도 인구 구성은 단

일민족이 아니었고 통일된 문화나 중앙집권적 국가의 증거를 찾아보기 어렵다. 당시 예루살렘은 전형적인 고원지방의 농촌마을에 불과했다.

기원전 10세기 다윗 가문의 통치는 제국의 수준으로 확장되지 않았으며 궁전이 있는 도시는 존재하지 않았다. 다윗과 솔로몬이 실존했으며 그들에 관한 전설이 계속되었다는 것 외에는 고고학적으로 더 이상 설명이 불가능하다.

기원전 7세기 신명기적 역사가가 다윗과 솔로몬에 깊은 관심을 기울였고 유대왕국 주민들이 이 두 인물을 계속 숭배하였다는 사실과 기원전 7세기 유대왕국의 국내 정세 풍경과 복장이 성경에 기록된 이스라엘의 신화적인 황금시대 이야기의 배경을 이루고 있다는 사실은 성경이 편찬된 연대를 추측하게 한다.(pp175~176)

저자들은 이런 결론을 내린다.

유대왕국의 요시야 왕 재위기간 동안 편찬된 위대한 성경의 서사시는 족장들에 대한 하나님의 약속에서부터 이집트 탈출, 가나안 정복, 통일왕국, 남북으로 분단된 왕국, 궁극적으로 예루살렘 신전 내부의 율법 책 발견에 이르는 이스라엘 역사를 기록한 탁월하고도 열정적인 창작품이었다.(p351)

구약의 신뢰에 대한 탐구는 고고학 분야만이 아니라 다른 분야에서도 시도되고 있다. 비교종교학 학자이자 불문학 박사인 민희식 교수는 자신의 저서[49]에서 우리에게 구약에 대한 새로운 시각을 제공한다. 저자는 수십 년에 걸쳐 메소포타미아와 이스라엘, 요르단. 터

49) 민희식 <성서의 뿌리, 오리엔트 문명과 구약성서, 블루리본, 2008>.

키, 그리스 등지의 성서의 주무대와 이집트문명 지역과 인도문명 지역을 답사하고 연구하고 나서 이 책을 썼다. 그는 사람들이 성서의 뿌리를 이루는 메소포타미아와 이집트 등지의 역사, 고고학적 자료, 신화와 전승 등의 폭넓은 이해를 통하여 성서에 대한 무지, 오해, 편견에서 벗어나도록 그리고 인류를 평화 공존의 장으로 이끄는데 도움이 되고자 이 책을 집필하였다고 밝힌다.

그는 창세기와 수메르 천지창조신화, 노아의 홍수와 메소포타미아 홍수설화, 출애굽기의 홍해 기적과 바빌론 신화, 모세 10계명과 함무라비 법전 등을 비교 연구하면서 구약에 나오는 많은 이야기의 원전을 여러 문명의 신화에서 찾아내어 이것이 어떻게 구약에 응용되었는지를 우리에게 보여준다.

그는 구약성서는 이스라엘 주변 민족들의 신화에서 편집된 것이라고 주장한다. 구약을 올바로 이해하기 위해서는 그 원전이 되는 메소포타미아 문명의 신화와 전승을 알고 그것이 어떤 모습으로 변화되어 살아있는지를 역사적으로 고고학적으로 분석해야 한다고 강조한다.

저자는 신화적인 접근 외에도 출애굽, 이스라엘 민족의 가나안 정복, 솔로몬 왕국 존재 등처럼 사실 관계가 의심되는 구약의 여러 사안을 여러 고고학 자료를 통하여 무엇이 진실인지 분명하게 보여준다. 그 내용 상당수는 앞에서 다룬 "성경: 고고학인가 전설인가"에 나오는 내용과 비슷하다.

그는 솔로몬 왕국이 존재를 논하면서 이렇게 기술하고 있다.

"열왕기에 따르면 솔로몬은 BC 950년경부터 7년에 걸쳐 예루살렘에 화려한 궁전과 신전을 세우고 도시를 에워싸는 웅장한 성벽을 건설하였다. 그는 1,400대의 전차와 12,000명의 기병을 보유하고 있었다고 기록하고 있다. 그러나 성서는 방대한 솔로몬 왕국에 대하여 기술하고 있지만 당시 주변국들은 그 존재조차 알지 못하였다. 당시 가장 친밀하게 교역하고 동맹관계까지 맺었다는 베니게(페니키아)인들조차 그 존재를 거의 인정하지 않았다. 작은 사건까지도 소상하게 기록하기로 정평이 나있는 이집트 역사기록에도 그에 대한 한마디 언급도 없다. 수세기 동안 행해져 온 유적지 발굴에서도 성서의 기록을 뒷받침할 어떠한 고고학적 발견도 없다."(p303)

그는 구약성서에 대하여 이렇게 정의한다.

"구약은 이스라엘 민족의 단편적인 역사 사실에 율법, 노래, 격언, 교훈적 설화 등을 양념 치듯 결합시킨 이스라엘 민족문학의 정수이다. 구약은 고대 근동민족들의 신화, 전설을 포함하여 그 당시 사회상은 물론, 구약성서 편집자들의 세계관과 종교관을 알 수 있는 단서를 제공해 주는 훌륭한 문학작품이다."(p28)

저자는 구약을 역사서로 읽게 되면 곳곳에서 논리적, 역사적, 과학적 오류에 봉착한다며 그런데도 사람들은 역사적 사실에 근거하여 성서를 보는 것을 마치 신앙심의 결여를 뜻하는 것으로 여기는 경향이 있다며 오늘날 기독교인들에게 일침을 가한다. 다음은 유명 학자들이 구약에 대한 논평이다.

"성서의 내용은 유대인의 종교적 믿음에 불과한 것이지 실제 역사가 아니다"

– 제에브 헤르조그(Zeev Herzog), 유대교 신학자이자 고고학교수 –

“성서 이야기는 너무 모순되고, 연대 착오 등으로 가득 차 있어, 이것은 정확한 역사적인 연대기라기보다는 역사적 소설로 간주되어져야 한다.” - 티모시 프리크와 피터 갠디[50])-

“오늘날 우리는 이스라엘 역사를 가지고 있지 않다. 아담과 이브의 이야기뿐만 아니라, 홍수이야기도 신화의 영역으로 사라졌다. 또한 더 이상 족장 시대에 대하여 말할 수 없다. 이러한 이미지들은 실제 역사적 과거를 설명하는데 설 자리를 잃었다. 우리는 이러한 것들이 단순한 이야기라는 것을 알고 있으며, 이러한 이야기들은 이 이야기를 역사적이라든지, 역사적 의미를 갖는 것으로 다룰 수 있도록 우리에게 용기를 주지 못한다.

연합한 부족국가나, 수도 예루살렘이 존재하였다는 증거는 없으며, 또한 서부 팔레스타인을 지배하였던 지속적이고 통일된 정치지배세력이 있었다는 증거는 없다. 그러므로 전설에서 묘사된 크기의 제국은 말할 필요도 없겠다. 우리는 사울, 다윗, 솔로몬으로 일컬어지는 왕들의 존재에 대하여 입증할 증거를 가지고 있지 못하다. 또한 이 시대의 초기에 예루살렘에 어떠한 사원이 존재하였을 것이라는 증거 역시 가지고 있지 않다.”[51]

- 토마스 톰슨(코펜하겐 대학의 구약연구소 교수) -

성경이 하나님 말씀이라고 굳게 믿고 있는 기독교인들은 성경의 기원에 대한 고고학적, 신화적 증거를 무시하는 경향이 있다. 왜냐하

50) <웃고 있는 예수 - 종교의 거짓말과 철학적 지혜> p53.
51) <웃고 있는 예수 - 종교의 거짓말과 철학적 지혜> p53.

면 이런 진실을 앞에 두고 자신들이 사탄의 유혹을 받고 있다고 생각하기 때문이다. 그러나 진실은 신앙심을 약하게 하지 않는다. 진실을 바탕으로 참된 신앙이 성장하기 때문이다. 구약이 신의 말씀이 아니라 이스라엘의 역사와 여러 신화가 어울려진 문학작품이라 하더라도 절대자가 존재한다는 사실은 변하지 않는다. 그리고 그 절대자가 유대인만의 신이 아닌 것은 확실하다.

구약이 역사적 사실은 아니더라도 우주 법칙을 상징과 신화로 표현한 소중한 자료이다. 바른 눈이 있어 구약을 신비적으로 해석할 수 있다면 우주 창조의 비밀과 우주 운영의 법칙이 드러난다. 뒤에 나오는 구약의 재해석은 이런 내용을 뒷받침하기 위한 것이다.

물론 고고학적 발굴 자료에 의존하여 역사를 정확히 파악하기는 힘들다. 그러한 자료를 누가, 어떤 시각을 가지고, 어떻게 해석하느냐 따라 다른 결론에 도달할 수도 있다. 구약에 대한 역사적 사실 여부를 두고 많은 논란이 있었고 앞으로도 있을 것이다.

3 신약은 우리가 의존할 권위가 있는가?

삶과 우주의 신비에 대하여 우리가 믿고 의존할 최종적인 권위(Authority)는 무엇일까? 종교인은 보통 자신이 믿는 종교 경전을 꼽는다. 그러나 신의 말씀을 담고 있는 경전(그러한 경전이 있다는 가정하에)도 인간의 머리를 통하여 인간의 손으로 기록이 된 것이라 완전할 수는 없다.

큰 것이 작은 것에 들어가지 못하듯 무한(신/우주의식)이 유한으로 들어가지 못한다. 고압 전류가 가정집에서 사용되려면 변압기를 통하여 전압이 낮아져야하듯 신이 유한의 세계로 내려오려면 신의 속성은 물질세계 어울리게끔 낮아져야 한다. 아니면 물질계는 용기가 깨어지듯 상위의 힘을 이기지 못하고 파괴될 것이다.

그래서 물질계에 드러난 진리는 전체의 극히 작은 부분이지 전부는 아니다. 무한을 알려면 우리가 무한 속성이 되어 무한과 하나가 되어야 비로소 무한이 무엇인지 알 수가 있다. 그러므로 경전을 가지고 진리를 온전히 안다고 말할 수 있는 것은 아니다. 더군다나 경전이 왜곡되거나 그 수준이 낮다면 더더욱 논의의 가치가 없는 일이다. 종교인들은 이런 사실을 받아들여야 하는데 그렇지 못한 것이 현실이기도 하다.

사람들은 성경에 너무도 커다란 권위를 둔다. 그러기에 일부 야심가들은 성경 해석을 통하여 자신이 메시아라든가 아니면 기발하게 해석을 하여 새로운 종파를 창립하기도 한다. 적은 분량의 그것도 모호한 구절이 많은 성경을 가지고 삶과 우주의 비밀을 논하고 신을 말하고 인간의 시시콜콜한 일상사를 규율하려니 새로운 이론이 덧붙여지고 기발한 교리가 만들어진다.

성경에 너무도 커다란 권위를 두다 보니 내면의 영적 개발이나 정신 수련은 도외시하고 성경해석에 온 에너지를 바치는 일이 발생한다. 성직자들은 자신들의 내면은 변화시키지 않으면서 성경의 권위만을 내세워 사람들에게 군림하고 지배하려고 한다. 그들은 하나님 말씀이라고 하면 목숨 걸고 순종하는 권위에 약한 사람의 심리를 이용하고 있다.

교회에서 동정녀 출생, 대속이론, 원죄론 등을 내세우는데, 예수가 자신이 동정녀에서 태어났다고 말한 적이 없고(복음서 저자의 주장일 뿐이다), 자신이 인간 죄를 대신하여 죽는다는 말한 적이 없고, 원죄를 말한 적이 없다. 모두 교부들이 자신의 생각 수준에서 성경을 해석하여 만들어 낸 이론일 뿐이다.

예수는 저서를 남기지 않았다. 사람들은 예수에 대한 제자들의 열렬한 신앙고백을 복음서와 서간이란 이름을 붙여 거역할 수 없는 신의 말씀으로 받아들인 것이다. 그러므로 문제해결은 성경의 권위에 대한 고찰에서 시작되어야 한다. 성경의 권위가 근거가 없다면 여러 기독교 종파의 교리와 체계는 무너지게 된다.

성경은 우리가 진정으로 의지할 권위를 지니고 있는가? 복음서에 실린 예수의 어록 중에 예수의 말이 아니라 추가되고 변경된 부분을 빼면 예수의 말씀으로 생각되는 구절이 나온다. 그러나 아쉽게도 예수 말씀에 도덕적 규범이나 하늘나라에 대한 은유적 표현 외에 우주나 삶의 신비를 풀어줄 내용은 없다. 앞으로 언급하겠지만 예수의 참 가르침은 대중에게 드러나지 않았다. 드러나지 않은 이것이 우주와 삶의 신비에 대한 의문을 풀 수 있는 비밀가르침이고 우리가 의존할 최종적 권위이다.

성경 권위에 문제가 있지만 그래도 세심히 행간을 읽으면 진리가 드러나기도 하는데 신도들은 성경을 형식적으로 읽고 문자적 의미에 만족할 뿐이다. 목사가 들려주는 설교나 교리에 귀 기울이는 것이 고작이다. 유명한 성경학자들의 연구 서적(성경의 역사와 편찬과정 그리고 교리형성 등)을 읽어 보려고 하지도 않고 이성적으로 생각하고 탐구하려는 마음도 없다. 이런 책이나 문헌에 대한 접근을 사탄의 유혹이라 주장하는 성직자들의 말만 믿고 주입된 교리를 앵무새처럼 재잘거린다. 성경에 대하여 이성적으로 판단하고 주체적으로 사색하는 일이 별로 없다. 그러면서도 예수를 말하고 하나님을 말하고 우주를 말하고 천국을 말하고 구원을 소리친다.

목사들은 성경편찬이나 교리형성 과정에서 일어난 사건들을 알고 있으면서도 그런 내용은 입도 뻥끗하지 않고 십일조, 구원, 은총에 대해서만 소리 높여 말한다. 진실을 말하면 교회나 성경 권위가 훼손되고 신도들이 줄어들 가능성이 있기에 입을 다물고 있다. 물질적 풍요에다 성직자로 존경까지 받을 수 있는 직장을 진실과 바꾸고 싶지가 않을 것이다.

최종적 권위는 자신의 이성이다. 그것 외에는 아무것도 믿을 것이 없다. "태초에 이성이 있었고 이성은 신과 함께 있었다. 그 이성이 신이었다."(요한복음 1장)

4 복음서 고찰

"기독교 원전들은 매우 단편적이고 전설적인 내용을 많이 포함하고 있다. 반면에 예수의 삶과 인격에 대해서는 그다지 관심을 표명하지 않는다. 예수에 관한 다른 원전이 없기에 우리는 그의 삶과 인격에 대해서 거의 아무것도 알 수 없다." - 루돌프 볼트만(1884~1976) -

역사적 예수에 대한 한계를 잘 묘사하는 글이다. 그럼에도 불구하고 복음서는 예수의 어록이 담겨있는 소중한 자료이다. 공관복음서는 실제 사건이 일어난 지 얼마 지나지 않은 시점에서 기록이 되어서 이들 복음서를 통하여 어느 정도 예수의 삶과 가르침을 접할 수 있다. 예수 어록을 담고 있는 복음서는 외경을 제외하면 4개가 있는데, 이들 복음서의 역사적, 문헌적 고찰과 심층적 해석을 통하여 예수가 누구였고 무엇을 전하려 했는지 조금은 알 수가 있다.

성경학자들에 의하여 확인된 것은 이들 복음서 저자들이 예수 사후 여러 전승 자료를 참고하여 책을 편집하면서, 사람들의 관심을 끌기 위한 수식 구절이나 신앙심을 북돋우는 내용을 넣고, 경우에 따라서는 교회의 입장을 반영하는 내용을 넣어서 작성하였다는 것이다. 그래서 전문가들은 예수에게서 나온 것과 그렇지 않은 것을 구별하려고 애써왔다. 이것은 필사 과정에서 일어난 왜곡과는 다른 차원의 문제이다.

성경 원전은 남아있지 않고 복사본의 복사본들만 전해진다. 지금 가장 오래된 신약복음서 복사본은 4세기 것이다[52]. 지금 복음서는 그

52) 신약 전체가 기록된 가장 오래된 사본 연대가 4세기이고 신약 일부가 기록된

리스어로 되어있지만 원본 언어에 대해서는 의견이 나뉜다. 예수가 사용한 아람어인지 아니면 학자들의 언어인 히브리어인지 아니면 당시 통용되던 그리스어인지에 대하여 논의가 있다. 그러나 예수가 아람어로 말씀하셨고 과정이 어떠하든 그 말씀이 그리스어로 기록이 되었다는 것이다. 이것은 한국어로 설교한 것을 일본어로 번역하여 기록한 것에 비유될 수 있다.

신약이 편찬된 시기는 학자에 따라 일치하지 않는데 티모시 프리크와 피터 갠디[53]〉는 바울의 여러 편지는 서기 약 50년, 마가복음은 서기 70~110년, 마태복음과 누가복음은 서기 90~135년, 요한복음은 서기 약 120년, 사도행전은 서기 150~177년, 사도들의 편지는 서기 177~220년으로 보고 있다. 김용옥 교수[54]는 마가복음은 서기 70년경, 마태복음은 서기 80년경, 누가복음은 서기 90년경, 요한복음은 서기 100년경으로 보고 있다.

마가복음은 복음서의 원형으로 예수 수난과 부활의 패러다임을 제시하고 있으며 예수의 출생이나 어린 시절에 대한 기술 없이 곧바로 복음 선포로 시작된다. 누가복음과 마태복음은 마가복음과는 달리 예수의 동정녀 탄생, 유년설화, 부활 후의 이야기가 더해진다. 마태복음은 유대인 시각에서 유대인을 위하여 편찬되었으며 예수 복음을 철저히 구약과 관련시키려했다. 유대교와 단절이 아닌 연속선상에서 복음을 규정한다. 예수가 구약의 약속을 완성한다는 것을 보여주기 위해 무리하게 구약 구절을 많이 인용하였다. 인용되는 구약 구절 대부분은 맥락과 상관없이 문장에서 필요한 부분만을 인용하거나 자기 본위로 해석하여 쓴 것이다.

가장 오래된 사본 연대는 2세기이다.

53) <예수는 신화다> p277.

54) <기독교 성서의 이해> p274.

복음서 내용을 조사하면 마가복음 구절은 마태복음과 누가복음 속에 거의 다 들어있다. 즉 마가복음 661개 문장(절, verses) 중에 600개가 마태복음에 들어있고(마태복음은 전부 1068절), 350개가 누가복음에 들어있다(누가복음은 전부 1149절). 마가복음에 없고 마태복음과 누가복음에 공통된 것은 135개 정도 있다. 이 공통된 자료는 Q문헌(독일어로 Quelle은 원전이라는 뜻)으로 불린다.

당연히 의문이 생긴다. 서로 베낀 것일까, 아니면 우리가 모르는 공동 원전을 참조했을까? 대부분 전문가들은 마가복음과 Q문헌이라는 두 가지 원전이 있었다고 믿는다. 그러나 더 많은 자료가 있었다고 생각하는 학자들도 있다. 학자들은 마태와 누가가 마가복음과 Q자료를 보고 자신들의 복음서를 편찬한 것으로 보고 있다.

요한복음은 공관복음서와는 많이 다른 새로운 형태의 복음서이다. 문체도 다르고 예수의 말은 간결하지도 않고 직접적이지도 않으며 주로 긴 설교체로 나타난다. 또한 공관복음서와 달리 예수는 비유로 말하지 않으며 예수와 니고데모의 대화(3장), 예수와 사마리아 여인의 대화(4장), 물을 포도주로 만든 기적(2장), 나사로를 다시 살리는 기적(11장)은 요한복음에만 나오는 사건이다.

그런데 이런 복음서가 역사적 예수에 대한 진실을 전해줄 수 있을까? 초기 복음서는 대문자로 쓰여 있었고 제목이 없었으며, 띄어쓰기와 장이나 절의 구분도 없었고, 낱말들 사이에 구두점도 없었다. 그만큼 읽기가 어려웠고 잘못 필사될 가능성이 컸다. 특히 2~3세기까지는 전문 필사자들이 아니라 글을 아는 교인들이 자발적으로 필사하였기에 오류가 많았다. 원본이 낡아 이것을 새로 필사하는 과정에서 필경사의 부주의로 잘못 옮겨지기도 하고, 필요에 따라(교리적, 사회적 요구 등) 내용이 덧붙여지거나 삭제되기도 하였다.

대략 5천개나 되는 그리스 사본을 대조하면 어느 한 사본도 다른 사본과 일치하는 사본이 없을 정도다. 학자들은 사본 비교 연구를 통하여 복음서 내용 가운데 후대에 추가된 것이 무엇인지를 알아내기에 이른다. 필사의 문제가 얼마나 심각하였는지 3세기 교부 오리겐은 이런 글을 남겼다.

> "사본들은 지나치게 많은 차이가 난다. 이것은 일부 필사자들의 부주의와 뻔뻔스러움 때문이다. 그들이 자기들이 베낀 것을 한 번 더 검토하는데 소홀하였거나 아니면 점검하는 과정에서 자기 마음대로 말을 덧붙이거나 삭제해버렸다."

복음서 원전과 필사된 사본의 문제점이 이러하지만 정말 중요한 것이 정경과 외경의 문제이다. 예수 사후에 많은 종파와 수많은 복음서가 존재했음은 주지의 사실이고, 종파 싸움에 승리한 지금의 정통교회가 자신들의 생각을 반영하는 교리를 지닌 문서를 선택한 것이 지금의 정경이다. 그것도 지금의 신약 27권이 처음부터 정통교회에서 의견 통일이 이루어져서 선택된 것이 아니라 정경으로 인정할 것인지 아닌지 오랜 세월 많은 논란을 거쳐 확정되었다.

알렉산드리아의 아타나시우스 주교가 최초(AD 367년)로 지금 우리가 쓰는 신약 27권을 언급하였고, 382년 로마회의에서 27권이 승인되고, 카르타고회의(AD 397년)에서 신약 27권 정경 목차가 작성되어 교회에 보급되었다. 즉 정통 교회 구미에 맞는 복음서가 살아남아 신의 말씀이 되어 인류사를 지배하게 되었다는 것이다. 예수 사후 300년이 지난 시점에서야 정경이라는 것이 결정된 셈이었다. 정경이 확정되기 전에는 교회에서 사용되던 여러 종류의 복음서는 모두 신성한 경전이었다.

근본적 질문은 지금 정경이 대표성이 있는지와 외면당한 경전의 가치이다. 초대교회 역사나 성서 편찬 과정을 보면 성서무오설[55]이나 축자영감설[56]이 얼마나 터무니없는 주장인지 알 수가 있다. 이제 이런 주장을 하는 신학자들은 거의 없으나 진실에 접근이 어려운 상당수 신도들은 아직도 이런 생각을 가지고 있다.

성경은 하나님이 직접 들려주신 말씀이 아니라 초기 기독교인들이 예수에 대하여 자신들이 보고 듣고 이해한 것을 적어 놓은 신앙 고백적 글이다. 성경은 필요에 따라 다른 시기와 다른 장소에서 여러 사람들이 기록한 책이다. 기독교인들은 성경 저자가 하나님 영감을 받아 기록하였다고 주장하지만 필연적으로 그들의 생각과 견해 그리고 소망이 밑바탕에 깔릴 수밖에 없었다. 예수의 삶을 기록한 마가와 누가 그리고 마태의 복음서가 같을 수가 없는 이유이다.

원전 문제나 필사본의 문제는 문헌 고찰을 통하여 진실이 어느 정도 밝혀질 수 있으나 교회와 교부들이 자신들의 잣대로 만들어 놓은 교회 교리는 참으로 넘기 힘든 거대한 장애물이다. 이를 위해서는 성서의 문헌연구와 성서해석을 통하여 성서가 새롭게 구성되어야 하며 무엇보다 외경으로 알려진 〈도마복음〉을 예수 가르침으로 받아들이는 일과 예수 비밀 가르침으로 알려진 영지주의 작품과 이론을 합리적인 선에서 받아들이는 일이다.

적지 않은 사람들이 하느님과 성서를 두려움으로 바라본다. 성서에 드러나는 징벌과 보복의 하느님 모습에서 공포심을 느끼지 때문이다. 그러니 그런 하느님의 말씀을 담고 있는 성서는 당연히 함부로 대할 수 없는 두려움의 대상이다. 그러나 이제는 이런 터무니없는 공포감에서 해방되어야 한다. 따지지도 않고 맹목적으로 믿어온 성서무오설이나 축자영감설은 이제 그 근거를 상실하였다. 성경을 무조건

---

55) 성서가 절대적으로 무오하다는 주장.
56) 글자 하나하나 신의 영감으로 되어있다는 주장.

인정하고 의심 없이 믿어야 참된 그리스도인이 될 수 있다는 생각에서 벗어나야 한다. 이제는 신이 부여한 이성 능력을 사용하여 자주적으로 생각하고 사유해야 한다.

4장 성경 구절의 카발라적 해석

(1) 인간 창조 (창세기 5:1~2) - 음양의 법칙 -

카발라의 대표적 문헌인 〈조하르〉에는 창세기에 나오는 인간 창조를 이렇게 해석한다.[57)]

> 아담의 계보는 이러하다. 하느님께서 사람을 지어내시던 날, 하느님께서는 당신 모습대로 사람을 만드시되, 남자와 여자로 지어내셨다. 그날 하느님께서는 그들에게 복을 주시며 그 이름을 아담이라 지어 주셨다.(창세기 5:1~2)
>
> 랍비 시메온이 말하길.
>
> 최고의 신비는 위의 두 구절에서 드러나도다.
>
> 신은 하늘의 영광을 알리기 위하여 남자와 여자를 창조했고
>
> 이 신비로부터 아담이 창조되었도다.
>
> 와서 보라!
>
> 하늘과 땅이 창조된 신비로 아담이 창조되었도다.
>
> 하늘과 땅에 대해서는 이렇게 나와 있나니
>
> "이것이 천지가 창조될 때에 하늘과 땅의 내력이니라(창세기 2:4)."
>
> 아담에 대해서는 이렇게 나와 있나니
>
> "이것은 아담의 계보이니라."
>
> 신은 남성과 여성을 창조했도다.
>
> 그러므로 남성과 여성을 포함하지 않는 어떤 이미지가 있다면
>
> 그것은 높고 진실한 이미지가 아님을 알 수 있느니라.
>
> 와서 보라!

---

57) Matt, Daniel <Zohar>, pp55~56.

신께서는 음과 양이 함께 발견되지 않는 장소에는 자신의 거소를 정하지 않으며 신의 축복은 음과 양이 발견되는 곳에서만 발견되느니라.

이에 관하여 이렇게 쓰여 있나니,

"신은 남성과 여성이 창조된 날에 <u>그들의</u> 이름을 축복하고 **아담**으로 불렀도다."

그러나 이렇게는 쓰여 있지 않도다.

"신이 <u>그를</u> 축복하고 <u>그의</u> 이름을 아담으로 불렀다." 라고.

인간은 남과 여가 하나일 때만 아담으로 불렸느니라.

이처럼 카발라에서는 창세기 구절을 우주법칙 중의 하나인 음양의 법칙을 담고 있는 상징으로 해석한다. 아담은 남성만을 이르는 말이 아니라 남자와 여자를 이르는 단어이다.

(2) 제물을 제단 위에서 불태우는 번제 (레위기 6:1~6)

이 구절에 대하여 위대한 카발라 학자인 아리예 카플란은 이렇게 해석한다.

고대에는 제물이 바쳐졌을 때 그것은 예루살렘 성전에 있는 대제단에서 태워졌다. 제물에 해당하는 히브리 단어는 코르반(korban)인데 문자적 의미는 "가까이 가져오는 것"이다. 이처럼 동물을 제물로 바치는 일은 신에게 가까이 다가가는 수단으로 간주되었다. 〈탈무드〉는 인간이 반은 동물이고 반은 천사라고 가르친다. 신체는 인간의 동물적 속성의 자리이고 혼은 인간의 천사 속성의 자리이다. 신체는 혼의 그릇이므로 인간의 동물적 속성은 천사 속성을 위한 그릇이다.

인간은 자신의 동물적 속성을 높여서 그것을 신에 봉사하는 수단으로 사용해야 한다. 제물공양은 인간 안에 있는 동물적 속성을 신에게 바치는 것을 상징하였다.

(3) 인간 창조: 생명의 숨과 생명의 혼 (창세기 2:7)

신이 인간을 흙으로 지으시고 살아있는 혼으로 만드는 과정이 창세기(2:7)에 나온다. 여기서 보면 흙으로 사람을 만들고 생명의 숨을 불어넣으니 살아있는 혼이 된다는 내용이 나온다. 성경 구절은 이러하다.

> And the LORD God formed man [of] the dust of the ground, and breathed into his nostrils the **breath of life**; and man became a **living soul**.(킹제임스 버전)
> 여호와 하나님이 땅의 흙으로 사람을 지으시고 **생기**를 그 코에 불어넣으시니 사람이 **생령**이 되니라(개역개정).
> 하나님께서 땅의 흙으로 사람을 지으시고 **생명의 숨**을 그의 콧구멍에 불어넣으시니 사람이 **살아 있는 혼**이 되니라(킹제임스 흠정역).
> 주 하나님이 땅의 흙으로 사람을 지으시고, 그의 코에 **생명의 기운**을 불어넣으시니, 사람이 **생명체가 되었다**(표준새번역).

같은 구절인데도 "breath of life"가 〈생기〉 〈생명의 숨〉 〈생명의 기운〉으로 번역되었고, "living soul"이 〈생령〉 〈살아있는 혼〉 〈생명체〉로 번역이 되었다. 무엇이 올바른 성경인가?"

그런데 이것이 문제의 전부가 아니다. 유명한 유대학자 "아리예 카플란"은 이 구절을 이렇게 영어로 번역하였다.

> God formed man out of the dust of the earth, and He blew in his nostrils a soul(**neshama**) of life; and man became a living soul(**nefesh**).
>
> 신이 땅의 흙으로 사람을 지으시고 **생명의 혼(네샤마)**을 코에 불어넣으시니 사람이 **살아있는 혼(네페쉬)**이 되니라.

킹 제임스 영어본의 "breath of life"이 "soul(neshama) of life"로 되어있다. 즉 〈생명의 숨〉과 〈생명의 혼〉의 차이는 무엇일까?

히브리 성경을 보면 이 구절은 네샤마(neshama)인데 네샤마는 보통 "숨/호흡"으로 번역된다. 그러나 동시에 카발라 가르침에서 네샤마는 혼의 4단계 중 2번째에 해당하는 상위의 혼을 의미한다. 그러므로 카발리스트들은 "생명의 숨"을 "생명의 혼"으로 해석한다. 즉 흙으로 지은 육체(이것도 카발라로 보면 깊은 상징이 숨어있다. 긴 설명이 필요)에 혼이 들어가서 비로소 살아있는 혼(네페쉬)이 되었다는 뜻이다. 이것이 훨씬 논리적이지 않은가?

또한 〈살아있는 혼〉에서 혼에 해당하는 히브리어가 〈네페쉬〉이다. 이 네페쉬는 카발라에서는 가장 낮은 네 번째 단계의 혼으로 육체에 대응하는 혼이다. 히브리어 〈네샤마〉나 〈네페쉬〉가 영어나 한글로는 둘 다 혼으로 번역이 되나, 카발리스들에게 양자는 수준이 다른 혼이며 그 기능도 다르고 명칭도 다르다. 그냥 혼으로 번역하면 엄청난 오해가 생겨난다.

그런데 영어와 한글 성경에서 네샤마가 〈breath of life〉, 〈생기〉, 〈생명의 숨〉, 〈생명의 기운〉으로, 네페쉬가 〈living soul〉, 〈생령〉, 〈살아있는 혼〉, 〈생명체〉로 번역이 되었다. 엄청난 의미의 변화이다.

이처럼 구약은 번역과 해석 과정에서 많은 오역이 생긴다.

혼의 수준을 이해하기 위해서는 카발라의 혼의 4단계에 대한 이해가 필수적이다. 카발라 없이는 구약은 그 참된 의미가 거의 드러나지 않는다.

(혼의 4단계)

카발라는 우주를 영적 수준에 따라 4개의 세계로 구분한다. 이 4개의 세계에 상응하는 4개의 혼이 존재한다. 즉 진동/수준에 어울리는 혼의 배치이다. 그러나 이것은 혼이 4개라는 것이 아니라 하나의 혼이 4계의 수준에 어울리게끔 4개로 드러난다는 것이다. 히아(영계의 혼), 네샤마(멘탈계의 혼), 루아흐(아스트럴계의 혼), 네페쉬(물질계의 혼). 네샤마의 일반적 의미는 숨이나 호흡이고 루아흐의 일반적 의미는 바람이나 영이다. 이것은 수준 낮은 문자적 해석이다.

(4) 신과 인간의 관계 (창세기와 시편 구절)

기독교인의 사유 체계에 절대적으로 자리 잡고 있는 것 중 하나가 신과 인간의 분리 의식이다. 즉 절대적 존재인 창조자와 미천한 피조물인 인간을 확실히 구분 짓는 의식구조. 이런 생각의 근거가 되는 것으로는 구약의 창세기와 예수 사후에 교부들이 만든 원죄론(이것은 성서학자들에 의하여 그 근거가 부실함이 증명되고 있다)을 들 수 있다.

사실 기독교 정경을 결정하는 과정에서 구약을 제외하자는 일부 주장도 있었는데 이 말은 구약의 가치를 부정한 교부가 있었다는 의미이다. 예수의 여러 가르침 중에서 정치적으로 살아 남은 것이 지금의 정경이다. 성서학자들은 구약(토라)을 여러 전승의 저자들이 쓴 책으로 보고 있다.

그리고 기독교 교리(속죄론, 원죄론, 구원론, 삼위일체, 천국지옥론 등)는 예수의 말씀이 아니라 바울이나 후대 교부들의 작품이어서 우리가 이것에 얼마만큼 신뢰를 두어야 할지도 문제이다.

하여간 이런 교리를 믿고 이것에 따라 사유하고 살아 가는 수십억의 인류를 생각하면 무엇이 올바른지를 구명하는 일은 참으로 중요하다 할 것이다. 자신을 열등한 피조물로 생각하는 한 우리는 그렇게 살아가게 되기 때문이다. 이것은 마당에 보석이 묻혀 있는데도 이것을 모르고 고생하며 살아가는 어리석은 사람의 모습과 다를 것이 없기 때문이다.

많은 것을 양보하여 구약성서를 인정한다고 하자. 그러면 과연 구약은 인간을 미천한 피조물로 언급하고 있는가? 신과 인간의 관계를 언급하는 창세기 구절과 시편 구절을 조사하면 인간의 존재가 어떠한지 알 수가 있다.

창세기 1장 26~27(표준새번역)

26 하나님(엘로힘)이 말씀하시기를 "우리가 **우리의 형상을** 따라서, 우리의 모양대로 사람을 만들자. 그리고 그가, 바다의 고기와 공중의 새와 땅 위에 사는 온갖 들짐승과 땅 위를 기어 다니는 모든 길짐승을 다스리게 하자" 하시고,

27. 하나님이 **당신의 형상대로** 사람을 창조하셨으니, 곧 **하나님(엘로힘)의 형상대로** 사람을 창조하셨다. 하나님이 그들을 남자와 여자로 창조하셨다.

(And God said, Let us make man in **our image**, after our likeness:......(창 1:26)

So God created man in **his [own] image**, in the image of God created he him; **male and female** created he them. 창1:27)

여기서 〈하나님의 형상/이미지〉가 무엇을 의미하는지 신학자나 목회자마다 의견이 분분하다. 의식 수준이 낮았던 고대에는 신을 어떤 물질적 형상을 지닌 이미지로 상정하였지만 지금은 신을 물질 형상이 없는 무한한 무형의 존재로 받아들인다. 그러므로 여기서 형상은 물질 형상이 아니라 신의 영적 속성을 의미한다고 생각할 수 있다.

유대 신비가르침인 카발라에서는 구약에 나오는 신의 이미지를 신의 속성으로 이해한다. 신의 신성한 속성으로 창조된(카발라에서는 창조란 말보다는 발출이라는 말을 쓴다) 인간이므로, 인간은 신이 지닌 모든 속성을 지니고 있는 신성한 존재이다. 인간은 신/근원에서 나온 신성한 존재라는 의미이다.

창세기 1장 26절에 하나님(엘로힘)은 복수 형태인 **우리의** 형상을 따라서 사람을 만들자고 한다. 신이 하나가 아니라 복수라는 의미이다. 유일신 개념은 기독교의 최고 근간인데 신이 복수라니? 이 구절에 대한 논의도 활발하다.(이에 대해서는 p129 참조)

시편 8장 4~6 (표준새번역)

4. 사람이 무엇이기에 주께서 이렇게까지 생각하여 주시며, 사람의 아들이 무엇이기에 주께서 이렇게까지 돌보아 주십니까?

5. 주께서는 사람을 **하나님(엘로힘)보다 조금 못하게 지으시고**, 그에게 영광과 존귀의 왕관을 씌워 주셨습니다.

6. 주께서 손수 지으신 만물을 사람이 다스리게 하시고, 모든 것을 사람의 발아래에 두셨습니다.

여기에 보면 하나님은 인간을 하나님보다 조금 못하게 지으셨다고 말한다. 인간이 하찮은 존재가 아니라는 의미이다.

흥미로운 것은 히브리 성서의 시편 8장 5절의 하나님(엘로힘)을 천사로 번역한 성경 버전이 상당하다는 것이다. 구약 그리스번역(70인역)이나 라틴어번역(불가타 성경)에서는 이 엘로힘이 천사로 번역이 되어 있고, 가장 오래되고 대표적인 영어성서인 킹제임스 버전도 천사(For thou hast made him a little lower than **the angels**)로 번역되었다.

최신 영어버전인 NIV에는 You made him a little lower than the **heavenly beings**로 되어 있고, NASB는 Yet Thou hast made him a little lower than **God** 로 되어있다. 한글 성서 번역 중에서 공동번역, 표준새번역, 개역개정은 하나님으로 되어 있고, 개역한글판은 "천사"로 우리말성경은 "하늘에 있는 존재"로 번역되어 있다. 인간의 위치를 설명하는데 결정적 단서가 되는 단어가 이렇게 다르게 번역이 되어있으니 우리는 무엇을 기준으로 삼아야 하는가?

이것은 엘로힘에 대한 의미를 어떻게 해석하였느냐에 따른 번역 결과로 볼 수 있지만, 성서학자들은 성경 역자들이 히브리 성서를 그리스어나 라틴어로 번역하면서 그 시대의 인간관을 반영하여 의도적으로 오역하였다는 주장을 하기도 한다. 엘로힘은 성경 문맥에 따라서는 하느님보다 낮은 존재를 나타내기도 한다. 출애굽기 20:3[너희는 내 앞에서 다른 신들(엘로힘)을 모시지 못한다]이 그 예이다. 그래서 엘로힘을 천사나 하늘의 존재로 번역하였을 수도 있다.

그러나 의미상 시편 8장 5절은 인간이 하느님보다 조금 못하게 지어졌다는 의미로 보아야 한다. 왜냐하면 천사는 인간보다 낮은 단계의 존재이므로 인간이 천사보다 낮게 지어질 수 없기 때문이다.

카발라에서는 천사를 인간보다 낮은 존재로 본다. 인간은 신의 발출물이고 그 일부분이지만 천사는 특별한 목적을 위하여 신이 창조한 창조물에 불과하기 때문이다. 인간은 신의 일부분이므로 신의 신성한 속성을 모두 지닌 존재로 지어졌다(사실 인간은 지어진 것이 아니라 발출되었다).

시편 82:6[하나님께서 말씀하셨다. "너희는 모두 신들(엘로힘)이고, '가장 높으신 분'의 아들들이지만, I have said, Ye are **gods**; and all of you are children of the most High]에서도 우리가 신들이고 신의 아들임을 밝힌다.

창세기나 시편을 보더라도 인간은 기독교인이 알고 있는 그런 미천한 존재가 아니라 신만큼 위대한 존재이다. 물론 지금은 실락 혹은 무지로 인하여 내면의 신성을 밝히지 못하고 있다. 내면을 밝히는 일, 그래서 신과 합일하는 것이 카발라 수행자의 목적이다.

(5) 하나님의 이름 엘로힘 (창세기 1장 26~27절)

성서에 나오는 대표적인 신의 이름으로 엘로힘과 야훼가 있다, 전자는 신을 이르는 보통 명사이고 후자는 신에게만 있는 이름 즉 고유명사인 것이 다르다. 카발라 명상에서는 후자의 이름(YHVH)이 상당히 중요시 된다. 신에게 돌아가는 비밀을 담고 있는 열쇠로 보고 있기 때문이다.

그런데 신의 이름인 엘로힘 해석을 둘러싸고 여러 논의가 있다. 사실 많은 기독교 종파가 나오고 이단이 발생하는 원인은 모호한 성경 내용의 해석을 둘러싼 이견 때문이다. 성서를 자신의 본위대로 해석하여 새로운 종파를 만드는 사람들도 있고 심지어 자신이 재림예수니 하나님이니 하면서 사람들을 현혹시키기는 사람들도 있다. 그런데 터무니없는 이런 주장을 믿고 따르는 사람들이 적지 않다는 것이 문제이다.

이것은 무지한 사람들이 성경을 곡해하여 일어나는 일이다. 성서는 의식 수준에 따라 4가지 방법으로 해석이 되는데 이들은 가장 낮은 수준인 문자적 해석을 그것도 그릇되게 해석하고 있다. 이 엘로힘 해석을 근거로 국내에서는 새로운 주장을 펴는 교회가 생겨났고 정통 교단에서는 이 종파를 이단으로 보고 있다. 우선 엘로힘의 의미를 사전에서 받아 정의하면 이렇다.

> 엘로힘(אלהים , אֱלוֹהִים→신(神) 또는 신(神)들)은 단수인 신을 가리킬 때에는 단수동사와 함께 복수인 신들을 가리킬 때에는 복수동사와 함께 쓰인다. 엘로힘은 엘(אל ēl→신(神))과 관계가 있지만, 형태론적으로는 엘의 복수인 엘로하(אלוה→신(神))에서 나왔다.
>
> 히브리어에서 엘로힘은 형태론적으로 복수형으로 쓰이지만, 이스라엘 하느님(유일신)을 나타낼 때는 단수 동사나 형용사를 취하는 것으로 알려져 있다.
>
> 그래서 성경의 첫 구절 "베레쉬트 바라 엘로힘(בראשית ברא אלהים 처음에 하느님이)"에서 바라(ברא→ 창조하다)는 3인칭 단수 남성 완전태 동사로 되어있다. 엘로힘이 복수를 뜻하는 단어였다면, 복수 형태의 동사인 바루(בראו→ 창조하다)를 썼을 것이다.(이 말은

엘로힘을 단수로 생각했다는 의미이다)

복수형은 엘로힘이 이스라엘의 유일신이 아닌 복수의 대상을 지칭할 때 쓰인다. 예를 들면 Thou shalt have no other gods before me. 너희는 내 앞에서 다른 신들(엘로힘)을 모시지 못한다.(출애굽기 20:3)

-위키백과 -

엘로힘은 비록 그 형태는 복수형이지만 의미는 단수이다. 그러므로 〈창세기〉의 "처음에 하느님(엘로힘)께서 하늘과 땅을 창조하셨다"라는 구절에서 '엘로힘'은 문법 구조상 다신을 뜻하는 듯하지만, 그 속뜻은 유일신을 가리킨다. 이스라엘인들은 가나안인들에게서 복수형 명사 '엘로힘'을 빌려와 예배의식과 신학에서 단수의 의미로 사용한 듯하다.

- 브리태니커 -

좀 논쟁이 있는 H 교회에서 내세우는 교리 중의 하나가 엘로힘이 복수의 신을 의미하므로 신은 하나님 아버지만이 아니라 하나님 어머니도 있다는 것이다. 그래서 교단 창시자를 재림 예수 즉 '아버지 하나님'으로 모시고 한 여성을 '어머니 하나님'으로 모신다.

이들이 많이 내세우는 성경구절이 창세기 1장 26~27절이다.

26. 하느님(엘로힘)께서는 "**우리 모습**을 닮은 사람을 만들자! 그래서 바다의 고기와 공중의 새, 또 집짐승과 모든 들짐승과 땅 위를 기어 다니는 모든 길짐승을 다스리게 하자!" 하시고,

27. 당신의 모습대로 사람을 지어내셨다. 하느님(엘로힘)의 모습대로 사람을 지어내시되 **남자와 여자로 지어내시고(공동번역)**.

이들은 "우리 닮은 모습"의 구절을 언급하며 엘로힘이 복수 개념의 하나님(즉 하나님 아버지와 하나님 어머니)을 가리킨다고 주장한다. 이들은 신(엘로힘)은 아버지 하나님과 어머니 하나님 형상으로 존재하고 이것을 본떠서 남자와 여자를 만들어 냈다는 것이다. 만약 신이 아버지 하나님만이라면 그 이미지를 닮은 남성과 여성이 나올 수가 없다는 주장이다.

그럴듯한 주장으로 보이나 아버지 하나님이라고 호칭한다고 하여 사람들이 신을 남성으로 생각하지는 않는다. 이것은 모든 것을 있게 하는 존재의 의미로 사용하는 단어일 뿐이다. 신은 남성과 여성을 모두 포함하는 초월적 존재이다. 형상 없는 신을 두개의 형상으로 구분하여 보는 것은 신의 수준을 인간의 수준으로 끌어내리는 것이기도 하다.

그런데 기독교에서는 정통과 이단으로 나뉘어서 서로 자신들이 올바르다면서 논쟁하고 있는데 예수 입장에서 본다면 모두가 이단이 아닐까 한다. 왜냐하면 예수의 원래 가르침이 바로 전해지지 않고 있기 때문이다.

높은 수준의 성경 해석을 가능하게 해주는 지혜는 유대신비 가르침인 카발라에 나온다. 여기에서 보면 신은 음과 양의 속성을 동시에 지니고 있는 하나의 존재로 표현되고 있다.

카발라에 보면 아인(무, 공)에서 생명나무 형상을 한 '아담 카드몬'이라는 인간 원형이 나온다. 아담 카드몬은 남성과 여성의 속성을 함께 갖춘 양성적 존재이며 10개의 신성한 속성을 지니고 있다. 인간은 이 아담카드몬을 그대로 닮은 존재이다.

엘로힘(Elohim)을 어원분석하면서 남성 신을 의미하는 '엘'의 복수

형인 '엘로하'에 남성 접미사 '임'이 합쳐져서 엘로힘이 되었다는 주장이 있고 이와는 다르게 신의 여성 단수 명사인 Eloah or Eloh(ALH)에 남성복수형을 만드는 IM이 합쳐져서 엘로힘이 만들어졌다는 주장도 있다. 이 말에는 신 안에는 여성과 남성이 동시에 하나로 존재한다는 중요한 의미를 내포하고 있다.

또한 엘(El)이라는 남성 신과 엘로아(Eloah)라는 여성 신의 이름이 합해져서 된 복합명사에다 복수를 나타내는 접미사 임(Im)이 붙어서 만들어졌다는 주장도 있다. 이 말도 엘로힘은 그 속에 남성적인 요소와 여성적인 요소를 함께 내포하고 있다는 의미이다.

(6) 야훼는 나의 목자 (시편 23장)

1. 야훼는 나의 목자, 아쉬울 것 없어라. 푸른 풀밭에 누워 놀게 하시고

2. 물가로 이끌어 쉬게 하시니

3. 지쳤던 이 몸에 생기가 넘친다. 그 이름 목자이시니 인도하시는 길, 언제나 곧은길이요,

4. 나 비록 음산한 죽음의 골짜기를 지날지라도 **내 곁에 주님 계시오니** 무서울 것 없어라. 막대기와 지팡이로 인도하시니 걱정할 것 없어라.

5. 원수들 보라는 듯 상을 차려주시고, **기름 부어 내 머리에 발라주시니**, 내 잔이 넘치옵니다.

6. 한평생 은총과 복에 겨워 사는 이 몸, 영원히 주님 집에 거하리이다. (공동번역)

4. Yea, though I walk through the valley of the shadow of death, I

will fear no evil: for **thou art with me**; thy rod and thy staff they comfort me.

5. Thou preparest a table before me in the presence of mine enemies: thou **anointest my head with oil**; my cup runneth over.(KJV)

이 구절은 시편 23장에 나오는 다윗의 노래이다. 카발라 관점에서 이 구절을 해석하면 흥미롭다. 카발라에서는 인간의 혼을 신에서 발출되어 나온 신성한 불꽃으로 본다. 그래서 신과 합일을 추구하고 자신 내면의 신성을 받아들인다.

1번째 구절에서 다윗은 야훼(YHVH, 요드헤바브헤, 신의 4자 문자) 즉 신이 자신의 목자라고 한다. 양을 돌보는 양치기처럼 신이 자신을 돌보아 준다는 의미이다. 그러나 야훼 즉 **신의 4자 이름에는 엄청난 진실이 담겨있다.**

4번째 구절에서 죽음의 골짜기를 지날지라도 **신이 함께하여** 무서울 것이 없다고 한다. 이 구절을 신에 대한 맹목적인 믿음으로 많이 생각하는데, 이것은 다윗이 신과 분리되어 있지 않고 지금 이 순간 신이 자신에게 현존(셰키나)하고 있음을 자각하고 있기 때문에 두려울 것이 없다는 뜻이다. 카발라에서는 신의 임재인 셰키나가 인간의 영혼이 거주하는 육체 성소인 송과선에 머물고 있다고 한다. 그러나 우리는 이것을 자각하지 못하고 있을 뿐이다.

이것은 "그 날이 오면 너희는 내가 아버지 안에 있다는 것과 너희가 내 안에 있고 내가 너희 안에 있다는 것을 깨닫게 될 것이다."(요한복음, 14:20)"라는 말의 의미이기도 하다. 그러나 대중은 이런 앎과 확신이 없어서 음산한 죽음의 골짜기를 지나면 그들의 맹목적인 믿음은 두려움으로 변한다.

5번째 구절에서 "기름 부어 내 머리에 발라주시니"라고 말한다. 메시아라는 말은 히브리어로 기름부음을 받은 자이고 이것을 헬라어로 번역하면 그리스도가 된다. 그리고 기름부음을 받은 자는 깨달은 자로 해석이 되기도 한다. 그러므로 다윗은 내면의 신성과 합일되어 있는 자신이 깨달은 존재라고 말하고 있다.

(7) 성경 속의 신의 이름

거의 모든 카발라 문헌은 신의 이름이 신비 상태를 얻는데 중요한 역할을 한다고 말한다. 그러나 성경(구약)에는 신의 이름 사용과 관련하여 이것을 명확하게 언급하는 구절이 없다. 그러나 성경을 잘 살펴보면 여러 곳에서 개인의 예언이 "신의 이름으로(in the name of God)" 행하여지는 것을 발견할 수 있다.

히브리어 문법에서 이것은 "신의 이름을 가지고(with the name of God)" 예언을 하는 것으로 해석이 될 수도 있다. 이들 구절은 예언상태를 얻기 위한 수단으로 신의 이름을 사용한다고 말하는 것이다.

예언만이 아니라 깨달음을 얻는 방법으로 신의 이름을 사용하는 구절도 있다. 창세기(12:8)를 보면 "그는 신의 이름을 불렀다. He called in the name of the God."라고 되어있다. 이것은 통상적으로 그가 신의 이름으로 기도했다거나 세상에 신의 존재를 알렸다는 의미로 해석이 된다. 그러나 카발리스트들은 이 단어를 문자적으로 받아들여서 해석한다. 즉 **신의 이름(요드-헤-바브-헤)을 발성하였다고 한다.**

"그가 나의 이름을 알았으므로 나는 그를 높여주겠노라."(시편

91:14)의 구절도 유사하게 해석이 된다. 유명한 주석가인 랍비 아브라함 이븐 아즈라(Rabbi Abraham Ibn Ezra, 1089~1164)는 이것이 "그가 내 이름의 신비를 알았다."라는 의미라고 밝힌다.

이와 유사한 구절이 오래된 미드라쉬에 나오는데, 미드라쉬는 2세기의 성자인 랍비 핀하스 벤 야이르(Rabbi Pinchas ben Yair)의 말을 인용하여 "왜 사람들이 응답받지 못하는 기도를 하는가? 그들은 신의 이름을 사용하는 법을 모르기 때문이다."라고 밝힌다. "신의 이름을 안다는 것"은 실제로 그것을 사용하는 법을 안다는 것을 분명하게 보여주는 구절이다.

신의 이름이 지닌 힘에 대한 또 다른 예가 시편 20:7이다. "누구는 병거를 누구는 기마를 가지고 오지만 우리는 **신의 이름을 말합니다**(Some come with chariots, some with horses, but we utter **the name of God.**)"

일반적으로 이것은 기도를 의미하는 것으로 해석이 되나 이 구절은 문자 그대로 해석이 될 수도 있다. 이것은 시편 20:5에서 특히 잘 드러난다. "우리는 그대의 구원으로 황홀해하며 **신의 이름으로 위로 올라갈 것**이며 신은 그대의 모든 요구를 충족시킬 것입니다. We will ecstasize in Your salvation, and **in(with) the Name of God**, we will ascend, God fill all your requests."

시편 118:10에도 유사한 개념이 보인다. "뭇 나라가 나를 에워쌌지만, 나는 신의 이름으로 그들을 말로써 물리쳤다(All nations surround me, but **in the name of God** I will destroy them with a word)"

가장 중요하고 강력한 신의 이름은 테트라그라마톤(YHVH, 4자 문자)이다. 탈무드는 이것이 발성될 수 있는 유일한 장소가 예루살렘의 성전 안이라고 한다. 이것은 사제 축복기도뿐만 아니라 속죄일에 죄를 고백하는 동안 10번 행하여졌다. 그러나 탈무드에 따르면 시몬(Simon)이 죽은 후(대략 기원전 291년)에는 그 사용이 끊어졌다고 한다. 왜냐하면 신의 현존이 더 이상 성전에 현시하지 않았고 다른 사제들도 자신들이 자격이 없음을 알았기 때문이었다.

이러한 이름들이 왜 심오한 결과를 가져오는지에 대한 논의가 있었다. 아브라함 아불라피아는 신의 이름 그 자체는 어떤 영적인 힘이 없으나 이것을 적절하게 사용하면 이런 힘을 발휘할 수 있는 의식 상태로 유도된다고 한다.

그러나 대다수의 카발리스트들은 이런 이유 외에도 신의 이름에는 내재하는 중요한 힘이 있다고 주장한다. 신의 이름은 여러 영적인 힘과 합체되어 있고 이름을 적절히 사용하면 이들 힘이 작동되고 우리 자신을 이들 힘에 묶을 수 있다고 한다.

많은 사람들은 신의 이름이 효력을 발생하려면 낭송만 하면 된다고 생각하는데 실제로 카발라 문헌에 보면 신의 이름을 사용하려면 낭송 외에도 따라야 할 다른 내용들이 나온다. 신의 이름은 거의 만트라처럼 사용되었다.

연대가 1세기까지 거슬러 올라가는 신비 문헌인 〈헤칼토트, Hekhalot〉에 보면 반복하여 낭송해야 하는 신의 이름과 문자 결합이 나오는데 이것이 사용자를 신비 상태로 이끈다고 한다.

그리고 신의 이름이 다른 모음 부호 세트를 지닌 다른 문자와 결합하여 낭송되는 경우도 있다. 신의 이름이 예후딤(Yechudim, 합일기법)으로 사용될 때 신의 이름을 구성하는 문자들은 깊은 집중과 함께 관조되어야 했다.[58)]

요점은 사람들이 하나님 혹은 하느님을 부른다고 신의 응답이 있거나 보호의 힘이 주어지는 것이 아니라 신의 고유한 이름 예를 들면 **요드-헤-바브-헤**를 바르게 발송해야 효력이 있다는 것이다. 신의 고유한 이름은 우주의 힘을 전하는 만트람이기 때문이다.

(8) 성경 속의 명상 실제

우리는 성경을 명상과는 상관없는 것으로 바라보고 실제로 성경을 읽어보아도 명상관련 용어나 내용을 찾을 수가 없다. 그러나 이것은 성경을 문자적 의미로만 해석하여 생기는 문제이다. 성경 버전에 따라 내용이 다르기까지 한다. 이런 문제 말고도 우리가 명상 구절을 찾을 수 없는 것은 성경에 나오는 히브리 단어의 의미를 정확하게 분석하지 못하기(어원분석 등) 때문이다.

정통교회에서의 명상전통은 희미하게 이어져 내려오고 있다. 절대자에 대한 묵상(meditation, 명상)이나 성경구절에 대한 묵상이 그 예이다. 우리는 묵상을 통하여 절대자나 성경에 대한 숨겨진 의미를 알 수 있고 한 차원 높은 경험을 할 수가 있다.

동방 정교회에는 "예수기도"라는 수련법이 있다. "주 예수 그리스도, 제게 자비를 베푸소서!"라고 반복적으로 기도하는 수련법이다. 쉬지 않고 낭송하는데 하루에 3천 번으로 시작하여 6천 번 그리고 나중에는 1만 2천 번까지 한다.[59]

이런 구절을 반복하다 보면 이것이 만트라 명상처럼 작동하여 구

58) 아리에 카플란 <성경과 명상> pp117~121.

59) 오강남 & 성해영 <종교 이제 깨달음이다> p90.

절이 자동적으로 튀어나오고 자아가 없어지고 전체와 하나가 되는 체험을 하게도 된다. 이것은 기독교 신비주의 체험과 다를 것이 없고 불교의 염불수련(나무아미타불 염송을 통하여 삼매에 들거나 내적 변화가 일어남)과도 비슷하다.

이와 비슷한 명상법이 유대교에도 있다. 유대 하시디즘 성자인 나흐만(Rabbi Nachman of Bratslav, 1772~1811)은 "우주의 주님"을 의미하는 "리보노 셸 올람(Ribbono shel Olam)"을 반복하여 사용하였다. 그는 이것을 신에게 가까이 다가가기 위한 최선의 방법으로 언급하였다[60].

유대학자인 아리예 카플란은 구약에 나오는 명상 구절을 찾아내어 우리가 구약의 본질에 좀 더 다가갈 수 있도록 해준다.

★ 히브리어로 "속이 빈, 텅 빈"을 의미하는 단어가 비브(Byb) 혹은 나부브(Navuv)이다. 이 단어가 성경 구절(욥기 11:12)에서 어떻게 번역되었는지 살펴보자.[61]

For **vain** man would be wise, though man be born [like] a wild ass's colt. [NIV]

But **a witless** man can no more become wise than a wild donkey's colt can be born a man.[KJV]

허망한 사람은 지각이 없나니 그 출생함이 들나귀 새끼 같으니라. (개역한글).

거짓된 사람도 제 정신이 들 때가 오는 법, 들나귀도 길이 들지 않는가! (공동번역).

---

60) 아리예 카플란 <유대 명상> p87.
61) 아리예 카플란 <성경과 명상> p55.

A **hollow** man will gain heart. (아리예 카플란 버전)

속이 빈(Navuv) 사람은 마음을 얻을 것이니라.

여기서 "속이 빈"의 의미를 지닌 단어가 킹 제임스나 공공번역 등에서는 허망한, 어리석은, 거짓된 등으로 해석이 되어 있고 욥기 11장 12절의 전체 내용도 버전마다 다르다.

그러나 카플란은 이 구절의 문맥상 의미가 자신을 완전히 비워 에고를 없애서 빈 파이프(Pipe, 히브리어로 Byu) 같이 되어서 자신을 신의 영을 위한 통로(channel)로 만드는 것이라며 A hollow man will gain heart(**속이 빈 Navuv,** 사람은 마음을 얻을 것이니라)로 번역하였다. 그러므로 이것은 동양의 명상에서 추구하는 마음 비움과 다를 것이 없다.

★ "오목한, 속이 텅 비어 있는"을 의미하는 단어로 하랄(Chalal)도 있다. 시편 109:22에 그 사용을 볼 수 있다.[62]

My heart is **wounded** within me. (NIV, KJV).

내 마음은 속속들이 **아프옵니다**. (공동번역).

나의 중심이 **상함이니이다.** (개역개정).

내 마음이 깊은 **상처를 받았습니다.** (표준새번역).

제 마음은 **텅 비어 있습니다**. My heart is **hollow (chalal)** within me. (아리예 카플란).

여기서 보듯 하랄(오목한, 텅 빈)이 영어나 한글 버전에서 주로

62) 아리예 카플란 <성경과 명상> p200

"아프다"의 의미로 해석이 되었음을 알 수 있다. 그러나 구약 해석의 대가인 카플란은 이것을 마음이 비어있다는 의미로 해석을 한다.

카플란에 따르면 이 구절은 다윗이 완전히 자신의 에고를 무력화하였음을 보여주는 것이고 명상의 결과로 얻어지는 마음의 평온 상태를 가리킨다고 한다. 명상가나 예언자는 신의 그릇이 되기 전에 자신의 에고를 무력화시켜야 하는데 다윗은 그 수준에 이르렀다.

이처럼 성경에는 명상구절이 있으나 올바로 번역되지 않고 있다. 이것은 히브리 원본에 나오는 단어에 대한 정확한 의미를 몰라서 일어나는 일이다. 전체 구약이 올바로 해석이 되면 구약이 명상기법을 담고 있는 내용으로 차있음을 알게 된다. 인간이 신에게 다가가도록 사다리 역할을 하는 것이 구약이라고 카발라는 말한다. 그러므로 그 방법으로 명상 구절이 나오는 것은 당연하다.

★ 히트보네누트 명상[63)]

"관조(contemplation)"의 의미를 지닌 히트보네누트는 후대 문헌에서 명상을 위하여 사용이 되고 성경에도 같은 의미로 사용이 된다. 이 단어 히트보네누트(התבוננות)는 "이해하다"의 의미를 지닌 어근 빈(Bin)의 파생어이다. "이해"를 의미하는 히브리어 비나(Binah, בינה)도 이것의 파생어이다. 히트보네누트의 문자적 의미는 "자신을 이해시키다"이며, 깊게 그리고 철저하게 생각하여 그 대상의 모든 면을 자신에게 철저히 이해시키는 것이다.

이 의미는 철저히 이해할 때까지 대상을 눈으로 혹은 마음으로 응시하는 것이다. 말씀에 대하여 깊게 주의력을 기울이는 내용이 "나

63) 아리에 카플란 <성경과 명상> pp193~195.

는 당신들 말씀에 대하여 깊게 생각하였습니다. I have contemplated you."(욥기 32:12)에 나온다. 이것은 그들이 말한 것에 대하여 철저히 응시하였다는 뜻이다. 이것은 신과 관련하여서도 사용이 되는데 이런 의미에서 신비 상태를 위한 준비이기도 하다. 욥기 37:14와 시편 107:43, 시편 119:95~96에서 그 의미를 볼 수 있다.

> 신이 행한 경이로운 일에 대하여 관조합니다. Contemplate (hitbonen) the wonders of God.(욥기 37:14).
> 신의 사랑에 대하여 관조합니다. Contemplate **(hitbonen)** the love of God.(시편 107:43).
> 사악한 사람들이 나를 무너뜨리려고 간절히 바라지만, 저는 당신의 계명만을 깊이 생각하겠습니다. 어떤 목적도 한계가 있음을 보지만 당신의 계명은 매우 넓습니다. The wicked waited to destroy me, I **contemplated** Your testimonies. I have seen a purpose to every end, Your commandment is very broad.(시편 119:95~96).

시편 작가는 계명을 관조하여(철저히 그리고 깊게 생각하여) 계명의 폭넓음과 그 참된 중요성을 지각할 수 있음을 말하고 있다. 이처럼 히트보넨(hitbonen)은 대상에 대한 이해를 통하여 우리를 높은 의식 상태로 인도하므로 관조의 의미를 지닌다.

참고로 욥기 37:14에 대한 국내 성경은 이렇게 번역이 되었다.

> 잠깐 멈추고 **생각해 보시오**, 하느님께서 하시는 신비한 일을.
> (공동번역)
>
> and **consider** the wondrous works of God.(KJV)

시편 107:43에 대한 국내 성경은 이러하다.

야훼의 사랑을 **깨달을지라**.(공동번역)
they shall **understand** the lovingkindness of the LORD.(KJV)

"hitbonen"이 영어나 한국어 버전에서는 단순히 **"생각하다(consider)/깨닫다(understand)"로** 번역되었음을 알 수 있다. "그냥 생각하다"로 번역하는 것은 히브리 성경의 의미를 정확하게 전하지 못한다. 히트보네누트(hitbonenut)는 깊게 생각하는 것뿐 아니라 이것을 완전히 이해할 때까지 강렬하게 집중하는 명상이다. 이것은 우리에게 가장 심오한 이해를 가져다준다. 이처럼 성경은 번역을 거치면서 원래의 의미가 변질되었다.

(9) 모든 것은 신의 숨일 뿐이다. (전도서 1장)

1. 다윗의 아들로서 예루살렘의 왕이었던 설교자의 말이다.
2. **헛되고 헛되다, 설교자는 말한다. 헛되고 헛되다. 세상만사 헛되다.**
3. 사람이 하늘 아래서 아무리 수고한들 무슨 보람이 있으랴!
4. 한 세대가 가면 또 한 세대가 오지만 이 땅은 영원히 그대로이다.
5. 떴다 지는 해는 다시 떴던 곳으로 숨가삐 가고
6. 남쪽으로 불어 갔다 북쪽으로 돌아 오는 바람은 돌고 돌아 제 자리로 돌아온다.
7. 모든 강이 바다로 흘러드는데 바다는 넘치는 일이 없구나. 강물은 떠났던 곳으로 돌아 가서 다시 흘러내리는 것을.
8. 세상만사 속절없어 무엇이라 말할 길 없구나. 아무리 보아도 보고 싶은 대로 보는 수가 없고 아무리 들어도 듣고 싶은 대로 듣는 수가 없다.

9. 지금 있는 것은 언젠가 있었던 것이요 지금 생긴 일은 언젠가 있었던 일이라. 하늘 아래 새 것이 있을 리 없다.

10. "보아라, 여기 새로운 것이 있구나!" 하더라도 믿지 말라. 그런 일은 우리가 나기 오래 전에 이미 있었던 일이다.

11. 지나간 나날이 기억에서 사라지듯 오는 세월도 기억에서 사라지고 말 것을.

12. 나 설교자는 예루살렘에서 이스라엘의 왕으로 있으며

13. 하늘 아래 벌어지는 모든 일을 알아 보아 지혜를 깨치려고 무척 애를 써 보았지만, 하느님께서는 사람에게 괴로운 일을 주시어 고생이나 시키신다는 것을 알기에 이르렀다.

14. 하늘 아래 벌어지는 일을 살펴보니 **모든 일은 허무하고 바람 잡는 일이었다.**

15. 구부러진 것을 펼 수가 없고, 없는 것을 셀 수야 없지 않는가!

16. "나보다 먼저 예루살렘에서 왕노릇한 어른치고 나만큼 지혜를 깊이 깨친 사람이 없다. 나만큼 인생을 깨쳐 지혜를 얻은 사람이 없다." 나는 이렇게 자신을 가지고

17. 어떻게 사는 것이 지혜로운 일인지, 어떻게 사는 것이 어리석고 얼빠진 일인지 알아보려고 무척 애를 써 보았지만, 그것 또한 **바람을 잡는 일이었다.**

18. 어차피 지혜가 많으면 괴로운 일도 많고 아는 것이 많으면 걱정도 많아지는 법이다.

1. The words of the Preacher, the son of David, king in Jerusalem.

2. "Vanity of vanities," says the Preacher, "Vanity of vanities! All is vanity."

3. What advantage does man have in all his work Which he does under the sun?

4. A generation goes and a generation comes, But the earth remains forever.

5. Also, the sun rises and the sun sets; And hastening to its place it rises there [again.]

14. I have seen all the works which have been done under the sun, and behold, **all is vanity and striving after wind.**

15. What is crooked cannot be straightened, and what is lacking cannot be counted.

16. I said to myself, "Behold, I have magnified and increased wisdom more than all who were over Jerusalem before me; and my mind has observed a wealth of wisdom and knowledge."

17. And I set my mind to know wisdom and to know madness and folly; I realized that **this also is striving after wind.**

18. Because in much **wisdom** there is much grief, and increasing **knowledge** [results in] increasing pain. (영어 성경 NASB)

위의 구절은 우리가 많이 들어 알고 있는 솔로몬의 전도서이다. 우리는 전도서의 한글 본(그것도 여러 버전이 서로 약간 다르다)을 의심 없이 따른다. 여러 구약 사본이 있고 기독교와 유대교가 사용하는 구약 버전도 다르다. 한국 기독교만 해도 여러 한글본이 존재하고 있다.

번역은 반역이라는 말이 있듯이 히브리어나 그리스어 등으로 기록되어 있는 구약을 영어나 한국어로 번역하는 일은 필연적으로 여러 오역을 낳는다. 이 전도서도 예외는 아닐 것이다. 성경의 글자 하나도 고칠 수 없다며 성경무오류를 주장하는 사람들은 어떤 성경 버전을 신의 말씀으로 받아들이는지 궁금하기도 하다.

성경이든 다른 문헌이든 단어나 숙어 의미를 잘못 번역하여 일어나는 오역, 문장 분석 잘못으로 인한 오역, 글이 써진 시대적 공간적 상황에 대한 이해 부족과 책에 담긴 특이한 문화 코드를 알지 못하여 일어나는 오역, 저자의 의도를 잘 파악하지 못하여 일어나는 오역, 상징으로 된 단어나 문장 속에 숨겨진 의도를 파악하지 못하여 일어나는 오역이 있을 수 있다.

유대 신비가르침인 카발라에 따르면 구약은 4가지로 해석이 가능한데(문자 그대로 해석, 은유적 해석, 실제의 내용을 명료하게 전달해주는 해석, 신비적 해석) 보통 우리가 구약성경을 이해하는 것은 문자적 의미에 한정되나 카발리스트들은 4가지 차원을 다 보고 일반인이 보지 못하는 신비를 이해한다.

전도서 1장에서 **〈헛되다, 허무하다〉**로 번역되고 있는 히브리어 헤벨 (hebel, הבל)은 문자적으로 수증기, 바람, **숨, 호흡**을 의미하며 공허함과 무의미함의 개념을 전달하기도 한다. 그러므로 허무하다고 해석이 될 수도 있지만 여기서 뜻은 세상 모든 것이 "신의 숨"으로 생겨났음을 말한다.

솔직히 절대자 하느님에게 모든 영광을 돌리는 기독교에서 불교 철학의 핵심인 허무와 무상함을 말하는 것은 좀 이상하지 않는가? 세상 모든 것은 신의 숨(신비 가르침에서 이것은 창조 에너지, 창조 숨, 신성 에너지, 신의 의지, 법칙 등으로 이해되고 히브리의 첫 번째 문자 알레프이기도 하다)으로 이루어졌다고 말하는 것이며 신의 위대함과 영광을 말하고 있는 것이다.

1장 14, 17절의 **〈바람을 잡는 일이었다〉**라는 구절도 다르게 해석이 될 수 있다. 히브리어 **"루아흐**(Ruach רוח)"가 여기 한글성경이나 영어성경(전도서)에서는 "바람"으로 번역이 되었는데 이 루아흐에는 영(spirit), 바람(wind), 숨(breath) 공기(air), 아스트럴 혼의 의미가 있다.

여기서 바람 대신에 숨으로 해석하면 새로운 의미가 드러난다. 카발라 같은 고대 지혜의 가르침에서는 신은 신성한 숨을 통하여 우주를 창조한다. 이 숨에는 신의 의지와 우주 법칙 그리고 창조력이 실려 있다. 신과 세상을 중개하는 인간은 이 숨을 통하여 신과 연결이 된다.

솔로몬은 모든 것이 신의 숨으로 창조되었고 세상에 무엇이 일어나든 자신이 무엇을 하든 결국 최고의 일은 영 즉 신의 숨을 얻는 일(영과 연결되는 일)이라고 말하고 있다.

또한 이 구절이 우리가 살아가면서 물질 혼의 수준에서 아스트럴 혼(루아흐)의 수준에 도달해야 한다는 것을 의미할 수도 있다.

참고로 카발라 생명나무의 첫 번째 빛(세피라)은 케테르(Kether)이고 이 안에 창조의 모든 것이 담겨있다. 케테르 안에 히브리 첫 번째 문자 엘에프(Aleph)가 있고 이것이 바로 공기(Air) 혹은 신성한 숨(Divine Breath)이다.

(10) 하나님의 아들들과 사람의 딸 (욥기 1:6), (창세기 6: 2~3)

하루는 **하나님의 아들들이** 와서 여호와 앞에 섰고 사탄도 그들 가운데에

온지라(욥기 1:6, 개역개정, 참고로 표준새번역, 우리말성경, 개역한글도 하나님의 아들로 표시)

하루는 **하늘의 영들이** 야훼 앞에 모여왔다. 사탄이 그들 가운데 끼여 있는 것을 보시고(공동번역)

Now there was a day when **the sons of God**(Elohim) present themselves before the LORD(YHVH, 야훼) Satan came also among them.(KJV, NASB)

One day **the angels** came to present themselves before the LORD, and Satan also came with them.(NIV)

이 구절은 하나님의 아들이 예수만이 아니라 여럿 있다는 이상한 내용이다. 이를 의식하여서인지 국내 성경의 공동번역본은 〈하늘의 영들〉로 표현하였고, 영어성경(NIV 버전)은 〈천사들, **angels**〉로 표현하였다. 그런데 성경 원본인 히브리 성서는 분명히 하나님(엘로힘)의 아들들(בְּנֵי-הָאֱלֹהִים)로 나와 있다.

여기서 우리는 하나님 아들들은 누구인지 그리고 사탄이 하나님 앞에 서서 욥기에 관한 일로(욥기 1:6~12) 신과 대화를 나누는 것이 어떻게 가능한지 의문을 제기하여야 한다. 상식적으로 이것이 믿을 수 있는 내용인가 그리고 믿음이 생기는 내용인가?

또한 앞에서 보았듯이 성경이 여러 언어로 번역되는 과정에서 어떻게 원문이 오역 되는지도 알아야 한다. 카발라는 이 구절에 나오는 신의 아들이 왜 여럿이고 이들이 어떤 존재인지를 보여준다.

창세기 6장 2~4절에도 **하느님의 아들들이** 나온다.

2. **하느님의 아들들이** 그 사람의 딸들을 보고 마음에 드는 대로 아리

따운 여자를 골라 아내로 삼았다.

3. 그래서 야훼께서는 "사람은 동물에 지나지 않으니 **나의 입김이** 사람들에게 언제까지나 머물러 있을 수는 없다. 사람은 백이십 년밖에 살지 못하리라." 하셨다.

4. 그 때 그리고 그 뒤에도 세상에는 느빌림이라는 거인족이 있었는데 그들은 하느님의 아들들과 사람의 딸들 사이에서 태어난 자들로서 옛날부터 이름난 장사들이었다.(공동번역)

2. **하나님의 아들들이** 보기에 사람의 딸들이 좋았습니다. 그래서 자신들이 선택한 사람들을 아내로 맞아들였습니다.

3. 여호와께서 말씀하셨습니다. **"내 영이** 사람 안에 영원히 거하지 않을 것이니 이는 사람이 그저 육체일 뿐이다. 그들의 날은 120년이 될 것이다."(우리말 성경)

2. that **the sons of God(Elohim)** saw that the daughters of men were beautiful; and they took wives for themselves, whomever they chose.

3. Then the **LORD(YHVH, 야훼)**said, "My **Spirit** shall not strive with man forever, because he also is flesh; nevertheless his days shall be one hundred and twenty years."(NASB)

이것은 하나님의 아들이 여럿이라는 또 다른 구절이다. 이 정도면 실수로 나온 것이 아니라 확실히 신의 아들이 여럿 존재한다는 의미이다. 그러나 기독교 입장에서 독생자인 예수 외에 하나님의 아들이 존재한다는 것은 있을 수 없는 일이고 심지어 그들이 미천한 사람의 딸들과 결혼했다는 것은 더욱 그러하다. 기독교인들은 성경이 자구 하나 고칠 수 없는 신의 말씀이라며 철저하게 문자적 해석을 즐기다가도 이런 구절 앞에서는 다른 이유를 찾기 시작한다.

하나님 아들의 구절 말고도 이어지는 창세기(6장 2~4절)의 내용도 그렇게 쉽게 이해가 되지 않는다. 이것은 무슨 말일까?

신의 아들들이 인간의 딸을 배우자로 맞아들이니 신이 인간의 육체에 자신의 영(숨/입김)이 120년만 거주할 수 있다고 말한다. 그리고 성경은 이들 사이에 거인들이 태어났다고 전한다. 신의 아들이 인간의 딸들과 성적 교섭을 하여 그 후손이 태어났음을 밝히고 있는 것이다. 그러면 신의 아들들은 누구이며 신의 영(숨/입김)은 무엇인가?

신의 영(숨/입김)으로 번역되는 히브리어 "루아흐(Ruach)"는 앞에서 언급했지만 그 의미가 바람, 영, 숨 등이지만 카발라에서는 인간의 혼으로도 본다. 인간에게 4국면(영계, 멘탈계. 아스트럴계, 물질계)에 해당하는 혼이 있고 루아흐는 물질 영역 너머에 있는 아스트럴 혼이다.

이렇게 이해하고 해석을 하면 이 구절은 신이 자신의 확장이며 일부분인 혼이 인간 육체에 들어가 살아가고 있지만 물질 육체는 120년을 견디지 못한다고 말하는 것이다. 그래서 인간에게 육체의 죽음(소멸)이 있고 영혼의 윤회가 있는 것이다.

신의 아들들이 인간과 성적 교섭을 할 수 있었던 것은 인간 육체에 자신들과 마찬가지인 신성한 혼(그러나 혼을 둘러싸고 있는 부정으로 인하여 잘 작동하지 못하는 혼)이 거주하였기 때문이다.

인간의 혼들은 실락한 혼들이었고 신의 아들들은 실락하지 않은 신성한 혼들이었다. 이들은 "신의 아들" 혹은 "빛의 자녀(Children of Light)"로 불렸다. 혼의 실락은 카발라 이론을 알아야 이해할 수 있는 개념이다.

(11) 신을 항상 내 앞에 모시니. (시편 16:8)

내가 여호와를 항상 내 앞에 모심이여(개역개정)
I have set the LORD always before me(KJV)

카발라 명상에서 신의 4자 문자는 굉장히 중요한 역할을 한다. 카발리스트들은 이 구절을 단순히 신을 마음으로 생각하는 것이 아니라 신의 고유한 이름의 형상을 생생하게 시각화하는 것으로 받아들인다. 이렇게 하여 신과 매우 긴밀하게 연결되어 있다는 느낌을 가지게 되고 신의 현존을 느끼고 그 속에서 깊은 경외감을 경험한다.(신의 이름 형상과 명상법은 pp46~47 참조)

(12) 에스겔의 비전과 카발라 (에스겔 1장)64)

에스겔의 비전을 두고 많은 해석이 나왔으나 가장 확실한 해석은 카발라 학파의 가르침에서 발견된다. 에스겔서에 보면 그는 4개의 단계를 응시하는 것으로 나온다.

1번째 단계: 에스겔은 하요트의 아래 단계에서 수레바퀴 같이 생긴 오파님을 본다.

2번째 단계: 살아있는 천사들인 하요트를 본다.

3번째 단계: 하요트의 머리 위에 있는 창공에서 옥좌 닮은 것을 본다.

4번째 단계: 그 옥좌 위에 있는 사람의 형상을 닮은 것을 본다.

카발리스트들은 에스겔이 카발라에 말하는 4개의 세계를 묘사했다고 설명한다. 카발라 문헌에서 이들 세계는 아주 자세히 다루어지

64) 아리예 카플란 <성경과 명상> pp64~68.

고 있는데, 이 4계는 테트라그라마톤(YHVH, 신의 4자 문자)을 구성하는 4개 문자(요드 헤 바브 헤, יהוה)와 대응한다. 이들 4개 우주의 이름은 아칠루트(Atzilut, 영계), 베리야(Beriyah, 멘탈계), 예치라(Yetzirah, 아스트럴계), 아시야(Asiyah, 물질계)이다.

가장 높은 세계는 아칠루트이다. 이것은 신의 방출인 10개 세피로트의 세계이고 에스겔의 비전에서 옥좌 위의 "사람"으로 상징된다.

"옥좌 위의 사람"을 이해하기 위해서는 성경 여러 구절에서 신이 육체가 있는 것처럼 표현되는 것을 기억해야 한다. 성경 여러 곳에서 "신의 손" 그리고 "신의 눈"과 같이 신을 의인화하는 것을 볼 수 있다. 이를 접하게 되면 처음에는 신이 육체 너머 존재이고 육체나 형태도 없는 존재이므로 다소간 이해하기가 어렵다.

그러나 카발라에서는 신의 여러 "신체" 부위가 세피로트를 나타내고 있다고 밝힌다(세피로트와 신체부위 대응표는 40쪽 참조). 10개 세피로트 중에서 아래의 7개 세피로트는 다음 성경 구절에서 잘 드러나고 있다.

> 신이시여, **위대함**(게둘라, 혹은 **사랑**, 헤세드), **힘**(게부라), **영광**(티페레트), **승리**(네차흐) 그리고 **광휘**(호드)는 그대의 것이나이다. 하늘과 지상에 있는 **모든 것**(예소드)은 그대의 것이나이다. **왕국**(말쿠트)은 그대의 것이나이다.(역대상 29:11)

초기 카발라 작품에서는 헤세드(사랑)가 게둘라(위대함)로 예소드(기초)가 칼(Kall, 전체)로 불렸다. 이처럼 세피로트가 신의 "신체" 여러 부위를 나타내므로 에스겔은 상징적으로 신을 옥좌 위에 있는 "사람"으로 표현하였다.

(13) 십자가의 비밀

"또 무리에게 이르시되 아무든지 나를 따라오려거든 자기를 부인하고 날마다 제 십자가를 지고 나를 따를 것이니라."(누가 9:23)

자신의 십자가를 지고 나를 따르라는 예수의 말은 설교에서 많이 인용되는 구절이다. 여기서 보듯 예수가 십자가에 못 박히기 전에 이미 십자가는 여러 가지 의미를 지닌 상징물이었다.

기독교과 십자가의 인연은 십자가에서 예수님의 죽음과 이어지는 부활에서 시작되었다. 그러나 십자가가 기독교의 상징으로 묘사된 것은 4세기 중엽부터이다. 4세기 초 기독교가 공인되면서 십자가가 기독교 예술 전면에 등장했고 787년 제2차 니케아 공의회에서 공식적으로 승인되었다. 십자가가 죽음의 상징에서 영광의 상징, 생명의 상징, 평화의 상징으로 자리 잡은 것이다.

십자가의 근원을 따라가면 기독교가 사용하기 훨씬 이전에 존재한 상징이었다. 십자가는 오래 전부터 영적 상징으로 존경받아왔다. 십자가를 기독교 상징으로 받아들인 것은 예수님의 십자가 사건 이외에도 십자가에 대한 종교적 상징 때문이었다. 여러 종교 단체는 고대로부터 십자가 형태를 성스러운 상징으로 사용하였기 때문이다.

초기 십자가의 한 형태로는 고대 이집트의 고리 달린 십자가[65]가 있으며 이 앙크는 지금도 로마 가톨릭에서 사용된다. 고대 유럽 이교도들의 십자가로는 가로 세로 똑같은 크기의 태양 십자가(+)와 원이 있는 십자가(켈트 십자가라고도 한다)가 있다. 흥미로운 것은 불교의 스와스티카[만(卍)자]도 십자가의 또 다른 형태이다. 이 신성하고 신비스러운 상징을 히틀러가 왜곡하여 사용하였다(시계 반대방향으로 회

---

65) 꼭대기에 고리가 달려 있다. 앙크로 불리며 이집트 미술에서 볼 수 있는 위에 고리가 붙은 T자형 십자가로 생식, 장수의 상징이다.

전하는 모습). 이런 사연을 모르는 유럽인들은 불교 만자에 대하여 오해를 한다.

연혁에서 보았듯이 엄밀한 의미에서 십자가는 기독교적인 것이 아니라 기독교를 넘어서 있는 상징이다. 기독교가 고대 신비 십자가 상징을 차용한 것이므로 비기독교인이 십자가에 대한 심리적 저항을 가질 필요는 없다. 오늘날 기독교인들의 십자가에 대한 태도는 복합적이다. 예수의 수난을 상징하는 고통과 슬픔의 상징이고 동시에 부활의 상징이기도 하다.

예수는 자신처럼 자신의 십자가를 짊어지지 않은 사람은 가치 없는 사람이라는 말을 한다. 자신의 십자가를 짊어지지 않으려는 사람이 너무도 많다. 많은 기독인교인들은 예수가 자신들의 죄를 대신하여 십자가에 못 박혀 죽었다고 한다. 그러므로 자신들은 예수를 믿기만 하면 구원받는다고 믿는다.

이것은 자신의 십자가를 짊어지지 않으려는 터무니없는 생각이며 예수의 가르침과는 전혀 다른 주장이다. 예수는 우리의 죄를 대신하여 십자가에 못 박혀 돌아가신 것이 아니다. 그것은 부활을 통하여 인간이 죽음도 극복할 수 있음을 보여주기 위함이었다. 인간이 극복해야 할 마지막 적은 죽음이다. 죽음을 극복함은 다른 말로 깨달음이며 신과 하나 되는 것이기도 하다.

개개인은 각자 극복해야 할 업(과거에 설정한 행위의 결과)이 있으며 자신을 대신하여 업을 짊어질 사람은 존재하지 않는다. 업을 해소하는 수단으로 윤회가 존재하는 것이다. 신은 법칙으로 움직이지 인간처럼 감정으로 판단하지 않는다. 법칙이 무너지면 우주의 존재 근거는 사라진다. 신은 질서이며 우주도 질서이고 우리도 질서 속에 살아가고 있다. 신은 우주법칙으로 자신을 드러낸다.

예수는 분명히 말한다. 자신의 십자가를 짊어지지 않은 사람은 가치 없는 사람이라고. 우리 모두는 자신의 십자가(업)를 짊어져야 한다. 그러나 십자가에는 우리가 알고 있는 이런 표면적 의미 외에 카발라 차원에서 깊이 숨겨진 의미가 있다.

카발라에서는 십자가를 깨달음과 관련하여 설명한다. 카발라에 의하면 이 우주는 4계(영계, 멘탈계, 아스트럴계, 물질계)로 이루어져 있으며 우리 인간은 무지와 욕망 때문에 물질계(우리가 사는)너머 상위의 계와 접촉할 수 없다고 한다.

이 4계를 극복하고 균형 상태에 도달할 때 우리는 전체(무한자)에게 돌아가서 하나가 된다. 십자가를 구성하는 동서남북 4개의 점은 카발라의 4개의 세계를 의미하며 십자가 중심은 모든 것이 나온 무한자를 상징한다. 그래서 십자가는 완성을 의미하며 깨달음의 상징이다.

예수님이 십자가에 못 박히신 것은 우주의식(신)과 합일의 상징이고 완성의 상징이기도 하였다. 예수가 사람들에게 자신의 십자가를 지고 따르라고 한 말에는 사람들이 십자가가 되어서(신과 합일) 궁극적인 자리로 돌아가라는 의미도 있었다.

(14) 아버지 왕국은 이 땅위에 펼쳐져 있노라!

하느님 나라가 언제 오겠느냐는 바리사이파 사람들의 질문을 받으시고 예수께서는 이렇게 대답하셨다. "하느님 나라가 오는 것을 눈으로 볼 수는 없다. 또 '보아라, 여기 있다.' 혹은 '저기 있다.'고 말할 수도 없다. 하느님 나라는 바로 너희 가운데 있다."(누가복음 17:20~21)

제자들이 예수께 묻기를, "언제 하느님의 왕국이 오겠습니까?"
(예수께서 말씀하시길) "그것은 너희가 기다린다고 오지 않을 것이다. '보라, 여기에 하늘나라가 있다' 혹은 '보라, 저기에 하늘나라가 있다' 고 말할 수 있는 것이 아니니라. 오히려 아버지 왕국은 이 땅위에 펼쳐져 있으나 사람이 보지 않을 뿐이니라."(도마복음 113절)

제자들의 이런 유치한 질문은 도마복음 여러 곳에서 보인다. 이 구절은 예수가 한결같이 말해온 내용이다. 하늘나라는 특정한 장소에 있는 것이 아니라 눈만 뜨면 우리 마음에도 있고 바깥에도 있고 이 자리에 바로 펼쳐져 있음을 말하는 것이다. 햇살이 찬란히 비치는데 눈을 감은 자가 사방이 어둡다며 어디에서 태양을 볼 수 있느냐고 물어보는 것과 마찬가지이다. 눈 뜨면 그 자리가 햇살이 비치는 곳이다.

예수 제자들을 포함하여 사람들은 하늘나라를 특정 장소로 이해를 하였다. 그러나 동양의 구도자들은 하늘나라를 마음 상태로 이해를 하기에 "도가 무엇입니까?"라거나 "깨달음은 무엇입니까?"처럼 질문을 한다.

예수는 눈을 뜨면 하늘나라가 이 자리에 펼쳐져 있다고 말한다. 눈앞의 작은 풀잎에서도 하늘나라를 볼 수 있다고 말하고 있다. 하늘나라는 바로 이 자리에 있다.

(15) 예수도 그대를 하늘나라로 들어가게 할 수 없도다!

우리가 알고 있는 정경인 신약 이외에도 예수의 행적이나 말씀을 전해주는 경전이 전해지고 있다 이를 외경이라 부르는데 이들 경전에는 예수의 색다른 모습을 보여주는 흥미로운 구절이 많이 나온다. 여러 가지 이유로 교회로부터 인정을 받지 못하지만 성서 연구자나 종교 연구자에게는 소중한 자료이다. 외경 중에 최고의 관심을 받고 있는 것이 〈도마복음서〉이다. 예수가 야고보와 베드로와 대화하는 〈야고보 외경〉[66]에 보면 흥미로운 구절이 있다.

> 내가 명령한다 할지라도 아무도 하늘나라에 들어갈 수 없느니라. 오히려 너희 스스로가 충만하게 되어야 들어가느니라. 야고보와 베드로 너희 둘을 내가 충만하게 하겠노라!〈야고보 외경〉

많은 기독교 신자들이 예수 믿으면 천국에 간다고 하는데 예수는 자신이 명령한다 해도 사람들이 자신을 스스로 충만하게 하지 않는다면 천국에 갈 수 없음을 밝힌다. 너무도 상식적이고 당연한 말이지만 이런 상식이 통하지 않는 곳이 종교집단이다. 믿음만으로 구원이 가능하다고 굳게 믿고 있는 사람들에게 예수의 이 말은 참으로 부정하고 싶은 말이고 절망적인 말일 것이다.

설사 신이 있어 신이 천국에 가라고 명령해도 사람이 천국에 들어갈 준비가 되어있지 않으면 갈수 없는 것이다. 준비는 자신을 충만하게 하는 일이다. 여기서 충만하게 한다는 것은 신의 말씀(진리/법칙)으로 우리 내면을 밝히는 것을 의미한다. 빛으로 충만하려면 육체와 마음은 투명하게 정화되어 그 빛을 받아들일 수 있어야 한다. 새 포도주는 새 포대에 담아야 한다는 의미와 같다.

비유를 들자면 대학에 들어가려고 해도 성적이 나쁘면 아버지가 총장이더라도 입학할 수가 없다. 대학입학 규정은 누구나 지켜야 할 규칙이고 총장 마음대로 할 수 없기 때문이다. 그러므로 총장은 아들이 입학하는데 필요한 성적을 얻도록 공부를 지도하는 방법밖에 없

66) <Apocryphon of James>, 예수가 부활 후 야고보와 베드로에게 나타나 대화를 통하여 비밀 가르침을 전해줌.

다. 이것이 자신을 충만하게 하는 일이다. 그러므로 진리를 담고 있는 경전을 공부하고 마음과 육체 정화에 필요한 명상과 수련을 하여야 한다.

우주는 규칙에 따라 운행되고 그 규칙은 신의 현시이고 진리이다. 예수는 그 규칙(비밀 가르침)을 알려주어 야고보와 베드로가 하늘나라(깨달음의 세계)에 갈 수 있게 하겠다는 말이다. 예수는 누구에게나 신성이 있으므로 그 신성을 깨워서 신과 하나가 되라고 한다. 예수의 비밀가르침 즉 신성을 깨우는 방법은 대중으로부터 숨겨져 왔다. 왜냐하면 대중은 눈이 있어도 보지 못하고 귀가 있어도 듣지 못하였기 때문이었다.

(16) 우리는 예수보다 더 위대한 일을 할 수 있는가!

"내가 진실로 너희에게 이르노니 나를 믿는 자는 내가 하는 일을 그도 할 것이요 또한 그보다 큰일도 하리니, 이는 내가 아버지께로 감이라." (요한복음 14장 12절)

하느님의 유일 아들이며 삼위일체에 의하면 하느님과 하나인 예수가 한 말이다. 예수가 자신의 입으로 누구나 자신을 믿는 자는 자신보다 더 큰일도 할 수 있다 한다. 이것을 어떻게 받아들여야 할까? 인간을 신의 피조물로 보는 기독교에서는 당연히 신에 대한 불경으로 보고 인정하지 않겠지만 인간을 신으로부터 발출되어 나온 신성한 존재로 보는 사람들에게는 너무도 당연한 구절이다.

성경이 특정 내용의 추가나 삭제, 내용의 변경 등으로 왜곡을 겪었지만 그래도 복음서에 나오는 예수 어록에는 진실이 많이 남아있다. 다음은 인간과 신에 대한 관계를 보여주는 소중한 구절이다.

> 예수께서는 이렇게 말씀하셨다. "너희의 율법서를 보면 하나님께서 **'내가 너희를 신이라 불렀다'** 하신 기록이 있지 않느냐? 이렇게 성서에서는 하느님의 말씀을 받은 사람들을 모두 신이라 불렀다. 성경 말씀은 영원히 참되시다."(요한복음 10:34~35)

> "그날이 오면 너희는 내가 아버지 안에 있다는 것과 너희가 내 안에 있고 내가 너희 안에 있다는 것을 깨닫게 될 것이다."(요한복음 14:20)

이처럼 우리 모두는 내면에 신성을 지닌 잠재적 신이다. 하느님 말씀을 받은 자가 신이라 불렀다는 말은 자신의 신성을 깨워 높이 올라간 사람(깨달은 사람, 그리스도의식에 이른 사람)은 신과 하나가 되었음을 말하는 것이다. 자신을 신의 피조물로 설정해버린 사람들에게 이런 성경구절은 눈에 들어오지 않을 것이다.

성경해석에서 입력 코드만 바꾸면 삶과 인생관이 달라진다. 예수에 대한 기존 코드(인간과 다른 신의 아들), 인간에 대한 기존 코드(신의 피조물인 인간)에서 예수를 깨달은 영혼으로, 인간을 신의 일부분으로 바꾸면 성경이 새롭게 해석되고 동양의 종교가 이해가 되고 진리는 하나임을 알게 된다.

사람들 수준이 낮아 예수가 다하지 못한 일이 있고 예수의 사역 덕분에 뒤의 사람들은 더 큰일을 할 수가 있다. 깨어난 사람들의 노력으로 신은 매 순간 커지고 있다. 신이 정체되어 있다면 아무 것도 새로운 것이 없고 발전도 성장도 없을 것이다. 신은 매 순간 성장하고 이 순간 완전하다.

(17) 세례의 참 의미

"정말 잘 들어 두어라. 물과 성령으로 새로 나지 않으면 아무도 하느님 나라에 들어 갈 수 없다."(요한복음: 3:5~6)

성경에 세례 구절이 있다. 이 세례는 과거 기독교 공동체에서 대단히 중요한 위치를 차지했고 지금도 형식과 의식은 다양하지만 기독교의 중요한 의례가 되었다. 종파에 따라 다르지만 세례 받는 사람을 물에 완전히 잠기게 하는 방식, 일부만 잠기게 하는 방식, 머리에 물을 붓는 방식, 물 몇 방울만 머리에 뿌리는 방식이 있다.

세례의 의미에 대하여 여러 의견이 있으나 세례는 죄를 회개하고 새롭게 거듭난다는 의미와 하느님 나라의 자녀가 된다는 의미 그리고 구원의 의미가 담겨있다. 세례를 통하여 새롭게 마음을 다지고 하느님 말씀대로 살겠다는 다짐이기도 하다. 그러므로 세례가 심리적 위안을 줄 수 있지만 세례만으로 내면의 변화나 은총이 주어지는 것은 아니다.

예수는 요한에게 세례를 받았지만 예수 자신이 세례를 베풀었다는 기록은 없다. 그러나 제자들에게 세례의 중요성을 언급하고 있다. 그런데 예수가 자신보다 못한 세례 요한에게 세례를 받은 것은 왜일까? 그날은 예수가 사역을 위하여 대중 앞에 처음으로 모습을 드러낸 날이기도 하다.

비밀 전승에 따르면 세례요한과 예수는 에세네파였고 요한이 예수의 사역을 위하여 제자들을 훈련시키는 등 미리 준비하였다. 세례는 대중 앞에 예수의 존재를 드러내기 위한 일이었다. 예수는 세례에 대하여 다음과 같이 언급한다.

"정말 잘 들어 두어라. 물과 성령으로 새로 나지 않으면 아무도 하느

님 나라에 들어 갈 수 없다."(요한복음: 3:5~6)

"그러므로 너희는 가서 이 세상 모든 사람들을 내 제자로 삼아 아버지와 아들과 성령의 이름으로 그들에게 세례를 베풀고 내가 너희에게 명한 모든 것을 지키도록 가르쳐라."(마태복음 28 : 19~20)

세례 요한은 예수가 베풀 세례에 대하여 이렇게 말한다.

"나는 너희를 회개시키려고 물로 세례를 베풀거니와 내 뒤에 오시는 분은 성령과 불로 세례를 베푸실 것이다. 그분은 나보다 훌륭한 분이어서 나는 그분의 신발을 들고 다닐 자격조차 없는 사람이다."
(마태복음 3:11)

성경에는 물의 세례, 성령의 세례, 불의 세례가 나온다. 물의 세례에 대해서 앞에서 그 의미를 알아봤지만 성령의 세례에 대해서는 의견이 있다. 쉽게 할 수 있는 물의 세례는 성령의 세례 즉 영적 세례의 물질 상징이므로 심리적 위안이나 만족을 주는데 그친다. 그러므로 영적 세례가 일어나야 성경에서 말하는 하늘나라에 들어갈 수 있다.

성령의 세례는 마음과 의식으로부터 기존의 모든 교리나 신념 그리고 그릇된 오랜 개념이나 생각을 깨끗하게 청소하는 것이다. 이렇게 될 때 왜곡이나 방해 없이 진리에 다가갈 수 있고 진리를 받을 수 있다. 불은 우리의 고정 관념이나 개념을 태워 없애는 의미가 내포되어 있다. 그러므로 불의 세례는 성령의 세례이기도 하다. 진리의 불(성령)을 통하여 진리가 아닌 그릇된 생각과 개념은 파괴된다. 왜 고정관념이나 그릇된 생각이 진리 수용에 방해가 되는지는 예수의 다음과 같은 비유에서 잘 알 수 있다.

"낡은 가죽부대에 새 포도주를 넣는 사람은 없다. 그렇게 하면 새 포도주가 부대를 터뜨려 포도주도 부대도 다 버리게 된다. 새 포도주는 새 부대에 담아야 한다."(마가복음 2:22)

이 말은 구습(舊習)이나 기존 개념을 버리지 않으면 진리가 이들로 말미암아 왜곡되어버림을 말하고 있다. 새 포도주는 새 포대에 담겨야 하고 진리는 깨끗한 마음에 담겨야 한다.

비의 단체에서는 최종적인 자리 즉 근원과 합일하기 위한 5단계 입문/비전과정이 있다.[67] 여기에서 2번째 단계가 영의 세례이다. 그것을 살펴보면

첫 번째는 감정과 욕망을 정복하는 것이고 이것은 물질 집착에서 해방이다.

두 번째는 마음 혹은 생각의 정화를 의미하고 세례로 상징된다. 그릇된 생각이나 개념은 각성을 위한 영적 진화에 방해물이다. 잘못된 가르침이나 지식은 우리를 잘못된 길로 이끈다. 오래된 그릇된 개념이나 부조화를 바른 지식과 조화로 대체하는 것이 필요하다. 잘못된 개념이나 생각 혹은 부조화에서 벗어날 때 우리는 신성한 영으로 세례를 받은 것이 된다. 영의 세례를 통하여 육체는 순수한 상태로 변형된다. 이 상태에서 신을 바로 볼 수가 있고 우리는 상위계의 신성 빛이 반영되는 통로가 될 수 있다.

세 번째는 고통, 무지, 부정으로 채워진 세계에서 고통 받고 있는 사람들을 위한 자비심을 느끼는 단계이다.

네 번째는 형태에 대한 욕망의 정복이다. 자아는 자신의 형태(육체)를 의식하기 때문에 빛과 자아 사이에 분리가 존재한다. 가장 높은 상태에 이르기 위해서는 육체(형태)에 대한 욕망을 버려야한다. 이 상태에서 마지막 입문인 신과 합일인 승천 이외에는 우주의 모든 것

---

67) 김우타 <구도여행과 소리 없는 소리> pp379~382.

을 극복한 것이 된다.

다섯 번째는 마지막 비전으로 긴 여행의 완수이며 신의식과 하나가 되는 것이다. 빛 그 자체가 된다. 성경에 "극복한 자는 내 사원의 기둥이 될 것이며 그는 더 이상 나가지 않을 것이다."라는 구절은 이 상태를 말함이다.

5단계 입문/비전을 정리한다면 감정이나 욕망의 통제, 마음과 생각의 정화, 신의식과 연결, 형태에 대한 욕망 극복, 신과 합일이다. 두 번째가 세례로 상징되는 마음의 정화이다. 그러므로 우리는 신과 만나기 위하여 진리의 성령으로 마음이 정화되어야 한다.

(18) 참된 기도의 비밀

기도할 때에도 위선자들처럼 하지 말아라. 그들은 남에게 보이려고 회당이나 한길 모퉁이에 서서 기도하기를 좋아한다. 나는 분명히 말한다. 그들은 이미 받을 상을 다 받았다. 너는 기도할 때에 골방에 들어가 문을 닫고 보이지 않는 네 아버지께 기도하여라. 그러면 숨은 일도 보시는 아버지께서 다 들어주실 것이다.(마태복음 6:5~6)

기도의 비밀을 안다면 원하는 것은 다 이루어진다. 그러나 그 방법을 몰라 기도가 응답 되는 경우는 드물다. 사람들의 기도 목적은 대부분 물질적 성공(취직, 승진, 합격, 부자, 결혼 등)이나 건강 혹은 마음의 평화에 맞추어진다. 사람들은 평소에는 기도하지 않다가 어려울 때 비로소 무엇인가를 신에게 갈구한다. 그러니 그 목적은 개인의 욕망 충족에 치우칠 수밖에 없다.

사람들은 기도가 무엇인지 잘 모르니 당연히 기도의 시기, 조건, 목적, 방법에 대하여 무지하다. 성경에 나오는 기도 관련 구절이 도움은 되겠지만 가장 핵심이 되는 정보가 빠져있거나 글에 숨겨진 의미를 끄집어낼 줄 몰라서 큰 도움이 안 된다.

기도의 원리는 물질 성공법칙(물질 현시 법칙), 치유법칙, 카르마 법칙, 깨달음(근원과 합일)에 그대로 적용된다. 그러므로 기도만 제대로 할 수 있다면 성취하는데 걸리는 시간의 간격은 있겠지만 물질성공, 건강, 영적 각성이 동시에 이루어지는 강력한 창조 비법이다.

기도의 핵심은 신과 동조 혹은 연결이다. 무엇을 전달하고 받기 위해서는 서로 간에 통로가 열려있어야 한다. 통로가 닫혀있으면 천년을 기도해도, 목숨을 걸 정도로 강렬하게 갈구해도 소용이 없다. 사람들은 믿음이 이런 장애물을 제거하리라 생각하지만 지혜와 지성이 동반되지 않는 믿음만으로는 효력이 없다.

신과 인간 사이에 놓인 장애물은 무엇인가? 신이 인간을 시험하기 위하여 장애물을 놓은 것이 아니라 인간의 마음속에 존재하는 부정적 속성이 바로 장애물이다. 신은 빛이며 사랑이며 질서며 조화며 아름다움이며 평온이며 고요이며 침묵이며 균형이다. 같은 속성을 지닌 것은 서로 끌어당기고 반대 속성은 서로를 밀어낸다. 그러므로 마음속의 부정적 속성(부조화, 혼란, 소란, 불균형, 욕망 등)을 정화하지 않으면 신과 연결이 되지 않는다.

신과 동조할 수 있는 유일한 방법은 내면으로 들어가 침묵 속에 머무는 것이다. 침묵으로 들어가는 방법은 명상이다. 명상은 외부로 현시 된 의식을 내면의 존재(참 자아)와 동조시키고 이어서 그 참 자아를 신성의식과 동조시킨다. 이렇게 되면 우리는 신성한 에너지의 통로가 되고 신성한 힘이 충분히 그리고 완전히 현시된다. 참 자아와 동조를 위해서는 즉 침묵으로 들어가기 위해서는 가능한 마음을 순수하게 해야 한다.

마태복음 6장 5~6절에서 예수는 기도하는 법에 대하여 언급하고 있다. 예수가 기도를 어떻게 하라는 이 지침은 참으로 소중한 자료이다. 그러나 말 속에 담긴 행간의 의미를 찾아내지 못한다면 기도는 공허한 의례나 자기 위안의 수준에 머물 것이다.

사람들은 믿음이 모든 것을 가능하게 한다고 믿는다. 사람들은 너무도 쉽게 신에 대한 믿음을 말하고 자신의 믿음을 보여주기 위한 충성 경쟁을 하기도 한다. 예수천국 불신지옥을 부르짖는 사람들이나 성서의 자구하나 고칠 수 없다는 근본주의자들의 행태는 신에게 자신의 믿음을 알아달라는 유치한 몸짓이다.

맹목적 믿음으로 할 수 있는 것은 아무 것도 없다. 모든 것의 근원, 절대 존재, 공(空)에 대한 이해 없이 신을 어떻게 믿고 접근할 수 있을까? 기도가 응답되지 않는 이유는 신과 교섭이 이루어지지 않고 있기 때문이다. 같은 속성은 같은 속성에 이끌리고 높은 영적 진동은 같은 수준의 진동과 동조한다. 신은 이 순간 완전하고 조화롭고 평온한 상태에 있으므로 신과 동조하려면 자신을 같은 상태를 만들어야 한다.

그런데 사람들은 불안과 근심 혹은 욕망으로 채워진 마음으로 신에게 기도하고 응답을 기대한다. 주파수가 맞지 않은데 어떻게 응답이 올 것인가?

남에게 보이려는 기도는 신 의식에 도달하지 못한다. 이것은 말만의 기도이지 의식(意識)이 깃든 기도가 아니다. 예수가 여기서 말하는 위선자는 바리새인으로 당시 그들은 하루 세 번 아침, 점심, 저녁에 긴 로브(법복)를 입고 사람들로 붐비는 길가에서 큰소리로 신에게 사람들의 죄를 용서해 달라고 기도하였다.

이런 방식의 기도는 보이기 위한 말만의 기도이지 혼의 기도가 아니기 때문에 신에게 도달하지 않는다. 또한 기도는 자신이 직접 하는 것이지 남이 대신 해주는 것이 아니다. 스승은 길을 가리킬 수 있지만 각자가 그 길을 걸어야 하는 것과 마찬가지이다.

'골방'에서 기도하라고 하는데 이 단어는 영어로 '골방(closet, chamber)' 등으로 번역되었으나 그리스 원본에는 '내부 신전(Inner Sanctuary)', '내부 성소(inner Holy)'로 되어있다. 예수가 한 말은 골방에서 기도하라는 말이 아니라 내부 성전에 들어가서 기도하라는 말이었다. 오컬트 가르침에 따르면 혼이 육체에 현시하는 장소가 머리의 송과선(松科腺)이며 송과선이 위치한 머릿속의 공동(空洞)인 제3뇌실(腦室)이 내부성소이다. 예로부터 신비단체에서는 내부성소에 있는 송과선을 사람 속에 존재하는 신의 사원 혹은 신성한 제단으로 간주하였다.

참된 기도는 명상을 통하여 내면의 성소(聖所)인 송과선에 몰입하여 침묵 속에 들어가는 것이다. 신과 동조 속에 기도는 응답되어진다. 참된 기도를 하기 위해서는 우리 마음에서 조화롭지 못한 생각을 제거하여서 의식 속에 완전한 평화와 조화만을 유지하여야 한다. 이렇게 될 때 마음속에 침묵이 자리 잡는다.

신은 우리가 어떤 문제를 지니고 있는지 알고 있으나 우리 의식이 신의식과 조화로운 상태에 있지 않아 그 문제를 해결할 수 있는 영적 지침이나 힘을 내려 보낼 수가 없다. 그러므로 기도가 응답되도록 의식을 침묵의 상태에 두어야 한다. 내면의 평화는 침묵 속에서 나온다. 그러나 사람들은 큰 목소리에 절절한 감정을 담아 기도를 한다. 기도도 신에 대한 온갖 찬양과 자신에 대한 겸손과 속죄의 말로 구성된다. 기도를 주도하는 목사의 경우는 사람들을 격한 감정 상태에 빠뜨려 일종의 집단최면 상태로 이끌기도 한다.

“너희는 기도할 때에 이방인들처럼 빈말을 되풀이하지 말아라. 그들은 말을 많이 해야만 하느님께서 들어 주시는 줄 안다. 그러니 그들을 본받지 말아라. 너희의 아버지께서는 구하기도 전에 벌써 너희에게 필요한 것을 알고 계신다.” (마태 6:7~8)

모든 것을 주관하시는 절대자는 이미 우리의 기도 내용을 알고 있고 우리는 그 통로를 여는 일만이 남아있다. 그러므로 빈말이나 미사여구는 소용없고 명상을 통하여 침묵 속으로 들어가 신과 동조하는 일이 중요하다.

“그러므로 내 말을 잘 들어 두어라. 너희가 기도하며 구하는 것이 무엇이든 그것을 이미 받았다고 믿기만 하면 그대로 다 될 것이다.”(마태 11:24).

성공의 법칙에서 가장 중요한 내용 중 하나가 바로 원하는 것은 이미 이루어진 것으로 심상하는 것이다. 왜냐하면 생각의 창조력이 마음이 설정한 이미지를 그대로 실행하기 때문이다.

(19) 윤회와 성경 구절

“너희가 그 예언을 받아들인다면 다시 오기로 된 엘리야가 바로 그 요한임을 알 것이다.”(마태복음 11장 14절)

교회는 예수 믿으면 구원받아 천국가고 믿지 않으면 지옥 간다는 식으로 예수 가르침을 가르쳐 왔다. 그러므로 기독교에서 윤회가 인정된다면 기독교 교리의[68] 많은 부분이 그 존재 근거를 잃게 된다. 첫 번째 단추를 잘못 끼우면 모든 단추가 어긋나듯이 기독교 교리가 그러하다.

4세기만 하여도 기독교 사회에서 윤회가 큰 거부감 없이 논의되었고 특히 기독교 영지주의 학파에서는 윤회가 교리의 중심에 있었다. 정통 교회가 여러 학파와의 다툼에서 승리하고 로마 황제가 정통 교회를 인정한 후에 영지주의는 탄압을 당하여 사라지고 윤회사상도 같은 운명에 처하였다.

사실 성경구절을 떠나서도 윤회 없이는 삶의 현상이 이성적으로 설명이 되지 않는다. 기독교 교리에서처럼 인간에게 출생 후에 한 번의 기회만 주어지고 그 결과에 따라 천당과 지옥이 결정된다면 논리적으로 이해가 되지 않는 부분이 너무 많다.

목사 집안에 태어나서 예수 믿은 사람은 천국 가고, 이슬람 집안이나 불교집안에 태어나 예수를 접할 수 없어 예수를 믿지 않은 사람은 지옥에 간다면, 참으로 불공평한 경쟁이 아닌가. 이것은 출발부터 공정치 못한 게임이다. 인간이 출생할 때마다 신이 혼을 창조한다면 이러한 차별적인 조건은 정의롭다고 할 수 없다.

이러한 논리적 모순을 설명하는 가장 합리적인 교리가 윤회이다. 지금 자신이 처한 상황은 과거 자신이 설정한 원인 때문으로 이해한다면 출발부터 불공정한 게임은 아니며 누구를 비난할 일도 아닌 것이다. 그리고 윤회를 통하여 자신의 부족한 점을 극복할 기회가 주어지니 합리적이다.

기독교에서는 윤회를 이교도 가르침으로 생각하여 커다란 거부감을 가지고 있다. 그러나 성경에 윤회의 흔적을 보여주는 구절이 있어 참으로 다행스럽다. 성경의 예수 어록에서 윤회의 증거를 찾으면 윤회에 대한 기독교인의 거부감이 사라질까? 그러나 교리 전체가 무너

---

68) 천당, 지옥, 낙원, 음부, 영혼창조설, 영혼유전설, 최후의 심판, 원죄, 구원론 등.

지는 충격을 감내하면서 윤회를 받아들이려는 기독교인이 얼마나 될지 의문이다. 그러나 예수가 윤회를 가르쳤다는 사실은 변하지 않는다.

(성경 윤회 구절)

"너희가 그 예언을 받아들인다면 다시 오기로 된 엘리야가 바로 그 요한임을 알 것이다."(마태복음 11장 14절)

"그때에 제자들이 '율법학자들은 엘리야가 먼저 와야 한다고 하는데 어떻게 된 일입니까?' 하고 물었다. 예수께서는 '과연 엘리야가 와서 모든 준비를 갖추어 놓을 것이다. 그런데 실상 엘리야는 벌써 왔다. 그러나 사람들이 그를 알아보지 못하고 제 멋대로 다루었다. 사람의 아들도 이와 같이 그들에게 고난을 받을 것이다'라고 대답하셨다. 그제야 비로소 제자들은 이것이 세례자 요한을 두고 하신 말씀인줄을 깨달았다."(마태복음 17:10~13)

= 예수가 세례요한이 엘리야임을 밝힌다. 이것보다 더 명확한 윤회 인정 구절은 없다.

"나는 승리하는 자를 내 하느님의 성전 기둥으로 삼을 것이며, 그는 다시는 그 성전을 떠나지 않게 될 것이다."(요한계시록 3:12)

= 승리하는 자는 윤회를 통하여 깨달은 영혼이고, 떠나지 않게 될 것이란 말은 더 이상 윤회하지 않게 됨을 의미한다. 이것은 윤회를 인정하는 성경구절이다.

"너희는 남에게서 바라는 대로 남에게 해 주어라. 이것이 율법과 예언서의 정신이다."(마태복음 7:12)

= 성경만이 아니라 거의 모든 경전에 나오는 '황금률'이다. 예수가

이 말을 한 이유는 카르마 법칙을 말하고자 함이다. 즉 좋은 원인을 쌓으면 좋은 결과를 받는다는 말이다. 원인과 결과의 법칙이 아니라 신의 일방적 행동에 의해서 모든 것이 결정된다면 도덕적으로 혹은 황금률에 따라 살 필요가 없기 때문이다. 카르마 법칙은 윤회를 인정해야 존재하는 법칙이다.

물론 영혼의 선재를 인정하지 않는 사람들이 이 구절을 당대만의 카르마 법칙을 말하는 것이라고 주장할 수 있겠지만 태어날 때 다양한 가정환경과 신체조건에서 보듯이 출발부터 정의롭지 못한 상황에서 이번 삶에만 카르마 법칙을 적용한다는 것은 말이 되지 않는다.

황금률처럼 모든 종교나 문화에서 회자되는 격언이 "뿌린 대로 거둔다, As you sow so shall you reap.(갈라디아서 6:7)"라는 문구이다. 이 말도 카르마 법칙을 의미하고 윤회를 인정한다는 것이다.

"너희는 행위를 보고 그들을 알게 될 것이다. 가시나무에서 어떻게 포도를 딸 수 있으며 엉겅퀴에서 어떻게 무화과를 딸 수 있겠느냐? 이와 같이 좋은 나무는 좋은 열매를 맺고 나쁜 나무는 나쁜 열매를 맺게 마련이다. 좋은 나무가 나쁜 열매를 맺을 수 없고 나쁜 나무가 좋은 열매를 맺을 수 없다. 좋은 열매를 맺지 못하는 나무는 모두 찍혀 불에 던져진다. 그러므로 너희는 그 행위를 보아 그들이 어떤 사람인지 알게 된다."(마태복음 7: 16~20)

= 카르마 법칙을 말하고 있다.

"주님께서 일을 시작하시던 그 태초에, 님께서 모든 것을 지으시기 전에, 이미 주님께서는 나를 데리고 계셨다. 영원 전, 아득한 그 옛날, 땅도 생기기 전에, 나는 이미 세움을 받았다. 아직 깊은 바다가 생기기도 전에, 물이 가득한 샘이 생기기도 전에, 나는 이미 태어났다. 아직 산의 기초가 생기기 전에, 언덕이 생기기 전에, 나는 이미 태어났다. 주님께서 아직

땅도 들도 만들지 않으시고, 세상의 첫 흙덩이도 만들지 않으신 때이다. 주님께서 하늘을 제자리에 두시며, 깊은 바다 둘레에 경계선을 그으실 때에도, 내가 거기에 있었다. 주님께서 구름 떠도는 창공을 저 위 높이 달아매시고, 깊은 샘물을 솟구치게 하셨을 때에, 바다의 경계를 정하시고, 물이 그분의 명을 거스르지 못하게 하시고, 땅의 기초를 세우셨을 때에, 나는 그분 곁에서 창조의 명공이 되어, 날마다 그분을 즐겁게 하여 드리고, 나 또한 그분 앞에서 늘 기뻐하였다."(잠언 8장: 22~30)

= 솔로몬의 금언집에서 솔로몬은 태초에 이미 존재하고 있음을 말하고 있다. 태어날 때마다 영혼이 새롭게 창조된다는 영혼창조설이 설 근거가 없다. 윤회를 인정하지 않으면 이해할 수 없는 구절이다.

(20) 부자는 천국에 들어가기가 어려운가?

"부자가 천국에 들어가는 것보다는 낙타가 바늘귀로 빠져나가는 것이 더 쉬울 것이다."(마태복음 16:21)

기독교 신자가 아니어도 대다수 사람들은 이 구절을 알고 있다. 정말 부자는 천국에 들어가는 것이 어려울까? 이 말이 나온 배경을 살펴보면 부자인 젊은 사람이 예수에게 영원한 생명을 얻는 방법을 구하자, 예수가 재산을 다 팔아 가난한 사람들에게 나누어 주면 하늘나라에서 보화를 얻게 된다며 시키는 대로 하고 자신을 따라오라고 한다. 재산에 집착되어 있던 젊은 부자는 예수의 말을 따를 수가 없어 떠나간다. 이것을 보고 예수가 "부자가 천국에 들어가는 것보다는 낙타가 바늘귀로 빠져나가는 것이 더 쉬울 것이다."라는 말을 한다.

보면 알겠지만 예수가 가난을 옹호하고 부자를 비난하는 것이 아니라 재산에 매여 있는 부자의 마음을 나무란다. 만약 부자 젊은이가 재산에 매여 있지 않았다면 예수는 재산을 팔아 가난한 사람에게 주라는 말을 하지 않았을 것이다.

재산이 있으면 사람들은 그것에 묶여버린다. 재산을 지키느라 마음은 한시도 편안하지 않다. 심지어 수중에 없는 재산에도 묶여버리는 경우가 있다. 예를 들면 매우 비싼 골동품을 몰라보고 헐값에 팔아버리고 나중에 그 사실을 알고는 죽을 때까지 억울해 하고 가슴아파하는 경우이다. 모든 것이 끊임없이 변화하는 이 세상에 자신의 것이 어디 있는가? 붓다는 이런 말을 하였다.

> 자식이 있고 재물이 있다 하여 어리석은 사람 공연히 허덕이누나.
> 나라고 하는 이 몸도 내가 아니거니 자식과 재물을 무엇 때문에 걱정하리.

인간을 포함하여 모든 것은 근원에서 나와서 인연이 다하면 근원으로 돌아간다. 그러므로 재산을 개인 소유물로 생각하는 것이 아니라 우주의 정의가 실현되는 통로로 생각하여야 한다. 이런 마음이라면 백만장자도 천국에 들어갈 것이고 가난하면서도 남의 재산을 탐하고 그것에 매여 있다면 그 사람은 천국에 들어가지 못할 것이다. 재산이 아니라 마음이 문제이다.

재산에 집착이 없다면 가난한 것보다는 잘사는 것이 좋다. 붓다나 예수가 물질 부를 경계하는 것은 사람들이 그것에 매여 버릴까 하는 노파심이지 그 자체를 부정하지는 않았다. 물질계에 살아가려면 필연적으로 음식과 생필품 그리고 교환수단으로 금전이 필요하다.

가난이 게으름의 결과이고 부가 부지런함의 결과라면 부가 비난받아야 할 일이 아니다. 재산을 버리는 것도 가진 자가 버릴 수 있지 가난하여 버릴 것조차 없는 사람은 그마저 할 수 없다.

우리가 재산에 매여 있지 않다면 재산은 영적인 성장에 도움이 될 수도 있다. 생계를 해결하느라 평생 바쁘게 살다 보면 명상이나 수련에 시간을 내기가 쉽지 않다. 반면에 부유하여 생계에 부담이 없다면 영적 성장에 매진할 기회가 더 많게 된다.

문제는 가진 것에 만족하지 못하고 끊임없이 부를 추구하는 어리석은 우리의 마음이다. 결국 하늘나라 열쇠는 부자나 가난한 자라는 자격에 있는 것이 아니라 마음 상태에 달려있다. 사랑으로 이웃을 돕고 사회에 봉사하는 백만장자나 산중에서 수도하는 사람은 예수가 말하는 욕심이 가난한 자이나 마음은 부자인 사람들이다.

그래서 예수는 욕심이 없는 자가 복이 있다고 말한다. 이것만큼 큰 복이 어디 있겠는가? 마음에 욕심이 없는 자(가난한 자)는 모든 고통의 원인이 되는 집착에서 벗어나 있으므로 참 자아를 볼 수 있어 하늘나라가 그들 마음에 존재하기 때문이다.

우주 법칙 즉 신은 사람이 가난 속에 살도록 하는 것이 아니라 조화 속에 살도록 한다. 성자가 반드시 낡은 옷을 걸치고 초라한 집에서 거친 음식을 먹으며 살 필요는 없다. 우주의 신성법칙과 조화롭게 살아간다면 우리가 필요로 하는 것을 얻을 수 있다. 우주법칙에 따른다면 우리는 건강, 풍요, 행복에 필요한 모든 것을 가질 수 있다.

(21) 악에 저항하지 말라 (마태복음 5:39)

예수는 "원수를 사랑하라."(마태 5:44)라고 한다. 이와 비슷한 구절로 "악에 저항하지 말라."(마태 5:39)라는 것이 있다. 원수마저 사랑하라는 예수의 말씀은 일반인이 행하기 참으로 어려운 주문이기도 하다. 기독교인만이라도 예수의 이 말을 실행하였다면 세상이 크게 변했을 것이다. 그런데 이런 훌륭한 가르침을 실행하지 못하면서 다른 종교를 신봉한다거나 이단이라는 이유로 사람들을 박해하고 죽이기까지 하였다. 기독교인의 행태를 보면 이런 예수 가르침은 삶 속에 실천되는 규범이 아니라 문자로만 존재하는 죽은 규범이다.

그런데 원수를 사랑하고 안하고는 우리 마음의 문제지만 악에 저항하지 말라는 말은 우리 행동의 제약이 뒤따르는 문제라 실행하기가 더 어려워 보인다. 누군가가 자신을 해코지하거나 위협을 가할 때 저항하지 않을 수 있겠는가?

확실한 것은 악에 저항하지 말라는 예수의 말을 문자 그대로 따르는 사람들은 거의 없어 보인다는 사실이다. 기독교도들은 어떤 경우는 답답하리만큼 문자에 매여 있다가도 자신이 실행하기 어려운 것은 문자적 해석에서 벗어나 적당한 의미를 찾아낸다.

그런데 예수의 이 말을 사람들은 어떻게 이해하고 있을까? 올바르게 알고는 있을까? 이 말은 올바름 혹은 선함이 파괴되어도 보고 있으라는 말이 아니라는 것은 누구나 알고 있을 것이다.

예수가 의미하는 것은 악이나 적이 우리를 파괴하도록 두라는 말이 아니라 상대방에게 적의를 가지지 말라는 뜻이다. 적의 없이 방어를 하면 악은 힘을 잃는다. 악에 대하여 적의를 가지고 물리적으로 대항하거나 부정적 생각을 보내면 악에 힘을 더하는 것이고 불 위에 기름을 붓는 격이다. 이렇게 되면 악은 더욱 커지고 카르마를 쌓게 된다. 그러므로 악에는 악으로 저항하지 말아야 한다.

개입할 필요가 없는 사안은 그것에서 물러나는 것이 좋고(소극적 대처), 개입을 해야 하는 사안은 미움이나 악이 아니라 사랑과 정의로 대항하여야 한다(적극적 대처). 이렇게 되면 악에 힘을 보태지 않게 되고 궁극적으로는 악은 소멸한다.

성경에 보면 회당에서 악을 행하는 고리대금업자를 보고 예수가 화를 내며 그들을 회당에서 강제로 쫓아낸다. 예수에게는 미워하는 마음이 없었다. 오히려 그들에게 연민을 느꼈고 사랑했기에 그런 행동을 하였다. 악의가 없는 정의와 사랑의 행동이었다.

예수의 이 구절을 생각하면 티베트가 처한 상황이 떠오른다. 1949년 중국은 문화, 역사, 인종, 언어 등에서 자신과는 매우 다른 티베트를 침략하여 자신의 영토로 삼았다. 이 과정에서 수많은 불경서고와 수천 개의 사원이 파괴되었다. 1959년 티베트 민중봉기와 그 진압에 따른 탄압 그리고 문화혁명에 이어 자행된 탄압으로 지금까지 120만 명의 티베트인이 살해되었다고 한다.

그러나 달라이 라마는 폭력으로 자신의 나라를 뺏은 중국에 대하여 철저하게 비폭력적으로 대항한다. 나라를 침탈하고 동족 120만을 학살하였다면 무력투쟁을 통한 독립과 보복을 생각할 터인데 참으로 놀라운 인내력이며 이런 사례는 역사적으로 어느 나라에서도 거의 찾아볼 수 없는 기적 같은 일이다.

달라이 라마는 대담에서 자신의 나라를 뺏은 중국에 대하여 어떤 미움도 지니고 있지 않으며 오히려 연민을 느낀다는 말을 하였다. 소극적 방법이지만 악에 저항하지 않는 살아있는 실례이다. 적극적으로 악에 대처하는 방법(상대방에 대한 적의 없이 무장 항쟁)도 있겠지만 티베트가 처해있는 현 상황에서는 차선책이 아닐까 싶다.

(22) 죽음을 경험하지 않으리라! (도마복음 1절)[69]

예수께서 말씀하시길, "누구든지 이 비밀 말씀의 뜻을 깨닫게 되는 자는

69) 이 책에 나오는 도마복음 구절은 김태항 <도마복음과 카발라> 참고.

죽음을 경험하지 않으리라."

사람들은 죽음을 어찌할 수 없는 운명으로 받아들인다. 그러나 예수는 첫 문장에서 자신이 전하는 비밀 가르침 뜻을 알게 되면 죽지 않으리라는 말을 한다. 이 비밀 말씀은 영지주의 가르침으로 예수가 일반 대중이 아니라 준비된 제자들에게 전한 것이다.

예수는 자신이 전하는 비밀 가르침을 깨닫게 되면 죽음을 경험하지 않는다고 한다. 죽음을 넘어서는 것이 가능한 일인가? 예수는 빈말을 하는 사람이 아니다. 요한복음 11장 17~44에는 죽은 지 사흘 되는 나사로를 살리는 대목이 나온다. 즉 죽음이 극복될 수 있음을 보여주는 구절이다. 죽음이 극복될 수 있음을 보여주는 성경 구절은 여럿 있다.

> "나는 부활이요 생명이니 나를 믿는 사람은 죽더라도 살겠고 또 살아서 믿는 사람은 영원히 죽지 않을 것이다."
> (요한복음 11: 25~26)

> "마지막으로 극복하여야 할/파괴되어야 할 적은 죽음이다(The last enemy that shall be destroyed is death, 고린도전서 15:26)."

예수의 부활은 죽음이 없음을 보여주는 명확한 증거이다. 그러나 기독교인들은 이것은 예수였기에 가능하였지 일반인은 감히 이룰 수 없는 일이라고 생각한다. 앞에서 보았듯이 예수는 여러 번 죽음이 없음을 말하고 있다. 이것은 예수가 자신에게 하는 독백이 아니라 모든 사람에게 죽음은 극복될 수 있음을 공개적으로 말하고 있다. 대다수 기독교인들은 예수가 행한 여러 기적을 믿는다. 물론 이것을 비유로 보는 사람들도 있고 과학 법칙에 어긋난다며 거짓이라 주장하는 사람들도 있다. 기독교인들은 예수가 행한 기적을 믿으면서도 죽음은 없다는 예수의 말씀은 왜 믿지 못하는 걸까?

예수 같은 존재라면 자신의 죽음은 얼마든지 피할 수 있었고 심지어 마지막 순간에도 능력을 발휘하면 얼마든지 그 위기에서 벗어날 수 있었다. 예수는 죽음을 넘어선 존재였기에, 십자가에 못 박히는 일과 고통스러워하는 모습 그리고 죽음(외관상)은 자신에게 주어진 사역을 완수하고자 하는 연극이고 쇼였다.

재미있는 일은 기독교인들은 예수가 자신들 죄를 대신하여 죽임을 당하였다며 미안해한다. 예수는 죽음이 없다고 하였으며 죽음을 넘어선 사람이다. 그러므로 그는 죽을 수도 없었고 죽지도 않았다. 부활은 그 증거이다. 예수가 직접 인간의 죄를 대신하여 자신이 죽는다고 한 말은 성경 어디에도 없다.

예수가 죽고(외관상) 부활한 것은 우리 죄를 대신하기 위한 것이 아니라 자신이 평소 말해 온 누구나 죽음을 극복할 수 있음을 보여주기 위함이었다. 물질에 매여 자신의 무한한 영적 능력을 잊고 사는 사람들에게 무한한 힘이 있음을 보여주기 위함이었다.

좋은 집을 버리고 좁고 누추한 집(영혼의 무덤인 육체)으로 들어와 중생에게 가르침을 편 것은 예수의 희생이고 사랑이었다. 예수는 모든 중생이 고통에서 벗어나 깨달음을 얻을 때까지 세상에 남아 자신을 희생해 가며 진리를 펴는 보살과 같은 위치에 있었다.

우리는 윤회할 필요가 없는 예수와 같은 위대한 영혼이 감옥 같은 누추한 육체에 들어와 인간을 위하여 자신을 희생해 가며 사역하신 노고에 감사해야 한다.

예수는 죽음이 없다고 했고, 여러 사례를 통하여 이것을 증명하였다. 그런데 성경에는 죽음을 극복하는 방법에 대해서는 언급이 없다.

왜냐하면 대중의 수준이 낮아서 성경에는 깊은 가르침이 담길 수가 없었기 때문이다.

성경에 예수가 이런 말을 한다. "대중은 눈이 있어도 보지 못하고 귀가 있어도 듣지 못한다." 수준이 낮은 대중에게는 도덕적 훈계 정도가 어울렸고 성경은 그 수준의 내용을 담고 있을 뿐이다. 죽음을 넘어가는 가르침은 비밀리에 준비된 제자들에게 전해졌다.

죽음이 없다는 말은 두 가지 의미로 해석이 된다. 하나는 말 그대로 육체의 죽음을 극복한다는 것이고 다른 하나는 육체 내면의 영혼이 더 이상 윤회하지 않고 영원히 사는 것을 말한다.

예수의 부활이나 전설처럼 전해지는 인도나 히말라야의 나이를 알 수 없는 성자들, 죽음이 오기 전에 미리 알고 스스로 육체를 버리고 떠나는 성자들, 임종 시에 육체가 빛으로 변하여 사라지는 성자들이 전자의 예이고[70], 진리를 깨우쳐 더 이상 윤회하는 일이 없는, 그래서 더 이상 죽을 일이 없는 영혼이 후자의 예라 하겠다. 도마복음 1절은 후자의 예이다. 이와 관련하여 요한계시록 3장 12절에 이런 구절이 나온다.

> "나는 승리하는 자를 내 하느님의 성전 기둥으로 삼을 것이며, 그가 다시는 그 성전을 떠나지 않게 될 것이다."

이 구절에서 승리하는 자는 깨달은 영혼을 말하고, 성전을 떠나지 않게 된다는 말은 더 이상 윤회하지 않는다는 말이다. 이들 영혼은 더 이상 죽음을 경험하지 않는다.

그러므로 비밀 말씀(진리)을 체득한 자, 즉 깨달은 자에게 죽음은 없다. 육체는 죽을지라도 내면의 혼은 깨어 있어서 죽음을 경험하지

70) 이들에게 육체의 죽음은 피할 수 없는 운명이 아니라 선택일 뿐이다.

않는다. 이들은 더 이상 삶과 죽음의 윤회 수레바퀴에 묶이지 않고 영혼으로 영원히 산다.

윤회란 이 세상에 극복해야 할 것이 남은 혼이 이것을 극복하기 위하여 다시 삶으로 돌아오는 현상이다. 극복할 것은 물질에 대한 집착이며 이 집착은 무지로 인하여 생겨나고 이 무지는 바른 가르침을 통하여 제거된다. 영원히 사는 방법은 이 비밀 가르침의 뜻을 아는 것이라고 예수는 말하고 있다. 깨닫지 못하면 육체가 살아 있어도 혼은 죽은 것이다.

예수는 분명히 말한다. "카발라(유대신비사상) 사상을 담고 있는 도마복음의 숨은 의미를 안 사람은 죽음을 경험하지 않는다."

예수는 도마복음서에서 비유나 상징을 사용하여 깊은 의미를 숨기고 있기 때문에 우리는 그 내재된 참뜻을 찾아내야 한다. 이것은 공관복음서에서도 마찬가지이다.

> 예수께서 또 말씀하셨다. "하느님 나라를 무엇에 견주며 무엇으로 비유할 수 있을까? 그것은 겨자씨 한 알과 같다. 땅에 심을 때에는 세상의 어떤 씨앗보다도 더욱 작은 것이지만 심어놓으면 어떤 푸성귀보다도 더 크게 자라고 큰 가지가 뻗어서 공중의 새들이 그 그늘에 깃들일 만큼 된다." 예수께서는 그들이 알아들을 수 있을 정도로 이와 같은 여러 가지 비유로써 말씀을 전하셨다. 그들에게는 이렇게 **비유로만 말씀하셨지만 제자들에게는 따로 일일이 그 뜻을 풀이해 주셨다**(마가복음 4:30~34)

> 제자들이 비유의 뜻을 예수께 묻자 이렇게 대답하셨다. "**너희에게는 하느님 나라의 신비를 알게 해주었지만 다른 사람들에게는 보아도 알아보지 못하고 들어도 깨닫지 못하게 하려고 비유로 말하는 것이다.**"(누가복음 8:9~10)

상징이나 비유로 말해진 예수의 어록에서 숨겨진 의미를 찾아내어 그 비밀의 말씀을 깨달아야 한다.

(23) 천국은 너희 안에 있노라! (도마복음 3절)

예수께서 말씀하시길, "만약 너희 인도자들이 너희에게, '보라 천국이 하늘에 있노라'고 말한다면 공중의 새들이 너희를 앞설 것이요, 만일 그들이 '천국이 바다에 있노라'고 한다면 물고기들이 너희를 앞설 것이니라. 오히려 천국은 너희 안에도 있으며 너희 바깥에도 있느니라."
"너희가 네 자신을 알게 되면 너희는 알려질 것이요 살아계신 아버지의 자녀가 자신임을 깨닫게 되리라. 그러나 자신을 모른다면 빈곤 가운데 사는 것이며 빈곤 그 자체이니라."

옛날부터 사람들은 천국을 우리 사는 세계와는 멀리 떨어진 곳으로 상정하여 왔다. 심지어 하느님이 사는 천국을 하늘 높은 곳에 있다고 보고 그곳에서 왕관을 쓰고 옥좌에 앉아 세상을 내려다보며 통치하는 신을 상정하기도 하였다. 예수 당시 많은 종교인들은 천국을 외부에서 찾도록 가르쳤다. 예수는 이런 고정관념에 일침을 가하고 있다.

천국이 하늘에 있다면 하늘을 나는 새들이 우리보다 먼저 천국에 갈 것이며 천국이 바다에 있다면 바다에 사는 물고기들이 우리 인간보다 앞서 천국에 가는 것이 논리적일 것이다. 이들 주장이 터무니없음을 비유를 통하여 말하고 있다.

예수의 비밀 가르침은 영지주의이고 그 내용은 유대신비 가르침인 카발라에서 가지고 온 것이다. 카발라에 따르면 신은 무한이며 모든 곳에 편재한다. 아울러 우리는 신의 속성을 띤 신의 일부분이다. 하느님이 우리 안에 있고 우리가 하느님 안에 있다면 우리는 신이 거주하는 성스러운 사원 즉 성전(聖殿)인 것이다. 그러므로 천국은 우리 안에도 있고 바깥에도 있다.

"너 자신을 알라."이것은 너무도 유명한 말이다. 소크라테스도 너 자신을 알라 하였고, 붓다도 내면에 존재하는 불성을 찾아서 고통에서 벗어나라고 하였다. 그리스 델피의 아폴론 신전 입구에는 그노티 세아우톤[71]이라는 글이 적혀있었다고 한다. 성인들의 말씀은 하나같이 "자신을 알면 우주의 모든 것을 알게 되리라!"는 것이었다. 손병희의 인내천(人乃天) 사상도 같은 맥락이다.

예수도 같은 말을 하고 있는 것이다. 모든 것의 출발점은 자신이다. 자신을 사랑할 줄 모르면 남을 사랑할 수 없듯이 자신이 누구인지 모르면 아무 것도 바로 안다고 말할 수 없다.

자신이 누구인지 알게 될 때 모든 것이 드러나며 자신이 바로 하느님의 자녀(신의 일부분)임을 알게 된다. 그렇게 되면 세상의 주인이 되어 영적으로 풍족한 삶을 살게 되지만 자신이 누구인지 모르는 사람은 등불 없이 어두운 산속 길을 걷는 것과 같으며 무지로 일어나는 온갖 세파에 시달리며 살아가게 된다. 빈곤 그 자체인 셈이다.

(24) 하늘은 사라질 것이다! (도마복음 11절)

예수께서 말씀하시길, "이 하늘은 사라질 것이요 그 위의 하늘도 사라질 것이니라. 죽은 자는 살지 아니하고 산 자는 죽지 아니하리라. 너희가 죽은 것을 먹던 그 시절에 너희는 죽은 것을 살게 했느니라. 너희가 빛

71) Gnothi Seauton, 너 자신을 알라.

가운데 머물 때 무엇을 하겠느냐? 너희가 하나였던 그날에 너희는 둘이 되었노라. 그러나 너희가 둘이 될 때 무엇을 하겠느냐?"

카발라로 풀어 쓴 글.
"우리 사는 물질 우주는 사라질 것이며 그날까지 깨닫지 못한 혼들은 어둠 속에 버려지고 깨달은 혼들은 물질세계 너머 상위 세계에서 영생할 것이니라. 추락하여 어둠 속에 갇혀 헤매던 때에 그대는 어둠에 생명을 준 셈이었다. 이제 깨닫게 되면 무엇을 하겠느냐? 전체(신)와 하나였던 그대는 신성 상태에서 추락하여 전체와 분리되어 둘이 되었노라. 마지막 날에도 여전히 깨닫지 못하고 분리 상태에 있다면 어떻게 하겠느냐?(비참하지 않겠느냐)"

이와 비슷한 구절이 마태복음에 있다.

"그때가 오면 무서운 재난을 겪을 터인데, 이런 재난은 세상 처음부터 지금까지 없었고 앞으로도 다시 없을 것이다. 하느님께서 그 고생의 기간을 줄여주시지 않는다면 살아남을 사람은 하나도 없다. 그러나 뽑힌 사람들을 위하여 그 기간을 줄여주실 것이다."
(마태 24:21~22)

"천지는 없어지겠으나 내 말은 없어지지 아니하리라."(마태 24:35).

"그때에 두 사람이 밭에 있으매 하나는 데려감을 당하고 하나는 버려둠을 당할 것이요."(마태 24:40)

창조 후 최후의 환난에 대하여 말하고 이어 하늘이 없어지고 구원받을 자와 버려질 자가 구분된다는 말이다. 즉 지구 최후의 날인 셈이다. 여기서 하늘 위의 하늘은 무엇일까? 이것은 카발라 생명나무를 이해하여야 한다.

예수는 "죽은 자는 살지 아니하고 산 자는 죽지 아니하리라."라고 말한다. 여기서 죽은 자는 마지막 날까지 영이 깨어나지 않은 사람, 즉 깨닫지 못한 사람은 뒤에 남겨지고, 산 사람 즉 깨달은 사람은 영원히 살게 됨을 말한다. 이어지는 문장은 카발라의 우주창조론과 생명나무를 이해하여야 해석이 되는 구절이다. 성경에는 카발라 지식 없이는 이해할 수 없는 부분이 너무 많다. 이해를 위해서는 방대하고 복잡한 카발라 이론을 간단히 설명할 수밖에 없다.

참고 **카발라** 우주 창조론과 마지막 날

시작도 없고 끝도 없고, 공간도 없고 존재도 없는 공(Void, 심연)에서 홀연히 빛이 나타났다. 이 빛은 심연을 밀어내며 한동안 계속 확장하였고 빛이 확장하는 가운데 조화로운 움직임과 무질서한 움직임이 나타났다. 확장을 끝낸 빛은 중심에 조화로운 빛, 바깥에 조화롭지 않은 빛(부정)으로 나뉘어져서 존재하였다. 조화로운 빛은 '우주 알', '모든 것의 근원', '횃불을 든 자' 혹은 '호아'라고 불리어진다. 이것은 존재하는 모든 것의 첫 번째 원인이다. 이 첫 번째 원인인 조화로운 빛은 무질서한 빛을 자신처럼 조화롭게 변형시키기 위하여 첫 번째 빛을 방출하니 여기서 창조가 시작된다. 이 첫 번째 빛은 창조의 숨이며 근원자의 의지이며, 우주의 법칙으로 모든 것은 여기에서 시작되어 여기로 돌아간다.

첫 번째 빛은 무질서한 빛(부정)을 밀어내고 창조의 공간을 설정한다. 창조 공간이 생기고 첫 번째 빛에서 순차적으로 9개의 신성 빛이 확장하여 나와 우주창조를 시작한다. 그러므로 우주는 상징적으로 10개의 빛으로 구성되었다고 할 수 있다. 신이 우주공간에 수많은 행성들을 만들고 우주 중심에 있는 영 태양의 문을 열자 신성한 에너지는 수많은 물질 태양을 통하여 우주로 흘러들어왔으며 행성들은 물질 태양 주변을 돌고 마침내 우주는 살아 숨쉬기 시작했다.

창조의 숨으로 식물과 동물이 탄생하고 모든 것이 뜻대로 작동되자 근원자(호아)의 확장인 우주의식은 자신을 무수히 많은 빛(인간 혼)으로 나누어 행성에 나타나 부정을 빛으로 변화시키는 일을 시작하였다. 한동안 뜻대로 우주는 작동하였고 모든 것이 좋았다. 자유의지를 가진 태초 신성한 혼들이 일에 대한 욕심으로 부정(무질서, 부조화한 빛) 속에 너무 깊게 몰입하다가 그만 예측 불가한 무질서한 빛 속에 갇히고 말았다. 상징적으로 에덴동산에 더 이상 머물 수 없는 일이 일어난 것이다.

이 일로 인간은 신성한 힘을 잃고 에덴동산에서 추락하게 되고 말았다. 추락 전에는 자웅동체 즉 혼이 하나로 존재하였으나 추락 후에는 혼은 음과 양, 즉 남녀로 나뉘어져 각자의 길을 걸어가게 되었다. 소울 메이트(Soul mate)는 바로 잃어버린 우리의 반쪽이다. 이후 인간은 물질계에서 물질 육체를 입고 윤회를 통하여 다양한 삶을 살아가면서 영적 진화의 길을 걷고 있다. 이것은 원래의 자리인 신성을 회복하는 과정이다. 근원으로 돌아가는 길은 카발라의 생명나무에 있으며 이것은 신과 인간을 연결하는 사다리이다. 원래의 자리에 돌아갈 때 우리는 두 개에서 원래대로 하나의 혼이 되고 신과 합일이 된다.

추락 후에 육체에 갇혀 윤회하게 된 혼의 긴 역사가 시작된다. 지구는 창조부터 마지막 시기까지 7개의 지구 사이클이 존재한다. 이 사이클은 큰 변화가 일어나는 주기를 말하며 지금은 마지막 7사이클에 있다. 여기에 마지막이란 말은 우리 사는 하늘과 땅(물질계)이 사라지고 준비된 혼(깨달은 혼들)은 상위의 계에 존재하게 되고 그렇지 못한 혼들은 빛도 없는 어둠 속에 남겨지는 것을 말한다.

이것이 바로 성경이나 여러 종교에서 말하는 최후의 심판으로 알려진 날이다. 그러나 이 마지막은 끝이 아니라 전체와 하나가 된 깨달은 혼들은 일정 기간 후에 다른 우주공간에서 새로운 창조를 시작하는 것으로 카발라의 비밀가르침에는 나온다.

이 정도 지식을 가지고 이어지는 문장 "너희가 죽은 것을 먹던 그 시절에 너희는 죽은 것을 살게 했느니라."를 해석해 보자.

신성 상태에서 추락(성경 창세기에서는 상징적으로 선악과를 먹은 것으로 표현됨)은 신과 우리 혼의 합일상태를 유지시킨 생명나무로부터 오는 빛과의 차단이었고 동시에 어둠 속에 살아가게 되었음을 의미하며 이런 추락 상태에서 우리는 어둠/부정에 생명을 주게 된다. 왜냐하면 어둠이나 악은 우리의 무지와 두려움을 먹고 살아가기 때문이다. 나쁜 감정이나 악에 부정적으로 반응하지 않으면 그것은 힘을 잃고 사라지나 그것에 부정적으로 반응하면 반응하는 만큼 악의 힘이 커진다. 두려움은 두려움을 먹고 살아간다.

> "너희가 빛 가운데 머물 때 무엇을 하겠느냐? 너희가 하나였던 그날에 너희는 둘이 되었노라. 그러나 너희가 둘이 될 때 무엇을 하겠느냐?"

이 말은 깨달음을 얻을 때 무엇을 하겠느냐 이고, '하나였던 그날'은 추락 전의 신성 상태를 말하고 '둘이 되었노라'는 두 가지로 해석 가능한데 하나는 전체와 합일에서 분리되어 둘이 된 것과 다른 하나는 추락 후 남녀 양성으로 분리된 것을 말할 수 있다.

둘이 될 때 무엇을 하겠느냐 말은 마지막 날에도 깨닫지 못하고 전체와 분리되어 있다면 또는 잃어버린 자신의 한쪽을 찾지 못하고 여전히 두 개로 존재한다면 어떻게 할 것이냐 물어보는 것이다.

(25) 여자에게서 태어나지 않은 자! (도마복음 15절)

예수께서 말씀하시길, "여자에게서 태어나지 않은 사람을 보거든 머리를 숙이고 경배하라. 그분이 바로 하느님 아버지이시다."

사람들은 이 구절을 예수의 동정녀 출생을 의미하는 것으로 생각하기 쉽다. 이 구절은 윤회에 구속되지 않는 위대한 영혼들을 지칭하는 것이다. 우리는 누구나 여성 몸을 통하여 태어나는 것으로 알고 있다. 그러나 윤회의 사슬을 벗어난 혼들은 육체[72])를 가지고 태어날 필요가 없기 때문이다.

이들이 진리를 전해주기 위하여 인간 세상에 화신하는 경우 두 가지 방법이 있다. 하나는 일반인처럼 부모를 선택하여 여자에게서 태어나는 경우[73])이고 다른 하나는 거주할 육체를 창조하여 오는 경우이다.

성경(히브리서 5장과 7장)에 보면 바울이 멜기세덱을 지극히 높으신 하느님의 사제이며 아버지도 없고 어머니도 없고 족보도 없으며 생애의 시작도 끝도 없는 영원히 사제직을 맡아보는 사람으로 표현하고 있다. 멜기세덱은 여자에게서 태어나지 않은 위대한 마스터였다.

이 내용은 예수 부활과도 관련이 있다. 죽으면 누구나 업에 따라

72) 영지주의에서 상징적으로 육체를 혼의 무덤으로 말함.
73) 이 경우 보통사람은 운명의 수레바퀴 힘에 의하여 강제로 태어나나 깨달은 영혼은 자유의지로 선택하는 점이 다르다.

윤회를 하는 법이다. 그러나 붓다나 예수처럼 물질을 극복한 자, 죽음을 극복한 자는 예외이다. 예수 부활은 죽음을 극복하였음을 보여주는 예였다. 예수는 신(하느님/우주의식)과 합일 상태에 도달한 위대한 혼이었다. 그러므로 부활은 예수가 여자에게서 태어날 필요가 없는 위대한 존재임을 보여주는 상징적 사건이었다.

물질계에 매여 살아가는 우리에게 육체는 생존에 필수적이지만 우리의 참된 자아는 육체가 아니라 혼임을 알아야 한다. 이 내면의 혼을 불러내어 깨어있는 삶을 산다면 우리는 신의 삶을 사는 것이며 여자에게서 태어날 필요가 없는 존재가 되는 것이다.

(26) 시작과 끝은 같나니! (도마복음 18절)

제자들이 예수께, "우리의 끝(종말)이 어떠할지 말씀해 주십시오!"라고 하니 예수가 말씀하시길, "그대들이 끝(종말)을 알려고 하는데 그러면 시작(태초)은 발견하였는가? 왜냐하면 시작(태초)이 있는 곳에 끝(종말)이 있기 때문이니라. 시작(태초)에서 자신의 자리를 차지할 사람은 복이 있나니, 그는 끝(종말)을 알게 될 것이며 죽음을 경험하지 않을 것이다."

종말은 누구나 궁금해 한다. 마지막 날에 대한 두려움과 호기심이 발동하여 제자들이 "세상의 마지막은 어떠하나이까?"라고 물어본 것이다. 이에 예수는 "그대들이 종말에 대하여 알려고 하는데 그러면 그대들은 태초는 발견하였는가?"라고 물어본다. 왜냐하면 시작과 끝은 하나이고 이것을 알면 윤회의 수레바퀴에서 벗어나 영생하기 때문이다.

예수는 "시작과 끝은 하나다."라고 말한다. 어떻게 처음과 마지막

이 동일한 장소에 존재할 수 있는가? 우리는 항상 3차원 시야로 만물을 보고 판단한다. 예를 들어 점만으로 존재하는 세계, 점과 선(線)으로 존재하는 세계, 점과 선과 높이가 있는 우리 사는 세계. 죽은 후 혼이 간다는 사후 세계, 4차원, 천국(만약 있다면) 등 여러 세계를 생각해 볼 수 있다.

우리는 물질세계에 매여 있어서 다른 차원의 존재에 회의적이다. 이것은 우리 의식의 한계에서 기인하는 문제이다. 없는 것이 아니라 모르는 것이다. 비밀 가르침에 보면 동일한 공간 속에 진동과 각도를 달리하여 존재하는 다른 차원의 세계들이 있다. 적절한 비유는 아니겠지만 동일 공간 속에 무수히 많은 전파가 서로 방해됨이 없이 존재하듯 우리 세계와 각도와 진동수가 다른 여러 세계가 동일 공간 속에 존재하는 것이다.

우리가 사는 3차원 말고 다른 차원의 세계가 존재한다면 그 차원들은 각각의 특성이 있을 것이다. 바닥만을 기어 다니는 벌레에게 가로 세로 높이로 이루어진 입체 공간은 상상할 수 없는 세계이듯, 우리 또한 상위 차원의 세계를 이해하기는 어려울 것이다.

3차원에서 우리가 어떤 지점에 도달하려면 움직여서 가야하고 가는 동안 시간이 흐른다. 그러면 다른 상위 차원에서도 이동과 시간은 이와 같은 방식으로 진행될까?

우리는 하룻밤 꿈속에서 10년의 세월을 살 수 있고 꿈속에서는 생각만으로 순식간에 먼 거리 이동이 가능하다. 꿈은 흔히 4차원이라고 하는 세계와 밀접하게 연결되어 있다. 4차원도 우리와는 이처럼 다른데 4차원 너머 여러 세계는 우리와 얼마나 다른 속성을 지니고 있을지 짐작할 수 있을 것이다.

우리는 예수가 카발라에 정통한 분이었음을 기억할 필요가 있다.

카발라에 따르면 세상에는 4개의 세계가 존재하고 그 너머에는 모든 것이 나오는 근원적인 자리가 있다. 그것은 분리나 창조가 일어나기 전의 상태이며 원으로 상징된다. 원은 시작과 끝이 하나이다. 시간과 공간이 하나로 존재한다. 순수한 빛의 상태이다.

물론 3차원에 묶인 의식으로 이런 차원의 내용은 우리가 이해하기 어려운 개념일 수 있다. 예수는 "나는 알파와 오메가, 곧 처음과 마지막이며 시작과 끝이다."(요한 계시록 22:13)라고 말하였다. 심지어 하느님마저도 "나는 알파요 오메가다."(요한 계시록 1장 8절)라고 말하였다. 이것은 자신이 시작과 끝이며 모든 것이며 완전한 합일 상태에 있음을 말하는 것이다.

예수는 자신과 같이 제자들이 신성 상태를 찾을 때 즉 윤회에서 벗어나 전체와 하나인 상태에 도달할 때(다른 말로 원을 완성할 때), 시작과 끝을 알게 되고 죽지 않을 것임을 말하고 있다.

원과 관련하여 언급할 것이 유명한 "자신의 꼬리를 집어삼키는 뱀(우로보로스)" 전설이다. 이것은 오래전부터 여러 문화권이나 종교 단체에서 중요한 상징으로 사용되고 있다. 이것에는 여러 가지 의미가 주어지나 가장 대표적인 것이 영원성과 우주의 상징이다. 즉 우주는 시작과 끝이 같으며 영원하다는 것을 의미한다.

(27) 있는 그대로 보라! (도마복음 22절)

예수께서 젖을 빠는 아기들을 보고는 제자들에게, "이 아이들은 천국에 들어가는 자들과 같도다."라고 말씀하셨다. 그러자 제자들이 "그러면 우리도 어린아이처럼 하늘나라에 들어가겠나이까?"라고 물었다.

예수께서 제자들에게 말하시길, "너희가 둘을 하나로, 안을 바깥처럼, 바같을 안처럼, 위를 아래처럼 만들 때, 남자와 여자를 하나로 만들어 남자는 남자가 아니고 여자는 여자가 아닌 것으로 만들 때, 눈이 있는 자리에 눈들을, 손이 있는 자리에 손을, 발이 있는 자리에 발을, 닮은 것이 있는 자리에 닮은 것을 만들 때, 그대들은 천국에 들어가리라."

어린아이들이 천국에 들어가는 자들과 같다고 말하자 제자들이 자신들도 천국에 들어가게 되느냐고 물어 본다. 앞에서도 나오지만 제자들은 줄기차게 외부에서 천국을 구하고 있다. 예수가 어린아이가 천국에 들어간다는 말은 천진난만하나 무지한 아이가 천국에 간다는 말이 아니라 아직 너와 나, 신과 자신, 선과 악, 앞과 뒤, 남과 여 등과 같이 사물을 구분하여 보는 분리의식이 없는 그런 마음의 소유자가 천국에 간다는 것을 의미한다.

기독교에서는 죽은 후에 천국이나 지옥 혹은 연옥에 간다고 한다. 예수가 그런 말을 하지 않았다. 설사 그런 구절이 나오더라도 방편이나 비유였을 뿐이다. 가톨릭 교부들이 창작을 했거나 자의적으로 해석한 결과이다.

예수가 천국이 마음 안에 있다고 하였는데 사람들은 줄기차게 외부 어디에 천국이 존재할 것이라고 믿는다. 2000년 전 당시에도 예수는 사람들의 수준에 답답해하였지만 지금도 사람들이 여전히 외부에서 천국을 찾고 있음을 안다면 얼마나 답답해할 것인가?

목회자들은 하느님 믿고 착하게 살아온 사람은 죽어서 천국에 간다고 말하지만 누구도 빨리 죽어서 그 좋은 천국에 가고 싶어 하지는 않아 보인다. 평생 하느님 말씀을 전해온 목회자들도 죽음을 달가워하지 않는다. 그것은 천국보다 이 물질 삶에 집착과 미련이 큰 까닭이다. 사람들은 죽어서 가는 천국보다 좋으나 싫으나 이 세속적 삶을 좋아한다. 이것을 불교에서는 집착이라고 말한다. 무지 때문에 일어나는 물질세계에 대한 집착!

죄를 지으면 지옥에 가니까 오래 살면서 여러 죄를 짓는 것보다 어려서 일찍 죽어 아예 죄를 짓지 않으면 천국에 가지 않을까? "태어나 바로 죽은 혼들은 복이 있나니 그들은 천국에 갈 것이며 태어나 오래 산 사람은 저주스럽나니 지옥에 갈 것이다." 설마 이런 말을 예수께서 하였을까?

혼의 일회성만을 인정하다 보니 일어나는 문제이다. 윤회를 인정한다면 쉽게 해결될 수 있는 것인데도 태어나는 시점에서 신에 의하여 혼이 창조된다고 생각하니 문제가 꼬이기 시작하는 것이다.

예수는 태어나는 시점에서 혼이 창조된다는 말을 하지 않았다. 아담 창조는 창세기에 나오나 아담 후손에게 혼이 어떻게 부여되는지는 알 수가 없다.

기독교 교리에 따라서 영혼이 창조된다고 하자. 그러면 그 창조 시점은 언제인가? 난자와 정자가 만나 수정이 일어난 시점인가, 1개월 혹은 6개월 시점인가, 아니면 아이가 엄마 뱃속에서 나올 때인가? 교회는 이것에 대한 권위 있는 답을 어디에서 구할 것인가?

카발라는 아이가 태어나는 시점에서 혼이 육체에 들어간다고 한다.[74] 혼이 창조되는 것이 아니라 이미 존재하는 혼이 육체로 들어간다고 한다. 그러므로 태아는 아직 혼이 없는 존재인 셈이다. 성경에 명확한 구절이 없다보니 일어나는 문제이다.

예수는 "너희가 둘을 하나로, 안을 바깥처럼, 바깥을 안처럼, 위를 아래처럼 만들 때, 남자와 여자를 하나로 만들어 남자는 남자가 아니고 여자는 여자가 아닌 것으로 만들 때, 천국에 간다."라고 말한다.

이 말은 우리는 전체와 분리되어 한정된 의식으로 신과 천국과

74) 혼이 창조되는 것이 아니라 혼이 들어간다는 것은 윤회를 인정하기 때문이다.

진리를 보고 있으므로 이 이원성을 극복하여야 원래의 참 모습을 알게 되어 천국으로 들어간다는 뜻이다. 천국은 깨달음의 세계를 말함이다.

우주의식/신/은 모든 한계를 초월한 존재이므로 이원성 너머에 있다. 신이 남성이라면 반쪽 신일 것이며 그것은 초월의 신이 아닐 것이다. 유한한 마음으로 무한을 알 수 없다. 우리가 신에게 어떤 속성을 부여하자마자 우리는 신을 한정시키는 것이 된다. 신의 나라 천국은 이원성을 극복한 자가 가는 곳이다.

예수는 "눈이 있는 자리에 눈들을, 손이 있는 자리에 손을, 발이 있는 자리에 발을, 닮은 것이 있는 자리에 그 닮은 것을 만들 때, 그대들은 천국에 들어가리라."라고 말한다.

이 말은 마치 선문답처럼 들린다. 각자의 자리에 있어야 할 것을 만들면 천국에 간다니 참으로 이상한 말이다. 눈의 자리에 눈이 없고 손의 자리에 손이 없는 경우가 있는가?

선불교의 "산은 산이고 물은 물이다."와 유사성이 있는 구절이다. 이 내용은 있는 그대로 보라는 의미이다. 자신의 한정된 생각이나 개념을 가지고 물과 산을 보게 되면 그것은 산은 산이 아니고 물은 물이 아닌 것이다. 우리에게 어떤 대상이나 사물은 원래 그대로의 대상이나 사물이 아니라 우리의 생각이 개입되어 반영된 대상이나 사물일 뿐이다.

우리는 천국이나 깨달음의 세계도 우리의 한정된 의식으로 바라보고 판단할 뿐이다. 이것은 천국도 깨달음도 아니다. 그래서 예수는 진리의 세계를 왜곡 없이 바로 볼 수 있을 때, 천국은 우리 앞에 드러난다고 말하고 있는 것이다.

마태복음(18:3), 누가복음(18:16~17)에도 도마복음 22절의 첫 번째 구절과 유사한 내용이 나온다.

(28) 제3의 눈! (도마복음 46절)

예수께서 말씀하시길, "아담으로부터 세례 요한까지 여자에게서 태어난 사람들 가운데 세례 요한보다 더 위대한 자가 없으니 왜냐하면 그의 눈이 파괴되지 않았기 때문이니라. 그러나 너희 가운데 어린아이가 되는 사람은 누구든지 왕국을 알게 될 것이며 요한보다 위대하게 될 것이라고 나는 말하였느니라."

세례요한은 예수의 오심을 알린 자이며 예수를 받아들이도록 사람들을 준비시킨 자이다. 예수는 요한을 엘리야라고 말한다(마태복음 11장 14절, 17장 10~13절). 엘리야가 세례요한이므로 엘리야가 윤회하여 세례 요한으로 태어난 것이 된다.

예수는 여자에게서 태어난 사람 중에 세례요한이 가장 위대하다고 말한다. 그러나 어린아이가 되어(즉 이원성을 넘어가는 것, 도마복음 22절 해석 참조할 것) 왕국을 알게 되는 사람은 요한보다 더 위대하게 된다고 말한다.

여기서 "그의 눈이 파괴되지 않았기 때문이라."는 흥미로운 말이 나온다. 이 말은 무엇일까? 여기서 눈은 무엇을 의미하는가? 성경에 눈에 대한 흥미로운 구절이 있다.

> "눈은 몸의 등불이다. 그러므로 네 **눈이 성하면** 네 온 몸이 밝을 것이요, 네 눈이 성하지 못하면 네 온 몸이 어두울 것이다. 그러므로 네 속에 있는 빛이 어두우면, 그 어둠이 얼마나 심하겠느냐?"
>
> "The light of the body is the eye: if therefore **thine eye be single,**

thy whole body shall be full of light. But if thine eye be evil, thy whole body shall be full of darkness. If therefore the light that is in thee be darkness, how great is that darkness."(마태복음 6:22~23)

성경학자들은 'Single eye'를 바른 눈(성한 눈)으로 해석하지만 오컬트에서 'Single Eye'는 영혼이 거주한다는 제3의 눈이며 머리 중심의 송과선을 상징한다. 쿤달리니 요가에서 7번째 차크라의 자리이기도 하다. 눈이 깨어나면 내면의 빛이 온몸을 채운다고 하는데 마태복음 6장 22~23절은 바로 이것을 말하고 있다.

일반인의 경우 제3의 눈은 부분적으로 열려 있어서 어둠과 미망 속에 살아간다. 그러나 영적으로 높은 수준의 사람은 이 제3의 눈이 열려 있어서 그 눈을 통하여 내면의 빛인 지혜가 흘러나온다. 세례 요한의 눈이 파괴되지 않았다 함은 제3의 눈이 열려 있었다는 의미이다. 모세도 제3의 눈이 열려 있었다.

출애굽기(33:11)에 "야훼께서는 마치 친구끼리 말을 주고받듯이 **얼굴을 마주 대시고** 모세와 말씀을 나누셨다."라고 나와 있다. 한편으로 출애굽기(33:20)에는 "또 이르시되 네가 내 얼굴을 보지 못하리니 나를 보고 살 자가 없음이니라."라고 나와 있다. 서로 모순되는 구절인데 비의 가르침에 따르면 이것은 제3의 눈과 관련이 있다.

모세가 신과 얼굴을 마주 대한 것은 실제로 외부에서 신과 대면한 것이 아니라 신이 현시하는 내면의 성소(송과선)로 들어가 신과 동조하여 대화한 것을 말한다. 송과선은 셰키나(신의 임재)의 장소이고 모세는 여기서 마음으로 신과 대화했다.

부처상 이마에 박힌 보석은 제3의 눈을 상징하며 이 눈을 통하여 진리가 온 세상으로 흘러나옴을 상징한다.

우리는 제3의 눈을 깨워야 한다. 그래야 상위의 힘이 흘러나와 우리 몸과 마음을 밝히고 우리에게 존재하는 어둠을 몰아낸다.

유사한 구절

"나는 분명히 말한다. 일찍이 여자의 몸에서 태어난 사람 중에 세례자 요한보다 더 큰 인물은 없었다. 그러나 하늘나라에서 가장 작은이라도 그 사람보다는 크다."(마태복음 11:11)

(29) 그대들은 빛이다! (도마복음 50절)

예수께서 말씀하시길, "'사람들이 당신들은 어디서 왔느냐?'고 물으면 '우리는 빛에서 왔으며 빛이 스스로 생겨나기 시작하여 스스로 형성되고 형상으로 나타난 그곳에서 왔노라' 대답하라. 사람들이 '그것이 신이냐?' 고 묻거든 '우리는 그것의 자녀들이며 살아계신 아버지의 택함을 입은 자들이라' 말하라. 만약 그들이 '당신 안의 아버지가 존재한다는 증거가 어디 있느냐?' 하면 사람들에게 말하라 '그것은 움직임과 휴식이라' 말하라."

이 구절은 전형적인 카발라 우주창조론을 보여주는 내용이다. 카발라는 서양 신비주의 사상의 모태로 알려졌지만 사실 카발라는 동서양 모든 사유체계의 근원이다. 영지주의는 말할 것도 없고 인도 고대 사상도 마찬가지이다. 단지 문화와 지역에 따라 다른 언어와 사유 방식으로 표현되었을 뿐이다. 카발라 창조론을 알아야 이해가 되는 구절이다.(카발라 창조론에 대해서는 183쪽 참조할 것).

이 창조론이 도마복음 50절과 같다는 것이 **경이롭기까지 하다**. 예수는 카발라의 우주창조론을 말하고 있다. 공에서 무한 빛이 나오고 우리 영혼은 이 빛에서 나왔다. 여기서 공의 개념이 어려울 수 있는데 유한한 마음으로 무한을 설명하려다 보니 일어나는 언어와 개념의 한계 때문이다. 공의 개념을 좀 더 이해하기 위하여 영지주의 학자인 바실리데스의 우주 창조론을 살펴보자.

> 공(空)이란 물질(物質)도 본질(本質)도 아니며 본질의 텅 빔도 아니다. 공은 단순성도 구성의 불가능성도, 개념 없음도, 지각없음도 아니었고 인간도 천사도 신도 아니었다. **인간이 이름 붙일 수 있는 그 어떤 것도 아니었으며 인간의 지각과 개념의 범위 안에 있는 어떤 작용(움직임) 아니었다.** 생각 없고 느낌 없고, 결정함도 선택함도, 강요함도, 바램도 없는 존재 너머의 신성이 우주를 창조하려고 의지하였을 때(만약 우리가 시간 공간 너머 상태의 '시기'에 대해 말할 수 있다면 그 '때'), 비존재의 상태는 인간의 이해력으로는 도저히 알 수 없는 것이었다. 이 우주는 우리가 알고 있는 차원적, 차별적 우주가 아니었고, 이 차별적이고 차원적인 우주는 나중에 존재하게 되었다. 모든 우주의 씨(seed)인 존재 너머 신성은 존재 너머에서 우주를 창조하였다.

예수는 우리 안에 아버지가 존재한다는 증거는 '움직임'과 '휴식'이라고 말하였다. 왜 움직임과 휴식이 아버지가 우리 안에 존재한다는 증거가 되는가? 이 말은 무엇을 의미하는가? 앞에서 우리는 빛에서 왔고 그 빛은 신이라고 하였다. 그러므로 우리 내부에 신이 존재함은 확실하다. 그런데 그 증거가 움직임과 휴식이라고 한다. 그것을 알아보자.

무에서 빛이 나오고 이 빛에서 무수히 많은 영혼의 빛이 나와 우주 계획에 참여하였다. 우리 각자는 신(神)의 입으로 비유될 수 있다. 무질서(조화롭지 못한 빛)를 마셔 이것을 조화로운 빛으로 소화시키는 것이 영혼의 역할이었다. 이 모든 과정은 움직임으로 표현될 수 있다. 그러나 움직임 있으면 정지(휴식)가 있어야 한다. 이것은 빛이 있으면 어둠이 있고 낮이 있으면 밤이 있고 양이 있으면 음이 있는 것과 같은 이치이다. 인도 힌두철학에서는 신이 숨을 쉴 때 창조가 일어나고 들이쉴 때 파괴가 일어난다고 말하기도 한다.

앞에 설명한 카발라 창조론에 나오지 않았지만 빛/신의 움직임이 완성될 때[75] 휴식이 찾아온다. 이것을 카발라에서는 또 다른 창조를 위한 휴식으로 설명한다. 성경에 하늘과 땅이 사라지는 마지막 날이 나오는데 이것은 또 다른 창조를 위한 휴식기간이다. 이것은 하루 일을 끝내고 휴식하고, 다음날에 새 일을 시작하는 우리 삶과 다르지 않다.

"위와 같이 아래와 같이"라는 유명한 오컬트 구절처럼 위와 아래는 닮았다. 상위 법칙은 아래 법칙에도 적용되고 위에 존재하는 것은 아래에도 존재한다는 말이다. 그러므로 움직임과 휴식이라는 영적인 아버지 속성은 우리 사는 물질계에도 존재한다. 낮에 활동하고 밤에는 휴식을 취하는 것이 그 예이고 우리가 숨을 내쉬기 전에 잠시 멈추는 것도 움직임과 정지의 예이다.

이처럼 우리는 무한에서 나온 신성한 존재이다. 우리 자신을 신이라 하면 몹시 불경스럽게 생각하는 사람들이 많다. 이것은 기독교인에게 두드러진다. 도마복음 50절에서 예수는 우리가 빛에서 나온 신임을 분명히 말하고 있다. 우리가 신이라고 언급한 구절은 이것 말고도 요한복음(10장 34~35절)에도 나온다.

---

75) 무질서한 빛을 조화로운 빛으로 바꾸는 것.

(30) 무지가 그대를 살해하리라! (도마복음 70절)

예수께서 말씀하시길, “그대 안에 있는 것을 열매 맺게 한다면 그것이 그대를 구원할 것이며 그대 안에 그것을 가지지 않는다면 그대가 가지지 않은 그것이 그대를 죽일 것이니라.”

여기서 안에 있는 것은 인간 모두에게 내재하는 불성(佛性)이나 신성(神性)을 말하는 것이며 이것이 꽃피어나 열매를 맺는다는 것은 깨달은 자가 되었음을 상징한다. 깨닫게 되면 무지에서 구원되어 세상의 주인이 되나, 내면의 불성을 각성시키지 못하여 깨닫지 못하면 죽은 거나 마찬가지인 무지 속에 살아가는 것이 된다.

도마복음 1절에서도 “살아있는 예수의 말씀”이라는 말이 나온다. 상징적으로 살아있는 사람은 깨어있는 삶을 살아가는 사람이고 죽은 사람은 무지 속에 살아가는 사람을 이르는 말이다. 매 순간 무지가 우리 영혼을 살해하고 있다.

도마복음이 다른 4복음서와 다른 점이 바로 70절과 같은 내용이다. 하느님에게 순종하고 믿어서 구원을 얻는 것이 아니라 무지 상태에서 각성하여 내면의 참 본성을 아는 것이 구원임을 말하고 있다. 정통 기독교의 구원관과는 많이 다르며 오히려 무지에서 해방을 내세우는 불교의 구원관과 같다고 볼 수 있다. 여기서 구원은 절대자가 주는 은혜로운 선물이 아니라 누구나 노력하면 얻을 수 있는 것이다.

도마복음에서는 우리가 신의 속성을 띠고 있는 존재라는 점을 강조하고 있다. 그 본성을 알 수 있게 하는 것이 바로 비밀가르침인 영지(지식)이다. 그러나 우리가 지식을 통하여 신성한 존재임을 배워 알아도 여전히 우리는 물질에 매여 살아간다. 그러므로 말만이 아닌 실제로 신성한 존재가 되기 위해서는 내면의 신성을 깨워야 한다. 아섭

게도 신성을 깨우는 구체적 방법(수련법)은 도마복음에 언급되어 있지 않다.

(31) 홀로된 자만이 신부의 방에 들어가리라! (도마복음 75절)

예수께서 말씀하시길, "많은 이들이 문 앞에 서있으나, 홀로된 자만이 신부의 방에 들어가리라."

이 구절은 마태복음(22:14, 부름 받은 사람은 많으나, 뽑힌 사람은 적다.)과 상징적으로 유사한 점이 있다. 여기서 홀로된 자가 상징하는 것은 무엇일까? 명예나 재산 혹은 집착을 다 버리고 혼자인 사람을 의미한다. 도마복음 54절에서 마음에 욕심이 없는 자가 하늘나라에 간다고 하듯이 마음이 세속적 욕망으로부터 비워져서 철저히 혼자인 사람은 신부의 방에 들어간다는 말이다. 그러면 신부의 방은 무엇을 상징할까?

비전 단체에서는 입문(비전)의식이 있다. 단체에 따라 다르지만 구성원은 초보입문에서 시작하여 최종입문까지 여러 단계의 과정을 거쳐야한다. 최종입문은 신과의 합일을 상징한다. 이를 위한 조건이 마음의 정화이다. 마음에 부정적인 생각이 조금이라도 남아있으면 최종입문을 통과할 수가 없다. 말 그대로 홀로 되어야 한다.

티끌 한 점 없는 맑은 마음 상태가 되어야 한다. 이럴 때 내면의 빛이 방해 없이 드러나고 내 안의 하느님을 보게 된다.

오컬트 가르침에서 신부의 방(비전/입문의 방)은 합일의 방을 상징한다. 이곳에서 신랑은 신부와 하나가 된다. 전체에서 분리되어 참모습을 보지 못하던 우리가 마침내 전체와 합일하여 원래의 모습을 발견하는 곳이다.

성경에 보면 기도할 때는 골방에서 하라는 구절이 있는데 이 골방이 비의 단체에서 말하는 신부의 방(비전의 방)이다. 여기서 골방은 영혼이 거주한다는 두뇌 중심의 송과선을 말한다.

우리가 깨끗한 마음으로 영혼이 거주하는 송과선에 들어가서 영혼과 합일하면 우리는 이 영혼을 통하여 전체(신)와 합일하게 된다. 이전까지 우리는 무지와 부정적인 생각 등으로 영혼의 희미한 빛만으로 살아온 셈이다. 그래서 오컬트 가르침은 마음의 정화와 무지의 극복을 깨달음의 첫째 조건으로 강조하고 있다.

1940년대에 이집트 나그함마디에서 발견된 영지주의 〈빌립 복음서〉에서도 신부의 방이 나오는데 이들 구절을 보면 도마복음의 신부의 방이 무엇을 상징하는지 짐작할 수 있다.

> "신부의 방은 동물을 위한 것이 아니요 노예를 위한 것도 아니며 불경한 여자를 위한 것도 아니다. 신부의 방은 자유로운 사람과 동정녀를 위한 것이다."

여기서 자유로운 사람과 동정녀는 도마복음 75절의 홀로된 자와 같은 의미이다. 이 구절에 나오는 동물이나 노예, 불경한 여자는 저급한 동물적 본능이나 욕망 혹은 자기비하 같은 부정적 속성을 지닌 사람들은 의미하며 이들은 신부의 방에 들어가지 못한다.

〈빌립 복음서〉의 또 다른 구절에 "진리의 신비는 형태와 이미지로 드러나나 신부의 방은 숨겨져 남아 있으며 이것은 신성 중의 신성이다(the holy in the holy)."라는 말이 나온다. 일반적으로 예루살렘 성전의 지성소는 신성 중의 신성(the holy of the holies)으로 불렸으며 이것은 또한 송과선을 상징하는 말이기도 하였다. 그러므로 이 숨겨진 신부의 방은 송과선이 확실해진다. 이곳에 들어가려면 우리는 홀로 되어야 한다. 마음이 정화되고 욕망에서 해방이 되어야 우리는 신부의 방에 들어갈 수 있다.

(32) 그대들은 아담보다 더 가치 있노라! (도마복음 85절)

예수께서 말씀하시길, "아담이 큰 권능과 큰 부유함에서 왔으나 너희들만큼 가치 있지는 않았느니라. 왜냐하면 아담이 가치가 있었더라면, 아담은 죽음을 맛보지 않았으리라."

창세기에 의거하여 아담을 인류의 조상으로 믿는 순진한 사람들도 있을 것이다. 구약을 문자 그대로 해석하여 믿어버리는 어리석음은 없어야 한다. 성경은 거의가 비유나 상징으로 되어있기 때문이다.

창세기에 보면 아담이 생명나무와 선악과가 있는 에덴동산에서 살다가 뱀의 유혹으로 선악과를 따먹고 에덴동산에서 쫓겨난다. 여기서 아담은 특정한 사람을 지칭하는 것이 아니라 인류 전체를 지칭하는 상징이다. 그러므로 아담 한 사람으로부터 70억의 인류가 기원하지는 않았다.

카발라 천지창조론을 보면 신은 수많은 불꽃으로 퍼져 나와 인간의 영혼이 되었다. 즉 처음부터 영혼의 숫자는 결정되어 있었으며 그 숫자는 변동이 없다. 이 많은 영혼들이 일시에 특정 사건으로 인하여 추락한 것을 비유로 표현한 것이 아담 설화이다.

"그러면 혼의 숫자가 정해져 있다면 인구증가를 어떻게 설명할 수 있지?" 라고 의문을 표하는 사람도 있을 것이다. 우리는 생명이 지구에만 존재한다는 그릇된 사고를 지니고 있다. 우주에는 수많은 태양계가 있고 그들 행성에는 수많은 생명이 존재한다. 다만 대기나 환경이 지구와는 다르므로 그 조건에 어울리는 형태로 생명이 존재한다. 그러나 영혼은 물질이 아니므로 어떤 형태에 거주하든 그 본질은 변화가 없다.

우리는 모든 것을 지구 환경을 기준으로 판단한다. 우리는 생명 생존의 조건으로 물, 기온, 산소, 대기 등을 내세우나 생명이 반드시 그런 조건에만 생존 가능하다고 믿는 것은 우리가 지구인이기 때문이다. 영혼은 윤회를 하며 인구 증가는 윤회를 통한 행성 간의 영혼의 이동 때문이다.

카발라에 따르면 에덴동산의 생명나무는 신과 우리 영혼을 연결하는 생명선이었으며 선악과는 부정 혹은 조화롭지 못한 빛이 들어오는 통로였다. 사람의 영혼이 이 부정의 문을 열다가 조화롭지 못한 빛에 휩싸여버린 것이 아담의 추락이었다. 추락으로 신과 연결되어 있는 생명나무가 제 기능을 하지 못하게 되자 영혼은 신성 능력을 상실하게 되어서 죽음을 맛보게 된다. 그런 점에서 아담이 “큰 권능과 큰 부유함에서 왔다.”는 도마복음의 말은 이해가 된다.

추락한 아담은 인간을 상징하고 원래 상태로 돌아가는 것은 깨달음이며 에덴동산으로 복귀이다. 여기서 예수가 아담보다 제자들이 더 가치 있다는 말을 한다. 즉 쓸모가 있다는 말이다. 예수는 추락한 사람을 에덴동산으로 돌아가게 하는 방법을 가지고 온 분이었고 제자들은 그 가르침을 전하는 사람들이니 아담보다 가치가 있는 것이다.

(33) 나와 그대는 하나가 되리라! (도마복음 108절)

예수께서 말씀하시길, "나의 입으로부터 나오는 것을 마시는 사람은 나와 같이 될 것이며, 내 자신이 바로 그 사람이 될 것이니라. 그러면 감추어진 것들이 그에게 드러나게 될 것이니라."

이 구절은 예수가 전하는 진리를 받아들인 사람은 예수처럼 위대하게 될 것이며 이렇게 되면 예수와 하나가 된다는 것이다. 이처럼 신과 하나가 되면 모든 신비가 드러나게 된다.

예수를 하느님과 하나로 보는 사람들에게는 이 구절은 받아들이기 어려운 내용일 것이다. 그러나 예수는 진리를 받아들인 사람은 자신과 같아지며 자신이 그 사람이 된다고 말한다. 요한복음서에서 하느님이 그대 안에 그대가 하느님 안에 있다는 말과 같은 내용이다.

이처럼 예수는 도마복음의 여러 구절뿐만 아니라 비밀 가르침이 거의 실려 있지 않은 정경에서도 진리를 통하여 우리가 어둠에서 해방될 수 있으며 마침내 신과 하나가 될 수 있음을 설파하고 있다.

그러나 지금 기독교는 사람들에게 죄의식을 심고, 사람을 신의 피조물로 한계지우고, 이성과 지혜보다는 맹목적 믿음을 강조하고 있다. 예수의 메시지를 한 문장으로 표현하면 "자신을 알면 모든 것을 알게 된다."이다.

이것과 전하는 메시지와 유사한 구절이 요한복음 6장에 나온다.

51. "나는 하늘에서 내려온 살아 있는 빵이다. 이 빵을 먹는 사람은 누구든지 영원히 살 것이다. 내가 줄 빵은 곧 나의 살이다. 세상은 그것으로 생명을 얻게 될 것이다." 하고 말씀하셨다.
52. 유다인들이 이 말씀을 듣고 "이 사람이 어떻게 자기 살을 우리에게 먹으라고 내어줄 수 있단 말인가?" 하며 서로 따졌다.

53. 예수께서는 다시 이렇게 말씀하셨다. "정말 잘 들어두어라. 만일 너희가 사람의 아들의 살과 피를 먹고 마시지 않으면 너희 안에 생명을 간직하지 못할 것이다.
54. 그러나 내 살을 먹고 내 피를 마시는 사람은 영원한 생명을 누릴 것이며 내가 마지막 날에 그를 살릴 것이다.
55. 내 살은 참된 양식이며 내 피는 참된 음료이기 때문이다.
56. 내 살을 먹고 내 피를 마시는 사람은 내 안에서 살고 나도 그 안에서 산다."
60. 제자들 가운데 여럿이 이 말씀을 듣고 "이렇게 말씀이 어려워서야 누가 알아들을 수 있겠는가?" 하며 수군거렸다.
66. 이때부터 많은 제자들이 예수를 버리고 물러갔으며 더 이상 따라다니지 않았다.
67. 그래서 예수께서는 열두 제자를 보시고 "자, 너희는 어떻게 하겠느냐? 너희도 떠나가겠느냐?" 하고 물으셨다.

여기에서 예수는 비유적으로 자신의 살을 먹고 피를 마시는 사람은 영원한 생명을 누릴 것이라고 말한다. 이 말은 사람들이 예수가 전하는 진리를 온전히 받아들이면 깨달음을 얻게 되리라는 의미였다. 그런데 이것을 이해 못한 사람들은 수군거렸고 거의가 예수를 떠났다. 당시의 사람들 의식수준이 이러했다.

떠나는 사람들을 보고 예수는 12제자들에게 그들도 떠나가겠느냐고 개인 의사를 물어본다. 예수는 흔들리는 제자들에게 "내 말을 믿고 무조건 따르라."라고 일방적으로 말하지 않았다. 예수는 개인의 자유의지를 존중하였다. 자유의지의 강요는 우주법칙에 어긋나기 때문이었다.

(34) 창세기 2장의 생명나무와 선악과 해석

"주 하나님은 보기에 아름답고 먹기에 좋은 열매를 맺는 온갖 나무를 땅에서 자라게 하시고, 동산 한가운데는 생명나무와 선과 악을 알게 하는 나무를 자라게 하셨다." (창세기 2장 9절)

"그러나 선과 악을 알게 하는 나무의 열매만은 먹어서는 안 된다. 그것을 먹는 날에는, 너는 반드시 죽는다." (창세기 2장 17절)

이 구절을 카발라 지식에 의거하여 해석하면, 에덴동산에는 인간이 자유롭게 먹을 수 있는 생명나무(신의 영적 에너지)뿐만 아니라 선과악의 나무도 있었다. 생명나무는 신이 자신의 살아있는 영을 물질계로 표현하는 통로였다. 문제는 선악과 나무였다. 이것이 의미하는 것은 부정(어둠/부조화)을 빛(조화/질서)로 바꾸는 상징이었다. 선악과를 먹었다는 말은 예측을 불허하는 속성을 지닌 부정에 휩쓸렸다는 말이다.

(35) 신약의 카발라 명상법 (누가복음 10장 27절)

신약에는 다음과 같은 흥미로운 구절이 있다. 이것은 신약에서는 보기 드문 명상법에 대한 구절이지만 문자에 매인 기독교인들은 이것을 신에 대한 헌신으로만 이해한다.

> "네 마음을 다하고 네 목숨을 다하고 네 힘을 다하고 네 생각(뜻)을 다하여 하나님을 사랑하라, Thou shalt love the Lord thy God with all thy **heart,** and with all thy **soul,** and with all thy **strength,** and with all thy **mind.**"(KJV)

한글 성서에서는 Heart, soul, strength, mind를 "마음"과 "목숨", "힘" 그리고 "뜻"처럼 문자적으로 번역하는데 고대지혜의 가르침에서는 이 구절을 아래처럼 심층 해석한다.

이것은 신의 몸인 우주를 구성하는 4개의 세계 즉 사계(四界, 물질계, 아스트럴계, 멘탈계, 영계)와 연관되고 인도의 4개 요가와도 연관된다. 힘(strength)은 물질계, 가슴(heart)은 아스트럴계, 마음(mind)은 멘탈계, 혼(soul)은 영계와 대응한다. 신은 4계에 확장되어 있으며(카발라의 생명나무 참조할 것) 신을 사랑하기 위해서는 이 4계를 다 알아야 한다. 이를 위해서는 4계의 속성과 작동원리를 담고 있는 카발라 교리와 수련법을 알아야 한다.

이것은 또한 신의 일부분인 내면의 참자아를 알기 위하여(신과 합일), 육체(strength)와 가슴(heart)과 마음(mind)과 혼(soul)의 힘을 다하라는 취지이기도 하다. 힘을 다하기 위해서는 혼의 신성한 속성, 마음의 작동원리, 열정과 헌신 같은 감정적 속성을 알고 다스릴 수 있어야 하고 육체적 노력이 필요함을 말한다.

인도 요가는 신과 합일을 위한 방법으로 혼(soul, 신성의식)의 길인 라자 요가, 마음(mind, 지성)의 길인 지냐나 요가, 가슴(heart)의 길인 박티요가, 육체(strength)의 길인 카르마 요가를 제시한다.

혼의 길은 우리 내면의 신성 힘을 드러내어 신과 만나고, 마음의 길은 지성을 통하여 신을 만나고, 가슴의 길은 신에 대한 사랑과 헌신을 통하여 신과 만나고, 육체의 길(카르마 요가)은 자기를 비우고 모든 것을 신게 바치는 행위(일)를 통하여 신과 합일을 추구한다.

박티 요가나 카르마 요가는 믿음이나 헌신 쪽이 좀 더 강하고, 지냐나 요가나 라자 요가는 자력 수련 면이 강하다. 오늘날 기독교인은 육체나 가슴으로만 신을 사랑하려고 한다. 마음(지성))과 혼(혼의 영적 속성)에 대한 이해가 부족하여 신을 온전히 사랑할 수 없다. 즉 카발라에서 말하는 4계의 균형이 무너져 있다.

5장 카발라와 기독교 교리

1 원죄론

기독교는 모든 인간은 태어나면서부터 최초의 인간인 아담의 죄 때문에 죄를 지니게 된다고 주장한다. 아담의 죄가 후손들에게 유전되었다는 것이다. 이 원죄 교리의 근거는 창세기 2~3장에서 아담이 에덴동산에서 쫓겨난 구절이지만 죄가 유전적으로 모든 인류에 전해진다는 구체적인 언급은 구약성서에는 없다.

원죄라는 개념은 성경에 나오기보다는 초대 교부들 시대부터 성경의 가르침을 중심으로 기독교 교리를 정리해 나가는 과정에서 생겨났다. 신학자들은 이 교리의 주된 성서적 근거로 사도 바울의 저작인 로마서 5장 12~19절에서 찾고 있고 이것을 창세기 2~3장과 연결시켜서 이해한다.

원죄론을 처음 주장한 사람은 터툴리안이었고 원죄론을 적극적으로 받아들인 사람이 어거스틴이었다. 원죄론은 418년 카르타고회의에서 그 교의가 확인되었고, 트리엔트공의회에서 재확인되었다.

원죄론의 근거가 된다는 사도 바울의 말이 신의 말이라도 되는지 기독교인들은 그 구절에 얽매여 자신을 죄인으로 받아들이고 거기서 그치는 것이 아니라 다른 사람들마저 자신과 같은 죄인 취급을 한다.

한편 원죄의 또 다른 구절로 인용되는 창세기 해석도 문제가 많다. 구약 특히 토라는 역사적 사실이 아니라 상징과 신화의 기록임은 연구를 통하여 이미 잘 알려진 사실이다. 원죄론은 창세기에 나오는 아담의 타락을 문자 그대로 이해해서 생겨난 것으로 토라의 숨겨진 의미를 보여주는 카발라에 따르면 아담은 인류의 조상이 아니라 인간을 상징하는 대표 이름이었다.

상징으로 설명되는 에덴동산에서 아담의 추방은 모든 영혼에게 일어난 일이었고 아담은 바로 우리 자신이었다. 카발라 천지창조론을 보면 신은 수많은 불꽃으로 퍼져 나와 인간의 영혼이 되었다. 즉 처음부터 영혼의 숫자는 결정되어 있었으며 그 숫자는 변동이 없었다. 이 많은 영혼들이 일시에 특정 사건으로 인하여 추락한 것을 비유로 표현한 것이 아담 설화이다. 이 특정 사건을 비의 가르침에서는 이렇게 설명한다.

> "에덴동산의 생명나무는 신과 우리 영혼을 연결하는 생명선이었으며 선악과는 부정, 조화롭지 못한 빛이 들어오는 통로였다. 사람의 영혼이 이 부정의 문을 열다가 조화롭지 못한 빛에 휩싸여 버린 것이 아담의 추락이었다. 추락으로 신과 연결되어 있는 생명나무가 제 기능을 하지 못하게 되자 영혼은 신성 능력을 상실하게 되며 죽음을 맛보게 되었다. 원래의 상태를 찾기 위한 긴 여정이 윤회이다."[76]

그러므로 원죄를 굳이 인정한다면 그것은 개인이 해결해야 할 업의 다른 이름이다. 신성한 영혼이 추락으로 인하여 부정에 둘러싸여 자신의 신성을 바로 보지 못하는 것이 원죄이며 업이다. 이런 업을 극복하라고 성인들이 가르침을 주었고 그 덕분에 수많은 사람들이 하늘나라를 발견하였다. 영혼은 유전과는 상관이 없는 불멸의 존재이며 윤회의 주체이기도 하다.

그런데 오늘날 기독교인들은 자신이 죄인임을 소리 높여 떠들며 사람들에게 불필요한 죄의식을 심고 있다. 생각하는 대로 된다는 말이 있듯이 스스로 자신을 죄인으로 부르고 신과 자신의 관계를 피조물 위치에 두니 그 폐해가 상당하다.

---

76) 김태항 <카발라의 신비열쇠>, pp75~76.

신과 자신의 관계를 어떻게 설정하느냐에 따라 세상의 주인이 되기도 하고 노예나 자유의지 없는 로봇이 되기도 한다. 의식에 어떤 한계를 두면 그것은 넘어서기 어려운 운명이 되기 때문이다. 아직 깨어나지 않은 상태이지만 인간은 신성을 지닌 위대한 신과 같은 존재이다.

원죄론은 정상적인 사유능력을 지닌 사람이라면 조금만 생각해도 받아들일 수 없는 참으로 기이한 논리이다. 앞에서 언급했지만 성경에는 이에 관한 직접적인 언급이 없고 관련되는 성경구절도 창세기는 상징이고, 〈로마서〉는 예수를 만난 적도 없는 바울이라는 사도가 예수 사상에 대해 자신의 의식수준에서 이해한 것을 기록한 신앙고백의 글이다.

백번 양보하여 창세기 구절을 원죄의 근거로 인정한다고 하자. 그렇다면 아담의 타락에 신은 책임은 없는가? 신은 왜 죄를 지은 아담과 이브 대에서 끝내지 못하고 자손대대로 그 죄를 이어받게 하였는가? 정의롭고 전지전능한 신이 그 정도의 일도 처리할 수 없단 말인가? 출생 시에 신에 의하여 창조된 영혼은 깨끗하나 육체에 아담의 원죄가 유전되어 전해진다고 교회는 핑계를 대는데 신은 영혼보다 못한 육체의 죄도 없애지 못하는가? 그렇다면 참으로 무능력한 신이 아닌가?

예수 믿어야 비로소 원죄에서 구원 받는다면 예수 이전의 사람들이나 예수를 알지 못하는 수많은 사람들은 영원히 원죄에서 벗어나지 못한다는 이상한 논리가 성립된다.

영혼이 창조된다면 영혼이 육체에 들어가는 시기가 수태 시인지 출생 시인지 아니면 그 중간 어느 시점인지[77] 명확한 기준이 있어야

77) 이것은 낙태에 대한 도덕적 기준이 된다. 출생 시라면 태아는 아직 영혼이 없으므로 죄가 덜 할 것이다.

할 것이다. 또한 누구는 부유한 집안에 태어나고, 누구는 미개인 집안에 태어나고, 누구는 건강한 육체로 태어나고, 누구는 신체 결함을 가지고 태어나고, 누구는 머리가 좋고, 누구는 머리가 나쁘고, 이런 조건은 출발부터 부당한 처사이다. 신은 어떤 기준으로 영혼을 육체에 배치하는지 그 기준을 알 수가 없다.

원죄라는 것은 초기 기독교가 신도들을 옭아매어 자신들의 종교 지배권을 강화하려고 고안해낸 것이다. 죄가 없으면 사람들이 교회에 올 필요가 없게 되고 그러면 교회의 정치적, 사회적, 경제적 지배력은 사라진다. 그러니 없는 죄를 만들어서 사람들이 평생 죄의식을 느끼며 살아가게 만든다. 이렇게 되면 사람들은 교회에 나와 자신의 죄를 용서해 달라며 돈도 바치고 충성도 바치게 된다. 없는 죄를 만들어 이것에 구속되어 살아가게 만드는 것은 인류에 대한 죄악이다. 그런데 지금도 이 악행은 그치지 않고 있다.

마음의 짐을 덜어주려고 가르침을 펴신 예수가 알면 통곡을 할 노릇이다. 원죄는 없다. 우리가 의지할 권위는 맹목적 믿음이 아니라 이성과 식별력이다.

(원죄 근거로 내세우는 로마서 5장 12~19)

12. 그러므로 한 사람으로 인해 죄가 세상에 들어오고 또 죄로 인해 죽음이 들어온 것같이 모든 사람이 죄를 지었으므로 죽음이 모든 사람에게 이르렀습니다.

13. 율법이 있기 전에도 죄가 세상에 있었으나 율법이 없을 때는 죄가 죄로 여겨지지 않았습니다.

14. 그러나 아담 시대부터 모세 시대에 이르기까지 아담의 범죄와 같은 죄를 짓지 않은 사람들에게까지 죽음이 왕 노릇 했습니다. 아담은 오실 분의 모형입니다.

15. 그러나 하나님이 그리스도를 통해 주시는 은사는 아담의 범죄와 같지 않습니다. 한 사람의 범죄로 인해 많은 사람이 죽었으나 하나님과 한 사람 예수 그리스도의 은혜로 인해 주어지는 선물은 더욱 많은 사람에게 넘쳤습니다.
16. 또한 이 선물은 범죄한 한 사람으로 인해 생긴 결과와 같지 않습니다. 심판은 한 사람으로 인해 정죄에 이르렀으나 하나님이 그리스도를 통해 주시는 은사는 많은 범죄로 인해 의롭다 하심에 이르게 됩니다.
17. 아담 한 사람의 범죄로 인해, 죽음이 바로 그 한 사람을 통해서 왕 노릇 했다면 은혜와 의의 선물을 넘치도록 받는 사람들은 한 분 예수 그리스도로 인해 생명 안에서 왕 노릇 할 것입니다.
18. 그러므로 한 사람의 범죄로 인해 모든 사람이 정죄에 이른 것처럼 한 분의 의로운 행동으로 인해 모든 사람이 의롭다는 인정을 받아 생명에 이르렀습니다.
19. 한 사람의 불순종으로 인해 많은 사람이 죄인이 된 것처럼 한 분의 순종으로 인해 많은 사람이 의인이 될 것입니다.

(원죄 개념과는 다른 신명기 24:16)

"자식이 지은 죄 때문에 부모를 죽일 수 없고, 부모의 죄 때문에 자식을 죽일 수 없다. 사람은 저마다 자기가 지은 죄 때문에만 죽임을 당할 것이다."

2 영혼에 대한 학설

거의 모든 종교가 영혼의 존재를 인정하나 종교마다 영혼의 속성과 근원에 대한 견해가 다르다. 성경은 아담 창조 외에 그 후손의 영혼에 대해서는 언급이 없다. 그러므로 필연적으로 영혼에 대한 교리 정리가 필요한데 성경 구절과 모순되지 말아야 하는 문제를 안고 있다. 구약에 나오는 신의 아담 창조와 아담의 죄는 기독교 교회나 신학자들이 영혼을 정의하는데 중요한 기준이 되어왔다.

기독교 교부들의 영혼에 대한 견해는 크게 세 가지로 나눌 수 있다. 첫째로 이미 창조되어 존재하고 있는 영혼이 출생 시에 육체에 들어온다는 견해로 영혼선재설이라 한다. 주요 지지자들은 플라톤, 필로, 오리게네스 등이다.

둘째로 부모로부터 영혼과 육체를 함께 물려받는다는 영혼 유전설이 있다. 이 설은 원죄를 설명하기 위하여 주장되었다. 이 설에 따르면 출생을 통하여 영혼은 육체와 함께 존재하게 된다. 영혼은 비물질적이므로 분할될 수 없고 아버지와 어머니의 영혼 중 누구의 것을 유전 받는지 명확하지 못하며 특히 예수가 마리아에게서 영혼을 유전 받았다면 예수의 신성이 문제가 되는 모순이 생겨난다. 물론 교회는 예수가 성령에 의한 동정녀 출생이므로 마리아의 원죄를 물려받지 않았다는 주장을 편다. 주요 인물로는 니사의 그레고리우스와 테르툴리아누스, 아우구스티누스, 루터 등이다.

셋째로 임신이나 출생 시에 하나님이 영혼을 매번 창조한다는 영혼 창조설이 있다. 주요 지지자는 초기 교회 교부들, 가톨릭교회, 토마스 아퀴나스, 칼빈 등이다. 이 이론은 신이 새로 창조한 영혼은 순수할 터인데 왜 원죄를 지니게 되느냐는 문제에 봉착하나 원죄가 자리 잡은 곳은 육체라고 주장하여 문제를 비켜나가려 한다. 그런데 이런 의문이 제기된다. 새롭게 창조되는 영혼은 왜 자신이 알지 못하는 조상의 죄로 벌을 받아야 하는가? 성경에 신은 정의로운 신으로 불린다. 정의로운 신이 영혼을 창조하고 아무것도 모르는 영혼에게 원죄의 징벌을 가하는 것이 이해가 되는가? 누구는 부유하게, 누구는 가난하게, 누구는 건강하게, 누구는 나약하게, 태어나게 하는 것도 정의로운 신이 할 일인가?

기독교에서는 영혼선재설을 받아들일 수 없다. 왜냐하면 영혼선재설은 모든 인간은 아담의 후손이며 모든 인간은 아담의 범죄로 말미암은 원죄를 지니고 있다는 성경의 가르침에 모순되기 때문이다. 그래서 주장되는 것이 영혼창조설과 영혼유전설이다. 전자는 가톨릭에서 받아들이고 후자는 주로 개신교 신학자들이 지지한다. 성경구절에 구체적 명시가 없으니 논쟁은 일어날 수밖에 없는 일이고 어느 학설을 취하든 만족할만한 이유가 되지 못한다.

결국 문제는 신의 아담 창조와 원죄에 있다. 이 논리 때문에 만들어진 것이 영혼창조설과 영혼유전설이다. 그러므로 신의 아담 창조와 원죄가 근거가 없다고 밝혀지면 영혼창조설과 영혼유전설은 존재 근거를 상실한다. 사실 이런 이론의 타당한 근거가 어디에 있는지 그리고 이런 이론에 사람들이 신뢰나 권위를 두어야 하는 이유가 어디에 있는지 누가 이성적으로 답을 할 수 있겠는가? 이런 이론에 바탕을 둔 교리가 사람의 삶을 지배하고 사고를 구속하는 현실은 참으로 신기한 일이다.

성경 구절 때문에 기독교인이 받아들일 수 없는 영혼선재설은 윤회를 인정하는 힌두교, 불교[78], 영지주의 그리고 유대신비 가르침인 카발라에서는 인정한다.

예수의 비밀가르침인 영지주의에서는 윤회를 인정하고 성경에도 예수가 윤회를 인정하는 구절이 있지만 대다수 기독교인은 윤회는 이교도의 사상으로 멀리하고 있다. 윤회가 인정되면 영혼창조설과 영혼유전설은 그 존재 근거가 사라진다.

유대 신비가르침인 카발라 이론에 의하면 신의 아담 창조는 상징이다. 카발라는 유대교나 기독교와는 완전히 다른 언어로 인간 기원과 신과 인간의 관계에 대해 이야기한다. 구약 특히 토라를 해석하는 방법이 완전히 다르다. 오늘날 종교 연구가들에 의하면 모세 5경[79]은 역사적 기록이기보다는 상징과 신화이며 그 신화 속에 여러 가지 깊은 의미가 숨겨져 있다고 한다.

모세의 출애굽기를 그대로 믿어 홍해가 정말 갈라진 것으로 믿는 사람도 있지만 역사적 사료나 고고학 조사에 의하면 이런 일은 일어나지 않았다. 신화나 상징은 그것이 내포하고 있는 의미를 아는 것이 중요하지 그것을 문자 그대로 믿으면 안 된다. 그런데 아직도 문자에 매여 성경을 해석하다보니 영혼의 존재에 대한 터무니없는 교리가 신봉되고 있다.

구약 특히 모세 5경에 담긴 신비적 의미를 전하는 카발라 이론에 따르면 아담은 전 인류에 대한 상징이었고 모든 영혼은 까마득한 시절부터 존재하였다. 온 인류에 일어난 일을 대표 이름인 아담으로 표현하였을 뿐이다. 카발라 학자들은 영혼을 신의 창조 힘이 이 세상에 충분히 활현되도록 하는 매개체로 본다. 인간의 역할은 신의 일을 완전하게 하여 그것을 신의 영광으로 돌리는 일이다. 신 안에 존재하는 것은 인간 안에서 개화하고 발전한다. 인간은 우주 구조를 완성시키

78) 의견이 분분한 불교의 무아론이 있는데 이 이론에 따르면 윤회의 주체는 없다.
79) 창세기, 출애굽기, 레위기, 민수기, 신명기

는 신의 손과 발이다.

그러나 신과 인간의 교감은 아담의 일로 무너지게 되며 이것은 신과 분리되는 사건이었다. 자유의지로 인하여 아담의 의지가 신의 의지로부터 떨어져나간 것이 에덴동산에서 아담의 추방이다. 이것이 없었다면 신은 아담을 통하여 완전한 조화 속에 계속 일을 하였을 것이다. 이처럼 아담 추락은 상징이고 그 속에는 까마득한 시절에 일어난 사건이 숨겨져 있다.

카발라의 대표적 경전인 〈조하르〉에 보면 아담 안에 모든 영혼이 포함되어 있다. 모든 영혼이 동시에 창조(창조란 단어보다 발출이 어울린다)되어 존재하였다. 영혼은 나이가 모두 같다. 아담의 추방(근원과 분리)은 우리 모두의 추방을 상징하는 사건이었다.

카발라는 모든 사람은 내면의 힘을 통하여 분리 상태를 극복할 힘을 가지고 있고 윤회는 이런 극복을 위하여 영혼에게 주어졌다고 가르친다.

3 기독교 사후관

종교마다 사후세계에 대한 이야기가 다르다. 성경에는 사후 인간이 가는 세계에 대한 언급이 모호한데 그러다 보니 천주교에서는 천국과 지옥 중간의 세계인 연옥이 생겨났고, 개신교에서는 편하게 불신지옥 예수천국을 외친다.

일반적으로 기독교인들은 죽으면 행실에 따라 바로 천국이나 지옥에 가는 것으로 알고 있다. 그래서 열심히 믿는 것인지도 모르겠다. 그러나 이것이 그렇게 간단한 문제는 아니다. 성경구절에는 낙원과 천국, 음부(陰府)와 지옥이 나온다. 이들 개념에 대하여 의견이 분분한데 낙원과 천국, 음부와 지옥을 같은 개념으로 보는 경우와 낙원과 음부를 천국과 지옥의 전단계로 보는 견해도 있다.

솔직히 성경은 교리를 체계적으로 담은 책이 아니라서 복음서에서 예수가 한 말이 전체를 아우르는 교리가 될 수 있는 것인지 아니면 특정한 상황에만 해당되는 내용인지 알 수가 없다. 상황에 따라 큰 의미 없이 비유적으로 한 말이 후대에 그릇되게 해석되어 교리의 핵심 이론이 되기도 한다. 문맥의 의미와 그 숨은 뜻을 찾지 못하고 단세포적으로 구절을 해석하니 이상하고 통일되지 않은 사후관이 생겨난다.

하여간 성경의 여기저기 흩어진 정보를 모으면 사람이 죽은 후에는 영혼과 육체가 분리된다. 이때 육체는 땅에 묻혀 썩게 되고, 신자(信者)의 영혼은 낙원에, 불신자의 영혼은 음부(그냥 무덤으로 해석하기도 함)로 간다. 낙원이나 음부는 최종 장소가 아니고 예수 재림 때까지 거주하는 임시 거처이다.

예수가 재림할 때에 신자(信者)는 몸이 다시 살아나 예수와 같은 부활 형체로 변해 천국으로 가고, 불신자도 몸이 다시 살아나 영혼과 몸이 하나가 된 상태에서 최종 판결을 받게 된다. 이 말은 예수 재림, 즉 최후심판 때까지는 천국이니 지옥이니 하는 그런 심판은 없다는 것이다. 그러므로 성경에 따른다면 사람이 죽어서 바로 천국(하늘나라)이나 지옥에 가는 것은 아니다.

(성경 구절)

"아버지께서는 또한 아들에게 심판하는 권한을 주셨다. 그는 사람의 아들이기 때문이다. 내 말에 놀라지 말라. 죽은 이들이 모두 그의 음성을 듣고 무덤에서 나올 때가 올 것이다. 그때가 오면 선한 일을 한 사람들은 부활하여 생명의 나라에 들어가고 악한 일을 한 사람들은 부활하여 단죄를 받게 될 것이다."(요한 5:27~29)

"우리가 한 짓을 보아서 우리는 이런 벌을 받아 마땅하지만 저분이야 무슨 잘못이 있단 말이냐?" 하고 꾸짖고는 "예수님, 예수님께서 왕이 되어 오실 때에 저를 꼭 기억하여 주십시오."하고 간청하였다. 예수께서는 "오늘 네가 정녕 나와 함께 낙원에 들어가게 될 것이다" 하고 대답하셨다. (누가복음 23:41~43)

최후의 심판을 믿는 기독교인들은 최후심판 때가 되면 죽었던 모든 혼들이 육체와 함께 부활하여 심판을 받아야한다고 설명하는데 그 사이에 죽은 혼들은 어디로 갈까. 무덤 속에 있다면 참으로 헛되게 시간을 낭비하는 것이 아닌가. 차라리 그 시간에 영혼에게 반성이나 재도전의 기회를 주어야 하지 않을까?

윤회가 답인지도 모른다. 잘 찾아보면 성경에도 윤회를 인정하는 구절이 있고, 예수의 가르침을 따랐던 그러나 지금은 사라진 기독교 영지주의에서는 윤회를 인정하였음을 고려하면 이교도의 사상이라고 무조건 배척할 것은 아니다. 윤회는 영혼이 성장하게끔 기회를 부여하여 최종적으로 하늘나라에 이르게 한다.

하늘나라(천국)는 장소가 아니라 마음의 상태이고 지옥도 실제로 있는 것이 아니라 사람들에게 겁을 주어 바른 행동을 하라는 은유적 의미의 말이었다. 교부들은 문자 그대로 이해하여 복잡하고 괴상한 사후 세계관을 만들어 내었다. 〈도마복음〉에는 하늘나라에 대한 설명이 잘 나와 있다.

> 제자들이 예수께 묻기를, "언제 하느님의 왕국이 오겠습니까?"
> (예수께서 말씀하셨다) "그것은 너희가 기다린다고 오지 않을 것이다. '보라, 여기에 하늘나라가 있다' 혹은 '보라, 저기에 하늘나라가 있다' 고 말할 수 있는 것이 아니니라. 오히려 아버지 왕국은 이 땅 위에 펼쳐져 있으나 사람이 보지 않을 뿐이니라."(도마복음 113절)

4 천국과 지옥

사람들이 예수 믿고 주일 예배에 열심히 참석하고, 십일조 빼먹지 않고, 열심히 봉사하는 이유는 천당에 가려는 목적이 크기 때문이다. 천국이 없다고 가정하면 교회에 다닐 사람이 얼마나 될지 궁금하다. 사람들은 하나님의 가르침이 너무도 소중해서 삶의 지침으로 삼아야 한다는 생각보다는 혹시 모를 지옥의 불꽃을 피하기 위하여 그리고 사후에 천국에 가서 영생을 누리겠다는 마음이 더 크지 않을까 싶다.

천국이나 영생을 보장해 준다고 하면 사람들은 그것을 위하여 필요하다면 반사회적이고 파괴적이고 폭력적인 행위도 할 것이란 생각이 든다. 역사적으로 다른 종교를 믿는다는 이유로 잔인하게 사람을 집단학살한 사례는 비일비재하다. 자신이 믿는 신의 환심을 사기 위한 행위였고 죄책감보다는 오히려 신의 말씀(자의적 해석이겠지만)을 수행하였다는 자부심으로 차있었을 것이다.

가르침이 좋다면 그냥 따르면 되는 것이지 무슨 대가를 바라고 믿는다는 것은 이미 근본 바탕이 잘못된 신앙이다. 그런데 재미있는 일은 예수가 천국이나 지옥에 대하여 언급하지 않았다는 것이다. 물론 성경에서 이와 관련된 구절이 있으나 이것은 지옥이 실제로 있다는 것이 아니라 무지한 사람들에게 겁을 주어서 가르침을 받아들이고 도덕적으로 살라는 경고의 의미를 지닌 비유나 상징이었다.

그런데 지옥이 없어 사악한 사람들이 벌을 받지 않는다면 열심히 착하게 살 필요가 있겠느냐고 생각할 수도 있다. 그러나 원인과 결과의 법칙에 따라 징벌은 매 순간 이 삶 속에서 일어나고 있다. 마음먹기에 따라 이 순간에 우리는 지옥에 있기도 하고 천국에 있기도 하다.

삶이 지옥이라는 것은 영지주의에서 육체를 영혼을 가두는 무덤이라고 한 것이나 불교에서 삶을 고통이라 한 것에서 알 수 있다. 천당이나 지옥은 교회가 성립된 이후 교리적 필요에 의해서 점차적으로 강조된 내용일 뿐이다. 이것은 사람들에게 겁을 주어 바르게 살게끔 인간이 동물로도 윤회한다는 교리를 고안한 불교와도 일맥상통한다. 수준이 낮은 사람들은 성경을 문자적으로 받아들이고 지혜로운 사람은 문자 뒤에 숨겨진 의미를 찾아내어 이해한다.

예수는 죽은 후에 가는 천국이나 지옥 대신 살아서 가는 "하느님의 나라"를 가르쳤다. 하나님의 나라는 마음이 욕망에서 정화되어 신성이 찬란히 빛나는 의식 상태를 가리킨다. 영지주의 복음서인 〈도마복음〉에 그것이 잘 드러난다.

> 예수께서 말씀하시길. "만약 너희 인도자들이 너희에게, '보라 천국이 하늘에 있노라'고 말한다면 공중의 새들이 너희를 앞설 것이요, 만일 그들이 '천국이 바다에 있노라'고 한다면 물고기들이 너희를 앞설 것이니라. 오히려 천국은 너희 안에도 있으며 너희 바깥에도 있느니라."(도마복음 3절)

> 예수께서 젖먹이 아기들을 보고는 제자들에게 "이 아이들은 천국에 들어가는 자들과 같도다."라고 말씀하셨다. 그러자 제자들이 "그러면 우리도 어린아이처럼 하늘나라에 들어가겠나이까?"라고 물었다. 예수께서 제자들에게 말씀하시길, "너희가 둘을 하나로, 안을 바깥처럼, 바깥을 안처럼, 위를 아래처럼 만들 때, 남자와 여자를 하나로 만들어 남자는 남자가 아니고 여자는 여자가 아닌 것으로 만들 때, 눈이 있는 자리에 눈들을, 손이 있는 자리에 손을, 발이 있는 자리에 발을,

닮은 것이 있는 자리에 닮은 것을 만들 때, 그대들은 천국에 들어가리라."(도마복음 22절)

성경에서 말하는 '지옥(게헨나)'은 '힌놈의 골짜기'라는 뜻의 히브리어 게힌놈(Ge Hinnom)에서 유래한다. 원래는 암몬족의 신 몰록에게 어린아이들을 희생 제물로 불태워서 바치던 예루살렘 남서쪽 계곡을 가리키는 말이었다. 그런데 이 단어는 4복음서에 11회 나오며 지옥으로 번역되었다.

성경에는 '게헨나' 외에도 '하데스'가 지옥으로 사용된다. 이 단어는 구약성경의 '스올'에 해당하는 말이다. 신약성경에서 '지옥'이라고 번역되었는데 죽으면 가게 되는 '무덤'이나 '죽음'을 뜻하는 것으로 이해되고 있다. 하데스가 〈공동번역〉과 〈표준번역〉에서는 지옥으로 〈개역개정〉과 〈개역한글〉에서는 음부로 번역되었다. '하데스'를 '지옥'으로 번역하는 것은 문맥상 혼란을 야기한다.

성경의 지옥은 죽어서 가는 장소가 아니라 어둠과 부조화의 상징으로 이해하여야 한다. 그리스도 명상공동체의 로렌스 신부는 지옥은 어느 특정한 공간에 있는 것이 아니라 하느님에게 떨어져나가는 경험이며 우리가 하느님으로부터 떨어져 있다고 생각하면 우리는 바로 지옥에 있다고 말하였다.

예수가 살벌한 표현으로 지옥을 말하고 있으나 그만큼 강하게 어리석은 사람들에게 겁을 주어 바른 길로 안내하려는 시도였다. 부모가 아이들이 말을 듣지 않고 그릇된 행동을 할 때 무서운 이야기나 거짓말로 겁을 주어 말을 듣게 하는 것과 마찬가지이다. 지옥은 빛을 따르지 않는 사람들이 어둠/부조화 속에서 겪게 되는 육체적 그리고 정신적 고통을 말한다.

5 삼위일체

삼위일체는 성부(聖父), 성자(聖子), 성령(聖靈)의 세 위격이 하나의 실체인 하나님 안에 존재한다는 교의다. 삼위일체란 단어는 성경에는 없으나 교회는 그것을 아버지와 아들과 성령이 하나님이신 진리를 가장 적절하게 표현하는 말로 받아들였다. 그러나 기독교와 구약을 공유하는 유대교에서는 삼위일체 교리는 논의의 대상이 아니다. 유대교인에게 하나님은 오직 한 분뿐이니 3위가 존재할 수가 없다. 크리스천 카발라 학자들은 생명나무를 구성하는 10개의 빛에서 상위 3개의 빛(케테르, 호크마. 비나)을 삼위일체를 설명하기 위하여 사용하기도 하였다.

우리가 당연히 받아들이는 삼위일체는 예수가 주장한 것이 아니라 제 1회 니케아회의(AD 325)[80]를 거쳐 콘스탄티노플 공의회(AD 381)에서 확정된 이론이다. 이 교리는 수세기에 걸쳐 많은 논쟁을 통해 점진적으로 발전했다. 삼위일체를 통하여 가톨릭은 성부와 성자, 성령 관계를 정립하였다. 로마 가톨릭교회와 동방정교회는 성령을 성부와 성자를 잇는 끈으로 보고 성부와 성자는 성령을 통해서 완전히 합일한다고 보았다.

지금 삼위일체는 교회의 핵심 교리로 자리 잡고 있다. 정통교회에서는 삼위일체의 인정 여부를 이단의 기준으로 삼고 있는 실정이다. 그런데 교부들이 발전시킨 이 교리가 예수의 가르침과 일치하는 것일까? 교부들이 발전시킨 대부분의 교리는 예수의 가르침과 많이 다르

80) 여기서는 예수와 하나님이 본질적으로 같다는 선언은 했지만 성령에 대해서는 언급이 없었다.

다. 다만 삼위일체 가르침을 기독교적이 아니라 비의적으로 해석하면 어느 정도 진리를 담고 있다고 볼 수 있는데 이것은 우연의 산물이라고 할 수 있다.

흥미롭게도 영지주의 복음서인 〈도마복음〉에 삼위일체를 추측하게 하는 구절이 있다. 이 구절의 해석을 통하여 삼위일체가 무엇이며 성령이 무엇인지 알아 볼 수 있다.

> 예수께서 말씀하시길, "신이 셋 있는 곳에 신들이 있도다. 둘 또는 하나의 신이 있는 곳에 나는 그것과 함께 하노라." Jesus said, "Where there are three gods, they are gods. Where there are two or one, I am with him." (도마복음 30 절)

삼위일체(성부, 성자, 성신은 하나라는 이론)와 관련되는 구절이다. 성부는 모든 것이 나온 근원, 즉 신이고 성자는 신의 말씀을 전하는 예수, 그러나 성령은 정의하기에 좀 모호한 면이 있다. 이것을 어떻게 이해할 것인가는 흥미로운 주제이다.

그러면 이 성령은 무엇인가? 예수의 동정녀 탄생에서 보았듯이 성령에 대해서는 여러 의견이 있다. 성령은 성경에 여러 가지로 표현된다. 숨결, 불, 물처럼 비인격적으로 표현되는 경우와 마음이나 뜻, 감정을 지닌 존재로 표현되는 경우도 있다. 성령이 비유로 표현되었기 때문에 일어나는 문제이다.

일반적으로 기독교에서는 성령을 진리의 신으로서 신자의 영적 생활의 근본이 되며, 교회를 세우고 다스리는 힘의 원천으로서 인격화된 초자연적 존재로 보며 성신(聖神)으로 부른다. 성령에 대한 주요 성경구절로는 요한복음 14:16~17과 요한복음 14:26 그리고 사도행전 1:5~8이 있다.

내가 아버지께 구하겠다. 그러면 아버지께서 다른 보혜사를 너희에게 보내셔서, 영원히 너희와 함께 있게 하실 것이다.
그분은 **진리의 영**이시다. 세상은 그분을 보지도 못하고 알지도 못하므로, 그분을 맞아들일 수가 없다. 그러나 너희는 그분을 안다. 그것은 그분이 너희와 함께 계시고 또 너희 안에 계시기 때문이다.
(요한복음 14:16~17)
그러나 보혜사, 곧 아버지께서 내 이름으로 보내실 성령께서, 너희에게 모든 것을 가르쳐 주시고, 또 내가 너희에게 말한 모든 것을 생각나게 하실 것이다.(요한복음 14:26)

요한은 물로 세례를 베풀었지만 오래지 않아 **너희는 성령으로 세례를 받게 될 것이다.** 사도들은 다 같이 모인 자리에서 예수께 이렇게 물었다. "주님, 주님께서 이스라엘 왕국을 다시 세워주실 때가 바로 지금입니까?" 예수께서는 이렇게 대답하셨다. "그 때와 시기는 아버지께서 당신의 권능으로 결정하셨으니 너희가 알 바 아니다. 그러나 **성령이 너희에게 오시면 너희는 힘을 받아** 예루살렘과 온 유다와 사마리아뿐만 아니라 땅 끝에 이르기까지 어디에서나 나의 증인이 될 것이다."(사도행전 1:5~8)

요한복음 14절에 보면 성령이 진리의 영으로 정의된다. 성령을 신의 말씀(우주법칙, 진리)로 이해한다면 삼위일체는 쉽게 이해된다. 신(성부)과 신의 말씀(우주법칙/진리, 성령), 이것을 전하는 신의 아들(통로, 성자)은 하나로 존재한다는 말이다. 사도행전의 성령 세례는 예수가 전하는 진리의 세례를 말한다.

그러므로 도마복음 첫 구절은 이 세 개의 존재를 말함이며 두 번째 구절은 성부(하느님)나 성령(진리)이 있는 곳에 성자(예수)가 있음을 말하고 있다. 신과 하나로 연결된 예수, 이 예수를 매개체로 신의 말씀(진리)이 내려오는 것이다. 그러므로 신이 있는 곳에 예수가 있고 진리가 있는 곳에 예수가 있다. 누구나 깨달으면 예수처럼 신의 통로(성자)가 될 수 있다.

앞에 언급한 성경 구절(요한복음, 사도행전)에 나오는 성령을 진리로 대체하면 그 의미가 쉽게 다가온다. 예수는 하느님 말씀(우주 법칙, 진리, 성령)을 전하기 위하여 이 세상에 오신 것이다. 그러나 예수가 남긴 참 가르침은 복음서에는 거의 남아 있지 않고 세상에 드러나지 않은 비밀 단체를 통하여 내려왔다. 이들 가르침은 〈고대 비밀 가르침〉으로 알려져 있다. 다음은 성령 모독에 대한 흥미로운 성경 구절이다.

> 예수께서 말씀하시길, "아버지에 불경(不敬)을 저지르는 사람은 용서받을 것이며 그 아들에게 불경을 저지르는 사람도 용서받을 것이나 **성령에게 불경을 저지르는 사람은** 지상에서나 하늘에서 용서 받지 못할 것이다."(도마복음 44 절)

> 나는 분명히 말한다. 사람들이 어떤 죄를 짓든 입으로 어떤 욕설을 하든 그것은 다 용서받을 수 있으나 **성령을 모독하는 사람은** 영원히 용서받지 못할 것이며 그 죄는 영원히 벗어날 길이 없을 것이다. (마가복음 3:28~29)

> 또 사람의 아들을 거역해서 말하는 사람은 용서받을 수 있어도 **성령을 거역해서 말하는 사람은** 현세에서도 내세에서도 용서받지 못할 것이다. (마태복음 12:32)

이 구절을 보면 하느님이나 예수에게 불경(不敬)을 저지르는 것은 용서되나 성령에 저지르는 불경은 용서되지 않는다. 성령이 신으로부터 나온 것을 고려하면 이것은 받아들이기 어려운 내용이다. 예수는 하느님과 그 아들에게 불경을 저지르는 것은 용서된다고 하니 사람들이 알고 있는 상식을 깨는 말이 아닐 수 없다. 여기에 무슨 의미가 담겨있을까?

앞에서 삼위일체를 설명하면서 성령을 신의 말씀, 진리로 해석하였다. 즉 구원[81]은 예수를 통해서가 아니라 예수가 전하는 말을 통하여 가능하다. 비유를 든다면 대통령에 대한 불경은 용서되지만 대통령이 공고하여 시행중인 법에 위반하면 벌을 받는 것과 마찬가지이다. 신은 아들을 통하여 자신의 말을 전하였다. 신의 말씀은 우주 법칙이며 변할 수 없는 진리이기도 하다. 우주는 이 법칙에 의하여 질서정연하게 운행된다. 진리가 우리를 자유롭게 하듯 진리에 대한 불경은 우리를 어둠 속에 가두어버린다.

불교 삼신불(법신, 보신, 화신) 사상은 기독교 3위 일체(성부 성신 성자)와 매우 유사한 개념이다. 우주의 근원(신, 공, 불성)으로 불리는 법신(法身)은 성부(聖父), 이 법신이 모습을 드러낸 보신(報身)은 성신(聖神), 이 법신과 보신을 근거로 구체적으로 모습을 나타낸 화신(化身)은 성자(聖子)로 대치해 볼 수도 있다.

신은 모든 곳에 편재하며 작은 풀잎 하나에도 스치는 바람에도 신의 말씀이 스며들어 있다. 그러므로 다른 종교 가르침에 존재하는 진리를 이유 없이 비하하는 사람은 진리에 대한 불경을 저지르는 셈이다. 슬픈 일이지만 종교 근본주의자 같은 무지한 사람들은 자신들이 무슨 죄를 저지르는지 모른다. 무지는 사람을 용감하게 만드나 그 죄는 피할 수 없다. 가장 큰 죄는 진리에 대한 불경(不敬)이기 때문이다.

카발라에서는 영계(케테르, 호크마 비나)를 아버지, 멘탈계(티페레

---

81) 무지에서 해방을 의미한다.

트, 헤세드, 게부라)를 어머니, 아스트럴계(예소드, 네차흐, 호드)를 아들로 보고 이것을 삼위일체의 근원으로 본다. 즉 영계의 3개 세피로트, 멘탈계의 3개 세피로트, 아스트럴계의 3개의 세피로트가 각각 삼위일체를 구성하고 이것이 또한 전체로 즉 영계, 멘탈계, 아스트럴계가 삼위일체를 이룬다.

6 성육신, 예수는 하나님 아들인가?

성육신(成肉身)은 하느님이 인간의 구원을 위해서 사람으로 나타나신 것을 가리킨다. 하느님이 인간의 속성을 입고 하느님의 아들이요 삼위일체의 제2격인 예수 그리스도의 모습으로 인간이 되었다는 내용이다. 이 교리에 의하면 예수는 하느님이면서 인간이다. 신성과 인성이 따로 떨어져 단절된 채로 존재하는 것이 아니라 예수 안에서 결합되어 있다. 두 본성의 일치로 속성이 감소 또는 혼합된 것이 아니라 오히려 각자의 정체는 그대로 유지되었다고 주장한다.

성육신 신학의 발전은 예수의 신성과 인성의 관계에 관한 여러 가지 해석에 초대 교회가 대응하는 과정에서 이루어졌다. 니케아 공의회(AD 325)는 예수 신성을 부정한 아리우스파[82]와 예수의 신성을 주장한 아타나시우스파의 논쟁에서 아타나시우스파[83]의 손을 들어 예수는 피조물이 아니라 창조주라고 결정했다. 니케아 회의는 예수 신성과 삼위일체 논쟁이 주된 안건이었다.

예수 본성에 대한 교리는 칼케돈 공의회(AD 451)에서 더욱 분명하게 정의되었다. 이 공의회에서 예수는 완전한 신임과 동시에 완전한 인간이며, 신성과 인성의 양 본성은 예수 그리스도의 인격 속에

---

82) 알렉산드리아 사제, 예수가 실제로는 신이 아니라 피조물이라고 주장했다. 신성은 유일한 것이어서 나누거나 전가할 수 없으며 신성은 불변하기 때문에 복음서에 나타난 성장하고 변화하는 성자는 하느님일 수 없다고 했다. 하나님과 예수 그리스도는 유사 본질이며 예수는 창조된 피조물이라고 했다.

83) 예수는 하느님과 유사한 본질을 지닌 피조물이지 동일한 본질을 지닌 존재는 아니라고 주장한 아리우스주의에 대항하여 예수는 완전한 하느님이시며 완전한 사람이라며 동일 본질을 주장하였다.

그대로 보존되어 있다고 선언했다.

이 선언으로 예수의 인성을 강조하는 네스토리우스파[84]는 이단으로 몰려 기존 교회에서 분리되었다. 그 후 칼케돈 공의회의 정의는 기독교 정통 교리가 되었다.

이처럼 지금 믿고 있는 교회 교리는 성경에 기록되어 있는 예수의 말씀이라기보다는 여러 종파 간의 논쟁을 통하여 형성된 정치적 결과물이다. 사실 교리 발전에 크게 기여한 것은 영지주의였다. 당시 주도권을 쥐고 있었던 우리가 지금 정통이라고 부르는 초기교회 교부들은 영지주의 교리에 반박하고 맞서기 위하여 여러 신조를 만들고, 정경 목록을 확정하고, 주교의 권위를 강조하였다. 영지주의 사상체계는 초기 그리스도교의 사상이 체계화되도록 자극했다. 4세기에 지금의 기독교가 공인되고 영지주의는 이들로부터 엄청난 박해를 받아 사라진다. 그러나 삼위일체 교리 논쟁의 중심에 있는 아리우스가 영지주의자는 아니다.

니케아 공의회에서 예수의 신성과 삼위일체설이 부결되었다면 예수 신성과 삼위일체론은 존재하지 않고 예수는 인간으로 조명되었을 것이다. 다수결에 의해 예수는 신이 된 셈이다. 이것이 하느님의 뜻이었다고 말하는 사람도 있을 것이다. 그러나 예수가 인간이라고 해서 예수의 위대함이 사라지는 것은 아니다. 그러나 과정이 어떠하든 정말 중요한 것은 교회가 발전시킨 예수 신성과 삼위일체론이 진리인지 아닌지의 여부일 것이다.

근본적 질문을 해보자. "예수가 신인가 인간인가?" "신이라면 인간과 어떻게 다른가?" 모호한 성경구절의 해석을 두고 초기교회부터 진행해온 예수 신성에 대한 논란은 답이 없다.

---

84) 인간 예수에게 하느님이 임하여 하느님의 아들 그리스도가 되었다며 예수의 신성과 인성을 구분하였음,

인간의 본질에 대하여 동양사상이나 예수의 비밀가르침인 영지주의 그리고 유대신비사상인 카발라 사상은 인간을 근원적 존재/절대자의 피조물이 아니라 신의 발출 혹은 확장으로 본다. 구원은 근원에서 나온 인간 영혼이 원래의 자리로 돌아가는 것이 된다. 그러므로 인간 모두를 신성한 존재로 본다. 그러니 예수만이 하느님 아들이라는 주장에 대하여 예수가 하느님 아들이듯 우리도 하느님 아들이라고 말할 수 있게 된다. 그러므로 이들 눈에는 예수 신성을 둘러싸고 일어난 치열했던 교회 논쟁은 참으로 무의미한 논쟁거리다.

누구에게나 신성은 있으나 그것이 잠자고 있다. 예수나 붓다는 신성이 찬란하게 드러난 그리스도의식을 지닌 분들이었다. 그러므로 당연히 예수에게는 신성이 있었으며 신과 연결되어 신의 말씀 즉 진리를 전하는 존재였다.

7 기독교 구원관

기독교에서는 예수님이 인간의 죄를 대신하여 십자가에서 피 흘리며 돌아가셨으므로 오직 예수만 믿고 그 가르침을 따라 살아가야 구원을 얻는다고 한다. 예수 죽음과 부활 그리고 구원의 주제는 교회를 있게 하는 핵심 교리이다. 이런 논리에 근거하여 다른 종교의 구원을 인정하지 않아서 많은 갈등을 낳고 있으며 자연스럽게 독단적인 모습을 띠게 된다. 그런데 예수는 한 번도 인간의 죄를 갚기 위해 자신이 죽어야 한다고 말한 적이 없다.

교회는 구원에 관련한 근거를 예수의 말이 아니라 주로 예수 제자들 글에서 찾고 있다. 그런데 예수 메시지를 정확하게 이해하지도 못한 의식수준이 낮았던 제자들의 말을 우리가 어디까지 신뢰하여야 할까?

오늘날 기독교는 바울에 의하여 성립되었다고 한다. 바울은 원래 그리스도인을 박해하는 정통유대인이었으나 다마스쿠스에 가던 중 신비 경험을 통하여 예수를 만나 그의 음성을 듣고 예수의 제자가 된다. 그러므로 바울은 직접 예수를 만난 적은 없다. 다른 복음서와 마찬가지로 바울 서신들도 바울이 자신의 관점에서 해석한 개인 신앙고백의 글이다.

신약성서 22개의 문서 중에서 바울의 이름으로 된 서신은 13개에 달한다. 그러나 현대 신학자들은 바울 서신에서 사용된 언어와 내용을 검토하고 나서 13개[85] 전부를 바울이 썼다고 보지는 않는다.

---

85) 로마서, 고린도전서, 고린도후서, 갈라디아서, 에베소서, 빌립보서, 골로새서, 데살로니가전서, 데살로니가후서, 디모데전서, 디모데후서, 디도서, 빌레몬서,

바울 신학의 핵심은 그리스도 안에서 하나님이 사람을 심판하시고 구원하신다는 것이다. 그는 율법이 아닌 그리스도에 대한 믿음을 통해 하느님과의 관계가 회복된다고 했다. 그는 그리스도가 하나님과 더불어 존재했고 예수로 성육신했다고 하였다. 예수의 부활을 인류에 대한 하나님의 구원으로 인식했고 구원을 예수 그리스도 안에서 죄를 용서받는 것으로 이해했다. 이런 터무니없는 논리적 비약으로 생겨난 것이 지금의 기독교 교리이다.

기독교의 교리 상당 부분이 바울의 저서로 채워져 있다. 바울을 실제적인 기독교 창시자로 보는 학자도 있다. 예수 가르침이 바울의 사상으로 재구성되고 재포장되어 만들어졌다는 주장도 있다. 자신의 잣대(의식수준, 가치관 등)에 맞추어 예수 가르침을 평가하고 의미를 부여하여 지금의 교리 체계를 만들어내었다고 볼 수 있다 .

철학 강의를 초등학생, 중학생, 고등학생, 대학생에게 들려주고 그들 머리로 이해한 것을 정리하라고 하면 여러 수준의 글들이 나올 것이다. 하물며 예수를 직접 만나지 못한 바울임을 고려하면 그가 얼마만큼 예수의 의도를 파악하고 가르침을 이해하였을지 의문이다. 그러나 예수 생전만 해도 소수종파에 불과했던 기독교가 세계적인 종교로 성장하게 된 데는 바울의 역할이 컸다.

신약성경에는 4복음서에 나오는 예수의 12제자 글이나 행적이 묘연하다. 정경에서는 베드로를 제외하고 예수의 12제자들은 그다지 두각을 드러내지 않는다. 오히려 육체적 예수를 만난 적이 없는 바울이 주인공이다. 신약의 상당 부분을 차지하는 바울 서신들로 인해 최고의 사도는 바울처럼 비춰진다.

그런데 다른 사도들의 행적은 지금의 기독교가 배척한 교리를 담고 있는 외경에서 드러난다. 사실 AD 200까지 초대교회에서는 지금의 정경과 외경을 구별하지 않은 채 각 지역 교회의 판단에 따라 이들을 자유롭게 사용하였다. 그러다 내부 종파 다툼 때문에 교회에서는 공인된 경전 목록의 필요성을 느끼게 되어 정경 목록을 확정하는 작업에 들어간다. 기독교 정경 목록은 393년 카르타고 주교회의에서 결정되었다.

4세기 로마 콘스탄니누스 황제의 기독교 공인과 니케아 회의를 통하여 예수 교리가 하나로 일원화될 때까지 기독교는 수많은 종파로 나뉘어져 있었다. 지금 우리가 따르는 기독교는 여러 종파 중 살아남은 종파의 교리이고 패배한 종파 문서는 거의 파괴되었다. 외경 상당수가 영지주의 작품이었다.

교회에서는 구원을 말하면서 다음과 같은 성경 구절을 인용하기도 한다.

> 그리스도는 단 한 번 지성소에 들어가셔서 염소나 송아지의 피가 아닌 당신 자신의 피로써 우리에게 영원히 속죄 받을 길을 마련해 주셨습니다.
> 하물며 성령을 통하여 당신 자신을 하느님께 흠 없는 제물로 바치신 **그리스도의 피**는 우리의 양심을 깨끗하게 하는 데나 죽음의 행실을 버리게 하고 살아 계신 하느님을 섬기게 하는 데 얼마나 큰 힘이 되겠습니까?
> 그러므로 그리스도는 새로운 계약의 중재자이십니다. **그분은 사람들이 먼젓번 계약 아래서 저지른 죄를 용서받게 하시려고 죽으셨습니다.** 따라서 부르심을 받은 사람들이 하느님께서 약속해 주신 영원한 유산을 이어받게 되었습니다.(히브리서 9:12, 14, 15)

> 그러나 하느님께서 빛 가운데 계신 것처럼 우리도 빛 가운데서 살고 있으면 우리는 서로 친교를 나누게 되고 그분의 아들 **예수의 피**가

우리의 모든 죄를 깨끗이 씻어 줍니다.(요한1서 1장 7절)

그러니 형제 여러분, 여러분은 바로 **이분으로 말미암아 죄를 용서 받을 수 있다는 복음**이 여러분에게 선포되고 있다는 것을 알아야 합니다. 그리고 모세의 율법으로는 여러분이 죄에서 풀려날 수 없지만 이 **예수를 믿는 사람은 누구나 모든 죄에서 풀려난다는 것**을 알아야 합니다.(사도행전 13:38~39)

이들 구절은 예수의 말이 아니라 제자들이 예수 행적에 대하여 자신들의 머리로 이해한 것을 기록한 글일 뿐이다. 엄청난 논리적인 비약이 보인다. 이것이 수천 년 동안 기독교 신자들 의식을 지배한 원천이다.

실제로 4복음서에 기록된 예수의 가르침은 극히 적은 분량이고 게다가 일반 대중을 위한 수준 낮은 비유적 설명이었다. 예수 비밀 가르침인 영지주의에서는 구원은 율법 엄수나 믿음이 아니라 영지/앎/진리를 통해서 이루어진다.

8 구원관 비판

(1)

“뿌린 대로 거두리라.” 이 말은 성경에 나오는 유명한 구절이다. 이와 같은 말을 불교에서 찾는다면 카르마 즉 업을 들 수 있다. 원인이 있기에 결과가 있다는 말이며 쉽게 말하면 “원인과 결과의 법칙”이다.

사람들은 이 간단한 법칙을 무시하고 살아간다. 미래 카르마를 고려하면 행동에 주의를 해야 정상인데도 사람들은 그릇된 행동을 겁없이 행한다. 이 법칙에 벗어날 방도는 없다.

기독교인 중에는 일요일에 교회에 나가 기도하고 회개하면 자신의 죄가 사해진다고 믿는 사람들이 있다. 예수 믿고 따르면 구원 받는다니 세상에 이것보다 더 좋은 것은 없어 보인다. 6일간 죄를 저지르고 일요일 하루 교회 가서 회개하면 구원받고 심지어 평생 못되게 살다가 임종을 얼마 남겨두지 않고 회개하면 구원받으니 이 얼마나 감사한 일인가? 세상은 즐거워 보이고 무슨 일을 범하든 마음은 편할 것이다. 그들에게 원인과 결과의 법칙은 마음의 부담으로 남아 있지 않을 것이다.

그러면 구원을 위해서 예수를 믿어야 한다는데 예수의 무엇을 믿어야 하는가? 구약의 하느님 말씀과 신약의 예수 말씀을 믿으면 되는가? 솔직히 성경이 왜 진리인가? 신자들은 성경이 하느님 말씀이고 하느님 아들인 예수의 말씀이어서 진리라고 한다. 그러면 성경에 나오는 여호와와 예수가 하느님과 하느님 아들인 것을 어떻게 증명할 것인가? 이슬람의 알라나 힌두교의 브라만은 성경의 여호와와 어떻게 다른가?

우주의 절대자는 하나일 터인데 이 세상에 얼마나 많은 신의 이름이 거론되고 있는가? 기독교인들이 다른 신들은 가짜 하느님이라고 말한다면 마찬가지로 다른 종교인들도 기독교인이 믿는 여호와(신)를 가짜라고 말할 수 있다.

남을 무시하는 이런 배타적인 방법으로는 자신이 믿는 신을 유일한 신으로 인정받을 수는 없다. 나라마다 창조신화가 있고 창조신이 있을 수 있다. 그런 나라의 신들을 지역적인 신 또는 미신으로 몰아버리면서 이스라엘의 민족 신일 수도 있는 여호와를 우주의 유일한 신으로 받아들어야 하는 어떤 합당한 이유가 있는 건가?

근원(신)은 하나인데 문화마다 나라마다 사람마다 자신의 개념으로 즉 자기 나름의 색 안경을 쓰고 근원적 존재를 바라보니 신은 수많은 모습으로 나타난다. 신의 모습은 시대에 따라 변하고 의식 수준에 따라 변하는 법이다. 옛날에는 신을 인간의 모습을 하고 하늘 위에서 우주(지구)를 다스리는 존재로 생각하기도 했으나, 이제 이런 신의 개념은 모든 곳에 편재하는 무형의 무한 존재로 변화하였고, 아예 신을 형상 없는 우주 법칙으로 간주하기도 한다.

결국은 신을 받아들이는 집단이나 개인의 의식수준에 따라 형성되는 것이 신이다. 여호와는 이스라엘인들의 사고와 문화가 반영된 절대자의 모습이고, 알라는 중동의 문화와 사고가 반영된 절대자의 모습이고, 우리의 천지신명은 우리의 문화와 의식수준이 반영된 절대자의 모습일 뿐이다.

특정 민족, 특정 종교에서 모시는 신이 다른 신에 우월한 까닭은 없다. 같은 것을 다른 색 안경을 끼고 보는 차이일 뿐이다. 세상에는 인구수만큼 신이 존재한다는 말을 생각해 볼 필요가 있다.

신에 대해서는 우월을 논하기 어려우면 그 다음에는 그 신이 전하는 메시지를 가지고 이것이 바른 진리인지 아닌지를 판단해야 한다. 원시인이 지닌 신의 개념은 문명인이 지닌 신의 개념과는 질적으로 많은 차이가 있다. 우리는 이제 맹목적으로 내가 믿는 알라가, 내가 믿는 여호와가 최고라고 주장하는 단계에서 벗어나 교리를 가지고 우월 여부를 가려야 한다.

구약은 우리가 믿을만한 가르침인가? 모세오경의 율법은 당시 유대인 사회의 풍속이나 사고가 반영된 것임을 알 수 있다. 지금 보면 터무니없는 구절이 너무 많아 이것 전부를 신의 말씀으로 받아들이기에는 무리임을 쉽게 알 수 있다. 물론 문자적 의미보다는 비유로 이해하면 다른 차원의 내용이 드러나겠지만 드러난 내용만으로는 우리가 따르기에 부당하고 반인륜적인 내용이 많다.

신약에서는 구약의 분노하고 질투하고 시기하는 신의 모습은 사라지고 인간을 사랑하는 신이 나타난다. 예수의 의식이 반영된 것이다. 신약에 나오는 예수 어록은 도덕적으로 훌륭한 가르침이다. 하늘나라를 말하고 비유를 통하여 사람들에게 올바른 훈계를 한다. 그러나 이런 가르침이 다른 종교 교리에 우선하는 유일한 가르침이라 주장할 근거는 없다. 이런 종류의 가르침은 유교나 도교, 불교 등 다른 종교에서도 흔하게 찾을 수 있기 때문이다.

그러나 기독교인들은 거의 하나같이 예수를 통한 구원만을 내세운다. 예수가 자신들 죄를 대신하여 십자가에 못 박혔으므로 예수를 믿어야 구원받는다고 한다. 예수가 자신이 인류의 죄를 대신하여 죽는다고 언제 말했고 자신을 믿으면 구원받는다고 언제 말했는가?

구원과 관련하여 기독교인들이 자주 내세우는 구절이 요한복음 14장 6절(예수께서 가라사대 내가 곧 길이요 진리요 생명이니 나로 말미암지 않고는 아버지께로 올 자가 없느니라.)이다. 어떻게 예수의 이 짧은 선언이 다른 종교 가르침을 통한 구원을 배척할 근거가 되는가? 예수의 말이 모든 종교의 판단 기준이 되어야 하는 터무니없는 논리는 어디에서 근원하는가?

붓다나 노자 혹은 다른 성인들이 하는 말은 왜 구원이 될 수 없는가? 기독교인들은 앵무새처럼 예수는 하느님의 독생자이고 다른 성인들은 신이 만든 인간일 뿐이라는 모순되는 말을 반복한다. 정말 알맹이 없는 비이성적 비논리적 주장이고 억지이다.

예수가 신이라면 그것은 예수를 신으로 받아들이는 사람들에게 한정된 신이고 구세주일 뿐이지 다른 종교인들에게는 그들 나름의 신이 존재한다. 예수가 자신 외에는 구원을 인정하지 않는 그런 이기적이고 배타적인 가르침을 폈을 리가 없다. 후세 사람들이 자신들의 좁은 시야로 예수를 잘못 이해한 결과일 뿐이다. 맹목적 믿음이 아닌 이성과 식별력으로 여러 가르침에서 참 진리를 찾아야 한다. 열린 마음이 가장 필요한 곳이 종교이다.

사람들은 쉽게 구원을 얻을 수 있는 방법을 찾아다닌다. 머리 아파가며 어려운 교리 공부하기 싫어하고 다리 아프게 가부좌 틀고 앉아 명상하기 싫어한다. 그냥 쉬운 것, 즉 기도하고 말로 회개하면 죄가 사해지고 하늘나라가 보장되는 그런 쉽고 편안한 종교를 원한다.

피아노를 능숙하게 연주하려 해도 수년이 걸리고, 박사학위에도 수십 년이 걸리며, 살을 빼려 해도 꾸준한 다이어트와 운동이 필요한데, 가장 어려워 보이는 하늘나라에 가려는 사람들치고는 너무 노력을 기울이지 않는다. 헌금 많이 하고, 이웃이나 주변 사람에게 예수 믿으라고 전도하고, 주여! 주여! 하면서 기도하는 것으로 자신의 역할을 다한 것으로 생각한다. 천국 갈 수 있게, 돈 많이 벌게, 병 낫게, 출세하게, 자식이나 부모 건강하게 해달라고 기도하는 것이 오늘날 기독교인들 모습이다.

이들 기도는 온통 외부(신)를 향하여 무언가를 해달라는 간절한 요청으로 차있다. 영적 성장을 자기 성찰을 통한 내면의 질적 변화로 본다면 기독교는 이런 내면을 성찰하는 가르침이나 훈련법이 턱없이 부족하다.

기독교인들은 하느님이 자신의 죄를 용서해주는 것을 구원으로 생각한다. 이런 구원을 최고의 목표로 삼으니 자신의 내면은 변화되지 않은 상태에서 신을 기쁘게 하는 행위에만 몰두하게 된다. 열성적인 전도행위, 타종교인을 사탄 보듯 하는 배타성, 이성이 동반되지 않은 맹목적 믿음, 교회에 헌신 등이 그러한 예이다.

신에게 잘 보이면 구원을 얻을 수 있다는 이런 생각은 참으로 이기적인 발상으로 보인다. 구원은 신이 마음대로 누구를 선택하는 행위가 아니라 스스로 자신을 닦아 내면을 밝히는 행위이다.

(2)

흥미로운 사실은 종교를 믿으면 이성과 지혜가 밝아져야 하는데 오히려 주체적으로 생각하는 능력이 사라지기 시작한다는 점이다. 성경에 나오는 구절을 앵무새처럼 재잘거릴 뿐 왜 그것을 믿어야 하는지 이성적으로 생각하려고 하지 않는다. 이런 마음상태는 일종의 최면 상태와 유사하다. 무조건 따르기만 하면 구원이 보장되기에 이성은 사라지고 사고는 단순하게 변한다. 하느님을 믿는 자신은 선이고 그 반대에 있는 사람은 악이 된다.

이런 기독교 속성 때문에 기독교 역사 2,000년을 통하여 수많은 전쟁과 파괴 그리고 학살이 있어왔다. 십자군 전쟁, 중세 마녀사냥,

종교전쟁, 이단재판 등은 그 대표적인 예이다. 최근에는 유고슬라비아 연방이 붕괴되면서 기독교를 믿는 세르비아인에 의해서 오래 동안 같이 살아온 회교도에 대한 인종청소가 있었고 수십만 사람이 죽었다.

예수는 이렇게 말씀하셨다. “너희는 남에게서 바라는 대로 남에게 해주어라. 이것이 율법과 예언서의 정신이다.”(마태복음 7:12). 기독교인들은 예수의 이런 가르침을 모르고 있는 것인지 아니면 알고도 따르지 않는 것인지 궁금하다.

의식이 변하지 않으면 하느님과 예수에게 아무리 죄를 사해 달라고 기도해도 소용이 없다. 그러나 기도와 회개를 통하여 죄를 사함 받았다고 착각하기에 그들은 당당하게 살아간다.

동양종교와 많이 다른 이런 독특한 기독교 구원관은 원죄설 때문이다. 인간을 죄인으로 보기 때문에 죄사함이라는 구원이 존재하는 것이다. 원죄는 예수가 말한 것이 아니라 후세에 교부들이 주장한 이론일 뿐이다. 기독교는 사람을 죄인으로 몰아붙여 신에 의지하게끔 만든다. 원죄를 끄집어내어 인간을 초라한 존재로 그리고 신의 피조물로 만든다. 기도의 상당 부분은 죄에 대한 회개이다. 이런 원죄설은 이성을 지닌 사람에게는 황당함 그 자체이다.

왜 쓸데없는 죄의식을 심어 사람들을 죄인으로 만들까? 그것은 죄가 없으면 예수의 죄사함이 없을 것이며 기독교는 존재할 가치가 없기 때문이다.

기독교인은 자신이 저지르는 죄에 대해서도 언제나 회개를 통하여 죄사함이 가능하다고 생각한다. 반면 불교도는 자신이 행한 모든 행위는 미래에 업이 되어 반드시 만나게 됨을 믿는다. 무엇이 올바를까?

태어날 때 주어지는 신체적 특성, 가정환경은 너무 다양할 뿐 아니라 그 차이가 심하다. 식인종 자녀와 문명국의 학자 집안 자녀. 신체부자유자와 신체 건강한 자녀. 부자 집 자녀와 가난한 집 자녀 등을 비교하면 사람들의 운명은 시작부터 공정하지 않다. 이런 이유 없는 부당한 차별대우를 정의로운 신의 결정으로 받아들여야 하는가? 이런 문제는 전생의 업과 윤회를 받아들이면 쉽게 해결될 수 있다. 그리고 이것은 영지주의와 카발라에서 주장하는 내용이다.

기독교인에게 정의롭지 못한 신의 처사에 의문을 제기하면 피조물인 우리는 신의 뜻을 알 수 없다는 불가지론을 내세운다. 그런 논리하면 그 창조자가 기독교의 야훼여야 하는 이유는 없다. 옥황상제나 알라일 수 있고, 브라만일 수 있고, 고대 이란의 조로아스터교의 아후라 마즈다일 수 있고, 불교의 아미타불일 수도 있다.

그런데 그들은 자신들의 신만이 유일하게 창조자라 한다. 그러면서 그 이유를 증명하지 못한다. 증명할 수 없는 사실을 고집스럽게 주장할 뿐이다. 믿으면 알 수 있다는 말을 하는데 그것은 다른 신에게도 동일하게 적용되어야 하는데 다른 종교에 대해서는 알려고 하지도 않는다. 믿기만 하면 하늘나라에 들어갈 수 있다는 생각은 자기 만족이고 이러한 생각을 한다는 그 자체가 상당히 오만하고 천박하다. 이것은 신을 아주 얕잡아 보는 일이다. 그러나 신은 그렇게 허술하지가 않다는 것이다.

기독교인이 오해하는 것이 천국이라는 단어이다. 예수가 말하는 천국은 죽어서 가는 장소가 아니라 이 순간 깨달으면 바로 알 수 있는 마음 상태이다. 〈도마복음〉에서 예수는 하늘나라를 찾고 있는 제자들에게 하늘나라는 우리 안에 있으니 자신을 바로 알라고 분명히 밝힌다. 구원은 신이 아니라 자신이 하는 것이다.

9 회개

기독교에서 구원의 조건은 예수 믿고 회개하는 것이다. 기독교인의 회개는 하나님 앞에 자신이 죄인임을 인정하고 예수에 대한 절대적 믿음을 받아들이는데 있다.

대부분의 그리스도인들은 회개가 일회로 이루어진다고 믿고 가볍게 감정적 수준에서 받아들이는 경향이 크다. 그러니 한 번 회개하고는 다른 잘못을 저지르면 다시 회개하고 살아간다. 좋게 말하면 회개를 통하여 심리적 안정을 얻는 것이요 나쁘게 말하면 말로만 회개를 하여 신과 자기 자신을 속이는 일이다.

교도소에는 죄인 교화를 담당하는 성직자가 있는데 가장 인기 있는 종교가 기독교라는 통계가 있다. 어떤 죄를 범하였건 예수 믿고 회개하면 구원을 얻는다니 죄수들에게는 로또 복권이나 마찬가지이다. 과정보다는 결과를 중시하고 과거 불문하고 단번에 용서가 된다니 이것보다 더 좋은 교리가 어디 있겠는가?

솔직히 사형수나 중대 범죄인에게 자신이 범한 죄를 후생에 그대로 받게 된다는 불교교리는 받아들이기가 상당히 어려울 것이다.

반면 카르마(원인결과의 법칙)를 믿는 불교나 힌두교도인의 경우는 자신이 행한 일은 반드시 그 결과를 받을 것이란 것을 알기에 단박에 구원 받는 그런 허황된 생각보다는 차분히 선업을 쌓으려고 노력한다. 또한 잘못을 범하려다가도 그 행위로 나중에 받게 될 카르마를 생각하고는 멈추는 경우가 많다. 원인과 결과의 법칙은 우주를 정의롭게 하고 우주를 지배하는 법칙이다. 이 법칙에 벗어날 방도는 없다.

회개는 평생 계속해서 이루어지는 일이며 안에 있는 부정적 속성과 잘못된 습관이 끊어질 때까지 지속적으로 반복해서 돌이키는 일이다. 회개를 어떻게 이해하는가의 문제겠지만 참된 의미에서 회개는 자기 수련 과정이며 동양의 명상과 다를 바가 없다.

기독교인들은 예수 믿고 회개하면 구원받는다고 한다. 그러면서 다른 종교의 구원을 인정하지 않는다. 붓다나 다른 성인의 말씀을 따라도 구원은 없다고 한다. 예수는 성경 어느 구절에서도 이런 말을 한 적이 없다. 예수는 "진리가 우리를 자유롭게 하리라."(요한복음 8:32)고 하셨다. 우리를 해방시키는 것(구원)은 사람이 아니라 그 사람이 전하는 진리라는 뜻이다. 우리를 무지, 집착, 탐욕, 고통에서 해방시키는 것은 특정 종교나 그 종교의 설립자가 아니라 그들이 전하는 진리임을 깨달아야 한다.

도마복음(67절)에서 예수는 "모든 것을 알되 자기 자신을 모르는 사람은 아무것도 모르는 사람이다."하였다. 이것은 맹목적 믿음이 아니라 우선적으로 자신을 알라는 동양의 가르침과 다를 것이 없다. 도마복음 3절에서 예수는 "만약 너희 인도자들이 너희에게, '보라 천국이 하늘에 있노라'고 말한다면 공중의 새들이 너희를 앞설 것이요, 만일 그들이 '천국이 바다에 있노라'고 한다면 물고기들이 너희를 앞설 것이니라. 오히려 천국은 너희 안에도 있으며 너희 바깥에도 있느니라."하였다. 천국 즉 깨달음은 마음 상태임을 알려주는 말씀이다.

〈리그베다〉에 이런 구절이 나온다. "하나의 진리를 가지고 현자들은 여러 가지로 말하고 있다." 사람들이 이것을 이해하지 못하는 것은 그릇된 고정 관념 때문이다. 진리란 보는 방향에 따라 다양한 모습을 드러내는 보석과 같다. 그러므로 진리는 의식수준에 따라 수많은 모습으로 다르게 나타난다.

'다름'과 '틀림'을 구별하지 못하고 다른 모습을 한 종교를 모두 '틀린 것'으로 생각하는 배타성과 우리를 대신하여 예수님이 십자가를 지셨으니까 편안하게 예수만 믿다가 천국 가면 그만이라는 이기성이 오늘날 기독교를 욕먹게 한다.

불교를 비롯한 주요한 동양종교와 기독교의 근본적 차이가 구원의 방식에 있다. 구원의 주체가 자기 자신인가 아니면 예수인가의 차이이다. 예수만 믿으면 구원받는다고 생각하는데 이 논리는 이성을 지닌 현대인들에게는 참으로 신기하게 여겨지기도 한다.

구원은 자기 구원이다. 우리는 목마른 자를 물가로 안내할 수는 있지만 물은 대신 마실 수는 없다. 목마른 자가 직접 마셔야 목마름이 해소된다. 맹목적 믿음이 아니라 의식의 변화로 구원을 받는다. 다른 말로 회개는 내면의 신성 자각이다.

10 참된 회개와 카르마 법칙

회개와 관련하여 떠오르는 것이 이창동 감독, 전도연 주연의 〈밀양〉이라는 영화이다.

> 무슨 사연인지 모르겠지만 남편 고향 밀양에 정착을 하는 주인공과 아들. 주인공을 상당한 재력가로 오해한 학원원장이 아들을 유괴하여 살해를 한다. 이들 비관하다 주인공은 기독교에 귀의하게 되고 열심히 신앙생활을 한다. 마음속에 하나님을 영접했다고 믿은 주인공은 하나님의 뜻대로 살인자를 용서하러 교도소에 갔다가 살인자 입에서 하나님이 이미 자신을 용서했다는 말과 그의 담담한 태도에 충격을 받는다. 하나님을 만나 용서를 받고 구원을 얻었다는 그리고 주인공을 위해 기도했다는 말에 그녀는 당황하고 혼란에 빠져 어찌할 줄 모른다. 자신이 용서해 주기 전에 하느님이 어떻게 먼저 용서해 줄 수 있단 말인가? 자신은 아직 힘들어 하는데 죄를 저지르고 이제는 용서받았다고 담담해 하는 사람을 보면서 이것이 공평한 일인가라고 울부짖는다.

이 영화에 대한 평가는 종교 성향에 따라 많이 다르다. 모든 곳에 공평히 비치는 햇살마냥 하느님의 커다란 뜻을 이해 못하고 살인자에 대한 진정한 용서를 하지 못하는 나약한 인간의 모습을 보여주는 영화라는 평가가 있는 반면, 살인죄를 저지르고도 하느님을 믿어 구원을 받았다는 살인자의 일방적이고 자기 본위적인 행동에서, 죄를 저지르고는 회개하여 용서받았다는 일부 개신교인들의 위선의 전형을 보여준다는 평도 있었다. 감상평은 답이 없는 것이라 무엇이 옳고 그르고를 따질 수는 없지만 여러 가지 생각을 하게 만드는 영화였다.

용서는 참으로 어려운 일이다. 아랍 격언에 이런 말이 있다. "자신에게 불법을 행하거나 무례를 범한 사람을 보고도 불쾌한 기억이 떠오르지 않을 정도가 되어야 진정한 의미의 용서라 할 것이다."

이런 정도가 되려면 상당한 수준에 도달해야 할 것이다. 사실 복수나 용서는 개인이 아니라 신이, 더 정확하게는 우주법칙이 한다. 신의 입장에서는 우주 정의를 행하는 방법이며 이것을 카르마 법칙(원인과 결과의 법칙)이라 한다. 상당한 경지에 도달한 사람이 아니라면 살인자를 용서하기는 쉽지 않을 것이다. 주인공이 용서를 위하여 살인자를 찾은 것도 진정한 용서를 위해서라기보다는 주변 사람이나 신에게 자신의 숭고한(?) 행동을 보이기 위한 위선이 어느 정도 깔려 있었을 것이다.

신에게 용서를 빌고 구원을 받았다는 사람도 위선적인 모습은 마찬가지였다. 설사 구원을 받았다 하더라도 피해자의 아픔을 고려하여 형식적으로라도 반성하고 용서를 구하는 태도가 성숙한 영혼이 할 일이었다. 신의 구원을 받았다고 당당한 자세로 말하는 그 모습에는 주인공의 아픔을 감싸 안을 줄 모르는 이기심과 구원받은 자(?)의 오만함이 깃들어 있었다.

어떻게 과거의 죄를 믿음 그 하나만으로 정화시킬 수 있단 말인가? 우주법칙을 모르는 어리석은 사람의 착각이다. 영화에서 살인자가 믿음으로 구원을 받았다고 말하는 것은 상당히 위선적이고 자기최면적이다. 사실 이런 종류의 회개는 "예수천국 불신지옥"이라는 기치 아래 너무도 쉽게 용서와 구원을 말하는 기독교 풍토에서 흔히 볼 수 있는 일이다.

믿음이란 무엇일까? 교리에 대한 여러 가지 의문에 대하여 기독교인들은 일단 예수 믿으면 된다는 말을 자주 한다. 그런데 여기서 모르면서 어떻게 믿음이 생겨날 수 있느냐 하는 것이다. 낯선 사람은 경계하고 모르는 길은 조심하게 되는 것이 사람 마음이고, 회사에 취업할 때도 업종, 재정 견실도, 사회기여도 등을 조사하는 것이 상식이고, 결혼을 하려고 해도 상대방에 대한 여러 정보를 알아보고 하는데, 하물며 영혼의 문제와 관계되는 중대한 종교 문제에 있어서는 더더욱 조심스럽게 탐구하고 연구해야 하는 것은 지극히 정상이다. 그러므로 참 믿음의 전제조건은 앎이다. 많이 알수록 믿음이 더욱 견고해진다.

어떤 법칙의 작동원리를 알게 되면 그 법칙에 대한 믿음이 생겨나듯이 신에 대하여 많이 알게 되면 그만큼 신에 대한 믿음이 커지는 법이다. 중세시대에 지구가 평평하다는 믿음, 지구가 우주의 중심이란 믿음은 확고부동한 진리였다. 그러나 모르면서 무조건 믿는다고 거짓이 진실이 될 수는 없는 것이다.

그러므로 이성과 식별력으로 신에 대하여 명상하고 연구하고, 경전에 대하여 연구하여 많이 아는 것이 신과 경전에 대한 믿음을 증가시킨다. 그러므로 맹목적 믿음은 반드시 피해야 할 일이다. 아는 만큼 믿음이 커진다. 이 단계를 거쳐 어느 정도 수준이 올라가야 비로소 언어나 사고로 표현할 수 없는 체험의 문제를 논할 수 있다.

동양 종교는 인생의 괴로움이나 죽음에서의 구원은 수련이나 수행을 통한 자기 극복의 문제로 본다. 그러므로 동양의 경우 자신의 내면을 깨워 자신이 누구인지 아는 것이 구원이다. 이것은 윤회의 원인이 되는 무지에서 해방이고 깨달음이다. 이처럼 기독교인은 구원을 외부에서 찾고 동양종교인은 구원을 내부에서 찾는다. 이런 상반되는 구원관은 삶의 행로에 엄청난 영향을 미친다.

티베트 성자 밀라레빠의 이야기가 있다. 그는 아버지 원수를 갚기 위하여 많은 사람을 죽인다. 나중에 자신이 한 일에 너무나 후회가 되어 진리의 길을 걷기로 결심한다. 수소문 끝에 당시 유명한 스승 마르빠의 제자로 입문하게 된다. 스승 마르빠는 밀라레빠의 업을 정화시키기 위하여 엄청난 시련을 준다. 수행법은 전혀 가르치지 않은 채 거대한 10층 석탑을 혼자 힘으로 쌓게 하고 여러 이유를 달아서 그것을 다시 허물게 하는 일을 여러 번 시킨다. 그뿐만이 아니라 밀라레빠는 두들겨 맞고 욕을 먹는 등 이루 말할 수 없는 고통을 스승 마르빠에게서 받는다. 그는 보통 인간으로서는 상상도 할 수 없는 엄청난 고통과 시련을 이겨내고 마침내 위대한 성자가 된다. 이것은 올바른 참회가 무엇이며 구원이 무엇인지 보여주는 좋은 예이다. 이런 글이 있다.

> 기독교도들은 이승도 모르면서 저승에 대해 다 알고 있는 듯이 설치고, 제 마음도 모르면서 하늘의 뜻을 다 알고 있는 듯이 설치고, 사랑이 뭔지도 모르면서 하느님의 사랑을 알고 있다고 설치고, 같은 인간끼리 대화도 하지 못하면서 하느님과 언제나 대화를 하고 있다고 떠들고, 죄는 사람에게 저질러 놓고서 하느님 앞에 죄인이라고 떠들고, 이 세상에 살고 있으면서 이 세상의 잣대로 자기를 판단하지 말라고 떠드는 자들의 집합체이다. (재미철학자 이상봉)

> 어느 날. 성자는 회당 입구에 도착하여서는 안으로 들어가는 것을 멈추고 이렇게 말하였다. “안으로 발을 들여 놓을 수가 없다. 왜냐하면 회당 안이 가르침과 기도로 가득 차 있기 때문이다.” 이 말을 커다란 칭찬으로 들은 동행자들은 마음이 뿌듯하였다. 그러자 성자는 자신의 본심을 말하였다.
>
> “참된 헌신이나 사랑 혹은 연민 없이 사람들이 의미 없이 내뱉는 말

은 하늘로 올라갈 날개가 없어 벽 사이에 남아 있고 마룻바닥에 감추어져 있다. 마치 썩은 나뭇잎이 차곡차곡 쌓여 썩어서 회당을 온통 덮고 있는 것 같아서 내가 들어갈 틈이 없다." (하시디즘 성자 발 셈 토브)

사람들은 날개 없는 썩은 기도로 세상을 온통 채우고 있는 것은 아닌지 그리고 큰 소리로 회개하고 신을 찾으면 신이 응답하고 구원해 주리라 생각하는 것은 아닌지 모르겠다.

11 카발라에서 말하는 회개: 신에게로 귀향

회개와 구원은 무엇일까? 기독교식으로 하느님 앞에 자신이 죄인임을 인정하고 예수에 대한 절대적 믿음을 받아들이는 것이 회개이고 그렇게 하면 구원받는 건가?

기독인들은 성경 여러 곳에 흩어져 있는 구절들을 인용해 가면서 이것이 구원의 근거라고 내세운다. 성경의 권위를 인정하지 않는 사람들에게는 의미가 없는 주장이고 성경을 개인의 신앙 고백서라는 주장을 하는 사람들에게도 마찬가지이다. 성경형성 역사나 성경왜곡 역사를 조금이라도 안다면 이런 주장이 왜 나오는지 알 수 있을 것이다.

아마존 밀림지역의 원시부족에게 존재하는 규범은 그 사회의 삶과 생활을 지배한다. 구성원이 그 규범을 벗어나 다른 방식으로 생각하는 일은 거의 불가능하다. 규범이 너무도 강력한 틀이 되어서 구성원이 이와 다른 이성적 사유를 할 수가 없기 때문이다. 외부인이 보면 답답하고 어이없고 잔인한 규범도 그들에게는 너무도 당연한 규범이고 그들은 이것을 올바르다고 생각한다. 틀에 갇히면 다른 말로 최면에 빠지면 그렇게 된다.

지금 인류의 상당수는 성경이라는 틀에 의거하여 사유하고 판단하며 살아간다. 그리고 이들로 인하여 주변 사람들은 원하지도 않는 고통을 받는다. 성경이 거대한 틀(매트릭스)이 되어 삶을 지배하고 구속한다. 그다지 의미를 부여할 수 없는 성경 구절에도 기독교인들은 커다란 의미를 부여하고 그 부여된 의미에 구속되어 살아간다. 성경 앞에서는 이성적 대화가 거의 불가능하다. 구원론도 그중 하나이다.

진정한 회개와 구원은 무엇일까? 구약을 신비적으로 해석하는 카발라 사상에 보면 인간의 회개는 우주적 차원의 복귀 과정이고 구원은 신에게 돌아가는 것을 의미한다. 여기서 신에게 돌아간다는 것은 우리가 신의 피조물로서 천국에 거주하는 그런 차원이 아니라 신과 하나가 됨을 의미하는 것이다.

카발라의 대표적 문헌인 〈조하르〉에 보면 두 종류의 회개가 나온다. 그것은 낮은 회개와 높은 회개인데 전자는 하늘/신에 대한 두려움 즉 징벌에 대한 두려움에서 생겨나는 회개이고, 후자는 하늘에 대한 경건한 두려움(reverential fear)에서 생겨나는 회개이다. 신의 거대함과 위대함을 명상할 때 우리를 압도하는 경건한 두려움이 그러하다. 징벌의 두려움으로 생겨나는 회개는 저열하고 낮은 수준의 회개이지만 이것은 높은 회개(경건한 두려움)의 디딤돌로 작동한다. 많은 사람들은 낮은 수준의 회개에 머문다.

이런 회개 위에는 또 다른 회개가 있는데 이것은 회개의 회개로 불린다. 이것은(회개의 회개) 높은 회개를 성취하게 되면 그때 신에게 돌아가지 못한 것에 대한 후회로 아파하게 되는 마음을 말한다. 여기에서 근원과 합일의 열망이 생겨난다.

이런 회개를 통하여 신에게 돌아갔을 때 이것이 카발라에서 말하는 구원이다. 자신을 완전하게 하는 방법으로 히브리문자 명상, 신의 문자 명상 등이 있다. 이것은 내면을 정화하여 신의 상태에 이르게 하는 것으로 자기 구원의 성격이 강하다. 유대 하시디즘(후대 카발라 학파)에서는 이렇게 말한다.

"회개는 온 마음과 영혼을 다하여 신에게 복귀하는 것이다. 회개의 핵심은 마음 깊이 후회하여 **내면의 최고 빛을 불러내는 것이다**. 빛을 끌어내어서 세상을 밝히기 위해서는 자선이나 체다카(세상을 정의롭게 하는 행동) 같은 실제적인 행동이 필요하다."

여기서 말하는 내면의 최고 빛은 신성한 혼의 불꽃이다.

우리는 수년 전에 세월호 사건에서 "한 번 구원은 영원한 구원"이라는 어느 기독교 종파의 가르침이 사회에 어떤 부정적 결과를 낳았는지를 목격하였다. 이들은 예수 믿고 한 번 구원을 받으면 품성, 믿음, 행실, 영적인 성장에 상관없이 무조건 구원받는다고 한다. 죄를 저질러도 이미 받은 구원은 유효하니 이 얼마나 최면적이고 믿기 편한 종교인가? 조금만 이성적으로 생각해도 이것이 얼마나 터무니없는 구원 논리인지 알 수가 있을 것이다.

회개의 의미를 바로 알고 회개 방식을 바꾸지 않는다면 회개는 내면의 변화를 가져오지 못하고 단지 자기위안과 자기기만에 가까운 습관적 행위가 될 것이다.

12 예수 그리스도와 재림

붓다는 불교에서 깨달음을 얻은 사람을 칭하는 말이다. 그리스도는 기독교에서 예수를 존경하여 부르는 칭호이다. 성서에 '예수 그리스도'라는 말이 자주 등장하여 사람들은 그리스도를 예수 이름의 일부분으로 오해하기도 한다. 그리스도는 "기름 부음을 받은 자"라는 뜻의 보통명사이다. 기름 부음을 받은 자는 깨달은 자를 상징하는 다른 말이기도 하다.

그러므로 자격이 된다면 누구든 자신의 이름 뒤에 붓다나 그리스도라는 호칭을 사용할 수 있다. 불교에는 석가모니 붓다를 위시하여 많은 붓다들이 존재한다. 반면에 기독교에서 그리스도라는 단어는 예수 외에는 아무도 쓸 수 없는 단어가 되었다. 깨달으면 붓다 의식이 드러나듯이 기름부음을 받으면 누구나 그리스도 의식이 드러난다. 문화가 달라 표현이 다를 뿐이지 같은 말이다.

그런데 사람들은 예수와 그리스도를 구분하지 못하고 예수 그리스도로만 생각한다. 이런 문제는 예수 재림과 관련하여 문제가 된다. 성경에서 말하는 예수 재림이 정말 예수란 존재의 재림인지 아니면 예수가 도달한 그리스도 의식의 현현인지 알 필요가 있다.

우리가 깨달으면 그리스도 의식이 나타나고 이것은 그리스도 의식의 재림이기 때문이다. 왜 재림이냐면 누구에게나 청정한 신성이 있고 그것이 인간 무지로 인하여[86] 잠들어 있다가 다시 깨어나는 것이기 때문이다.

또한 오신다는 메시아가 반드시 예수여야 하는가도 생각해 볼 문

86) 이것은 이렇게 설명이 되기도 하는데 즉 신과의 분리, 상징적으로 아담의 추방.

제이다. 유대인들이 예수를 메시아로 받아들이지 않고 아직도 자신들의 메시아를 기다리고 있다는 것은 흥미로운 사실이다. 비의 전승에 따르면 시대에 따라 그 시대를 책임지는 메시아가 있고 예수는 그 당시의 메시아로 활동하였다고 한다. 앞으로 다가오는 시대의 메시아(종교인에 따라 논란은 있겠지만 불교 용어로 말하면 미륵)는 다른 영혼 그러나 예수처럼 그리스도 의식으로 빛나는 존재라고 한다.

예수 재림은 참으로 논란의 소지가 많다. 2000년 전 예수가 지금 이 시기에 다른 몸으로 태어난다면 이것은 영혼의 윤회 증거가 되는 것은 아닌지 생각해 볼 문제이다.

기독교인들은 성경에 예수가 재림한다는 구절이 많다고 주장한다. 그런 구절들이 정말 예수 재림을 나타내는 내용인지는 사람에 따라 다르게 해석될 수도 있다. 다음은 대표적인 재림 관련 구절이다.

> "그러면 하늘에는 사람의 아들의 표징이 나타날 것이고 땅에서는 모든 민족이 가슴을 치며 울부짖을 것이다. 그때에 사람들은 사람의 아들(the Son of man)이 하늘에서 구름을 타고 권능을 떨치며 영광에 싸여오는 것을 보게 될 것이다. 그리고 사람의 아들은 울려 퍼지는 나팔 소리와 함께 천사들을 보내어 그가 뽑은 사람들을 하늘 이 끝에서 저 끝까지 사방에서 불러 모을 것이다."(마태복음 24:30~31)

> 예수께서는 그에게 "그것은 너의 말이다" 하시고는 "잘 들어 두어라. 너희는 이제부터 사람의 아들이 전능하신 분의 오른편에 앉아 있는 것과 또 하늘의 구름을 타고 오는 것을 볼 것이다"하고 말씀하셨다. (마태복음 26:64)

기독교인들은 여기에 나오는 '사람의 아들(인자, the son of man)'이 예수를 지칭한다고 해석하는데 예로부터 그리스도 의식을 얻는 사람은 누구나 '사람의 아들' 즉 '사람의 태양'으로 불렸다. 여기서 인자는 메시아를 말하는 것은 맞지만 메시아가 반드시 예수라는 영혼일 필요는 없다.

사람의 아들(the Son of man)에서 'Son'은 'Sun'으로 이해해야 한다고 주장하는 학자도 있는데 깨달음을 얻어 내면이 밝아진 사람은 말 그대로 세상에 진리의 빛을 비추는 태양 같은 존재이기 때문이다. 그래서 예로부터 깨달은 사람은 사람의 태양이라 불렸다.

13 셰키나와 그리스도 재림

사람들이 오해하는 것이 그리스도 재림이다. 비의 가르침에서는 그리스도 재림을 우리 내면에 있는 신성을 밝히는(깨달음) 것으로 설명하며 이것은 누구에게나 일어날 수 있는 개별적인 사건으로 본다. 이것은 원래 우리가 신성한 존재였다는 의미이다.

우리 내면의 그리스도 재림과 관련하여 흥미롭게 다가오는 단어가 셰키나(shekinah)이다. 이것은 히브리어로 신의 임재나 현존을 의미한다. 이것은 유대문헌에서 하나님이 자기 백성들과 가까이 계심을 나타내는 말이다. 유대교 전통과 달리 카발라 전통에서는 학파에 따라 셰키나를 여러 다른 의미로 해석하는데 신의 여성적 힘, 근원과 합일을 갈망하는 신의 일부분인 인간의 영혼 등이 그러하다.

구약에 보면 성전에 하나님의 영광이 임재하였다고 나온다(출애굽기40:34-35). 이 영광의 빛을 유대인 랍비들은 '셰키나'라고 불렀다. 이 성전의 내부에 있는 지성소는 지극히 거룩한 곳이므로 대제사장 외에는 아무도 들어갈 수 없었으며 대제사장도 대속죄일에만 출입할 수 있었다.

지성소로 들어가기 전에 성소(the holy place)와 지성소(the holy of holies)를 가로막는 휘장이 있었다(출애굽기 26:31~33). 지성소 안에는 궤(언약궤)가 있었으며 그 궤 속에는 십계명을 기록한 돌비가 들어있었다(출애굽기 25:10~16, 37:1~5). 속죄소는 궤의 바로 위에 있었고 그 속죄소에는 순금으로 만들어진 두 천사(케루빔)가 서로 얼굴을 맞대고 속죄소를 바라보는 모습으로 서 있었다(출애굽기 25:17-22,

37:6~9)

이처럼 구약에는 성소에 대한 설명이 자세히 나와 있는데 탈무드에 따르면 유대인에게 가장 강력하고 소중한 신의 이름, 테트라그라마톤(Tetragrammaton, 4자 문자, YHVH)을 발성할 수 있는 유일한 장소가 예루살렘의 성전 안이었다. 그만큼 유대인에게 성소는 소중하고 중요하였다는 의미이다.

그런데 이 성소와 관련하여 비밀 가르침에서는 이 성소가 우리 머리를 가리킨다고 한다. 인간의 몸은 사원이고 머리는 사원의 재단이 놓여있는 성소이다. 신성한 혼이 육체에 현시하는 장소가 머리의 송과선(松科腺)이며 머릿속의 공동(空洞)인 제3뇌실(腦室)이 내부 성소이다. 신비단체에서는 내부 성소에 있는 송과선을 사람 속에 존재하는 지성소(the holy of holies)로 간주하였다.

송과선(지성소)을 가로막는 장막(휘장)은 부조화와 어둠의 상징이고 우리는 의식의 힘으로 이 장막을 찢어내고 송과선으로 들어가야 한다. 장막 앞에 서서 이것을 걷어내기 위한 만트람이 신의 4자 문자라는 말도 있다.

신의 확장인 혼은 그 자체가 신의 임재(셰키나)이고 영광이다. 우리 안에 신이 임재하고 있으나 우리는 그것을 모르고 영적 결핍 속에 살아가고 있다. 우리가 이 신의 빛을 다시 밝힐 때 우리는 그리스도 의식(신 의식)이 된다. 이것이 비의 차원에서 보는 그리스도 재림이고 부활이다.

14 안식일

유대교인은 안식일을 철저히 지킨다. 그들은 하지 말아야 할 것을 39개 범주로 제시한다. 예수 당시에 이미 유대인들은 그들의 구전 율법인 미슈나(Mishnah)에 기록된 39개 안식일 준수 규정을 해석하여 수많은 시행 세칙을 만들어 놓았다.

(안식일 39가지 금지 사항, 미쉬나, shabbat 7:2)

(1) 바느질, (2) (밭)가는 일, (3) 농작물을 거두어들이는 일, (4) 곡식단 묶는 일, (5) 타작, (6) 곡식 등을 까부는 일, (7) 곡식이나 거두어들인 것들 가운데서 좋은 것과 버릴 것을 고르는 일, (8) 곡식 등을 가는 일, (9)체질, (10) 반죽, (11) 빵을 굽는 일, (12) 양털 깎는 일, (13) 그것을 빠는 일, (14) 그것을 치는 일, (15) 그것에 물들이는 일, (16) 실을 잣는 일, (17) (실 따위를) 엮는 일, (18) 두 개의 고리를 만드는 일, (19) 두 개의 실을 엮는 일, (20) 두 개의 실을 푸는 일, (21) 묶는 일, (22) 푸는 일, (23) 두 조각을 꿰매는 일, (24) 두 조각을 꿰매기 위해 찢는 일, (25) 사슴을 덫으로 잡는 일, (26) 그것을 도살하는 일, (27) 사슴의 거죽을 벗기는 일, (28) 그것에 소금을 치는 일, (29) 그 가죽을 가공하는 일, (30) 그것을 반반하게 만드는 일, (31) 그것을 자르는 일, (32) 두 글자를 쓰는 일, (33) 두 글자를 쓰기 위해 두 글자를 지우는 일, (34) (건물을) 짓는 일, (35) 그것을 부수는 일, (36) 불을 끄는 일, (37) 불을 켜는 일, (38) 망치질, (39) 물건을 한 곳에서 다른 곳으로 옮기는 일.

위의 규정을 보면 마치 사람이 안식일을 위하여 존재하는 것처럼 되어있다. 예수는 이런 문제를 직시하고 종교 지도자들의 우둔함과 위선을 비판하면서 "안식일은 사람을 위하여 있는 것"(마태복음 2:27)이라고 말한다.

23. 어느 안식일에 예수께서 밀밭 사이를 지나가시게 되었다. 그때 함께 가던 제자들이 밀 이삭을 자르기 시작하자
24. 바리사이파 사람들이 예수께 "보십시오, 왜 저 사람들이 안식일에 해서는 안 될 일을 하고 있습니까?" 하고 물었다.
25. 예수께서는 이렇게 반문하셨다. "너희는 다윗의 일행이 먹을 것이 없어서 굶주렸을 때에 다윗이 한 일을 읽어 본 적이 없느냐?
26. 에비아달 대사제 때에 다윗은 하느님의 집에 들어가서 제단에 차려 놓은 빵을 먹고 함께 있던 사람들에게도 주었다. 그 빵은 사제들 밖에는 아무도 먹을 수 없는 빵이 아니었더냐?"
27. 예수께서는 이어서 이렇게 말씀하셨다. **"안식일이 사람을 위하여 있는 것이지, 사람이 안식일을 위하여 있는 것은 아니다.**
28. 따라서 사람의 아들은 또한 안식일의 주인이다."

예수의 이 말은 안식일만 아니라 다른 종교 규칙에도 해당된다. 종교 교리는 시공간을 떠나 변화하지 않는 진리와 시대적 상황에 따라 변화하는 규칙으로 구분되는데, 시대와 상황이 바뀌었는데 이 가변적인 규칙을 무조건 지키려는 종교근본주의자들(이슬람 근본주의자, 기독교 근본주의자)이 있어 문제가 된다. 성경이나 코란은 경전이 형성되던 시절의 사람들 의식 수준과 시대적 상황을 반영한 것이므로 모두를 무조건 진리로 받아들여서 자구 하나도 못 고친다고 할 것이 아니라 이성을 가지고 진리와 규범, 도덕 등을 구별하여야 한다. 안식일의 참 의미는 도마복음 27절에서도 엿볼 수 있다.

"세상에 대하여 금식하지 않는다면 천국을 찾지 못할 것이니라. 안식일을 안식일답게 지키지 못한다면 아버지를 보지 못할 것이니라."

금식이 음식에만 한정되는 것이 아님을 보여준다. 가장 중요한 것은 세상에 대한 금식 즉 물질에 대한 탐욕을 삼가는 일임을 말하고 있다. 욕망에서 해방되지 않고는 천국은 드러나지 않는다. 물질 욕망이 장막처럼 천국을 가리기 때문이다.

예수님 당시나 지금이나 유대인들은 안식일을 철저히 지킨다. 그러나 예수는 당시 유대인들이 안식일을 바로 알고 이를 준수하는 것이 아니라 남에게 보여주는 안식일을 지키고 있음을 알고 있었다. 안식일에 대한 근거가 되는 성경구절을 보자.

"안식일을 기억하여 거룩히 지키라. 엿새 동안은 힘써 네 모든 일을 지킬 것이나 제 칠일은 너희 하나님 여호와의 안식일인즉 너나 네 아들이나 네 딸이나 네 남종이나 네 여종이나 네 육축이나 네 문안에 유하는 객이라도 아무 일도 하지 말라. 이는 엿새 동안에 나 여호와가 하늘과 땅과 바다와 그 가운데 모든 것을 만들고 나 여호와가 안식일을 복되게 하여 그 날을 거룩하게 하였느니라."(출애굽기 20: 8~11)

"유다야, 네가 안식일에 발길을 삼가 여행을 하지 않으며, 나의 거룩한 날에 너의 쾌락을 일삼지 않으며, 안식일을 '즐거운 날'이라고 부르며, 주의 거룩한 날을 '존귀한 날'이라고 한다면, 그리고 이 날을 귀하게 여겨서, 네 멋대로 하지 않으며, 너 자신의 쾌락을 찾지 않으며, 함부로 말하지 않으면 그 때에 너는 주 안에서 즐거움을 얻을 것이다. 내가 너를 땅에서 영화롭게 하고, 너의 조상 야곱의 유산을 먹고 살도록 하겠다." 이것은 주님께서 친히 하신 말씀이다. (이사야 58장 13~14절)

이 율법에 따라 유대인은 토요일을 안식일로 지켰으며 이 전통은 지금도 유대교에 이어지고 있으며 기독교파에서는 제 칠일 안식일 교회가 토요일을 안식일로 지킨다. 그러나 유대교와 달리 기독교는 일요일을 안식일로 삼아 지키고 있다. 토요일과 일요일을 두고 어느 것이 성경의 가르침을 바르게 따르른 것인지 논쟁이 있는 실정이다.

최근에는 기독교인들이 안식일을 들어 일요일에 치루는 국가검증 시험을 평일로 할 것을 요구하여 몇몇 시험은 평일로 바뀌기도 하였다. 다종교사회에서 자신의 교리를 내세워 시험을 평일로 변경하면 평일에 일을 하거나 수업이 있는 수험생들에게는 차별이 발생하는 셈이다. 참으로 이기적인 모습이다.

그럼 예수가 말하는 진정한 의미의 안식일은 무엇일까? 특정일을 정하여 이날은 무슨 일이 있어도 안식을 지켜야 하는 것이 안식일은 아니다. 마태복음(12:1~13)을 보면 안식일에 대한 예수의 견해가 잘 드러난다.

> 그 무렵에 예수께서 안식일에 밀밭 사이로 지나가셨다. 그런데 제자들이 배가 고파서, 밀 이삭을 잘라서 먹기 시작하였다.
> 바리새파 사람이 이것을 보고 예수께 말하였다. "보십시오. 당신의 제자들이 안식일에 해서는 안 되는 일을 하고 있습니다."
> 예수께서 그들에게 말씀하셨다. "다윗과 그 일행이 굶주렸을 때에, 다윗이 어떻게 했는지를, 너희는 읽어보지 못하였느냐?
> 다윗이 하나님의 집에 들어가서, 제단에 차려 놓은 빵을 먹지 않았느냐? 그것은 오직 제사장들 밖에는, 자기도 그 일행도 먹어서는 안 되는 것이었는데 말이다. 또 안식일에 성전에서 제사장들이 안식일을 범해도 그것이 죄가 되지 않는다는 것을,
> 율법 책에서 읽어보지 못하였느냐? 내가 너희에게 말한다. 성전보다

더 큰 이가 여기에 있다. '나는 자비를 원하고, 제사를 원하지 않는다' 하신 말씀이 무슨 뜻인지 알았더라면, 너희가 죄 없는 사람들을 정죄하지 않았을 것이다. **인자는 안식일의 주인이다.**"
예수께서 그 곳을 떠나서, 그들의 회당에 들어가셨다. 그런데 거기에 한쪽 손이 오그라든 사람이 있었다. 사람들은 예수를 고발하려고 "안식일에 병을 고쳐도 괜찮습니까?" 하고 예수께 물었다. 예수께서 그들에게 말씀하셨다. "너희 가운데 어떤 사람에게 양 한 마리가 있다고 하자. 그것이 안식일에 구덩이에 빠지면, 그것을 잡아 끌어올리지 않을 사람이 어디에 있겠느냐? 사람이 양보다 얼마나 더 귀하냐? 그러므로 **안식일에 좋은 일을 하는 것은 괜찮다.**"
그런 다음에, 손이 오그라든 사람에게 말씀하셨다. "네 손을 내밀어라." 그가 손을 내미니, 다른 손과 같이 성하게 되었다.

이를 통하여 보면 알 수 있지만 예수는 형식적이고 맹목적인 안식일 준수를 반대하고 있다. **사람이 안식일의 주인이어야 함을 말한다.** 특정일에 안식일을 지키는 것이 중요한 것이 아니라 자기 형편에 따라 적당한 날을 잡아 삶을 진지하게 되돌아보고 신에 기도하고 명상하라는 말이다.

안식일을 만든 이유는 무엇일까? 그것은 특정일에 아무 일도 하지 않고 휴식하라는 말이 아니라 바쁘게 살아가는 사람들에게 일주일에 하루라도 시간을 내어 세속의 욕심을 버리고 자신을 성찰하고 신에 감사하고 마음을 정화하라는 의미의 휴일이었다.

이렇게 안식일을 정해 놓았기에 바쁜 일상에서도 사람들은 시간을 내어 그날만큼은 형식적이 되었든 아니든 간에 자신에 대하여 성찰하고 신에 기도한다. 강제성이 없으면 한없이 게으른 것이 인간이기 때문이다. 그러니 안식일이, 아침에 면도하고 세수하듯 별 의미를 두지 않고 습관적으로 하는 행사라면, 안식일의 의미는 없는 셈이다.

어떤 의미에서 아침이나 저녁에 시간을 내어 기도하고 명상하는 시간도 안식일이고 장소나 시간과 상관없이 깨어서 자신을 성찰하는 매 순간이 안식일이며 신을 만나는 순간이다. 참된 안식일은 특정일이나 특정 형식이 아니라 마음의 태도에 달려있다.

15 예수 동정녀 출생

가톨릭에서는 마리아는 예수를 낳은 어머니지만 평생 처녀의 몸이었다고 주장한다. 예수를 낳기 전에도 처녀였고 예수를 낳은 다음에도 처녀의 몸이었다고 한다. 대부분의 기독교인들은 예수의 동정녀 출생을 믿고 있다. 그러나 마리아가 평생 처녀로 지냈다는 가톨릭의 가르침을 모두가 인정하는 것은 아니다. 그런데 예수가 정말 동정녀에서 태어났는가와 마리아가 평생 처녀의 몸이었는지가 왜 그렇게 중요한 주제가 되어야 하는지 생각해 볼 문제이다.

동정녀 출생은 예수를 위대하게 보이기 위한 복음서 저자들의 극적 장치로 볼 수 있다. 우리에게 중요한 것은 예수가 전하는 메시지이지 이를 위한 여러 장치(드라마 장치나 전달 방식 등)는 아니다. 예수가 직접 "내가 동정녀에서 태어났다."고 말씀을 했다면 이것은 다른 문제이나 마태나 누가가 간접적으로 전하는 것이기 때문이다. 정말 중요한 것은 예수의 가르침을 올바르게 이해하는 일이다.

마태복음에 예수의 탄생을 예시하는 이사야 7장 14절[87]은 예수와는 전혀 상관없는 구절이라는 것은 많은 성서학자들에 의하여 증명된 사실이다. 마태가 동시대 유대인들의 권위와 동정을 얻으려고 이 구절을 예수와 연계시켰을 뿐이다.

예수가 신의 은총으로 아버지 없이 동정녀에게서 출생하였다는 내용은 붓다의 탄생 신화[88]나 알에서 태어난 신라 박혁거세의 신화와

---

87) "그러므로 주께서 친히 징조를 너희에게 주실 것이라 보라 처녀가 잉태하여 아들을 낳을 것이요 그 이름을 임마누엘이라 하리라."

88) 붓다가 탄생하자 많은 신들이 하늘에서 내려와 그 손으로 태자를 받들었다고 하고 하늘에서 두 줄기의 온수(溫水)가 쏟아져 태자의 몸을 씻어드렸고 붓다가 일곱

같은 맥락으로 이해를 하는 것이 올바른 태도가 아닐지 싶다.

마리아가 평생 동정녀였다는 주장은 복음서에서 거짓으로 드러난다.

> "저 사람은 그 목수의 아들이 아닌가? 어머니는 마리아요, 그 형제들은 야고보, 요셉, 시몬, 유다가 아닌가? 그리고 그의 누이들은 모두 우리 동네 사람들이 아닌가? 그런데 저런 모든 지혜와 능력이 어디서 생겼을까?"(마태 13장 55~56)

> "그때 예수의 어머니와 형제들이 밖에 와 서서 예수를 불러 달라고 사람을 들여보냈다."(마가 3장 31절)

즉 마리아는 여러 자녀들을 낳았다. 마리아의 평생 동정을 주장하는 사람들은 이 구절에 나오는 형제들이 마리아가 낳은 것이 아니라 예수의 사촌 형제라는 황당한 주장을 하기도 한다.

예수가 동정녀에게서 태어났으면 예수의 족보는 필요가 없는데 마태와 누가는 장황하게 예수의 족보를 진술하고 있다. 그런데 두 사람이 진술하는 예수 족보는 서로 일치하지 않는다. 왜 신의 아들로 동정녀에게서 태어난 예수에게 이런 불필요한 족보를 부여하였을까? 그것은 유대인의 메시아 신앙과 연계된다. 유대인들은 다윗가계에서 메시아가 태어나 자신들을 구원해 주리라는 믿음이 있었고 그래서 동정녀 출생과는 별도로 예수는 다윗의 가계와 연결이 되어야 했다.

예수의 동정녀 출생은 예수를 돋보이게 하기 위한 복음서 저자들의 장치였지만 동시에 그것에는 상징이 숨겨져 있다. 예수가 성령으로 잉태하였다고 하는데 이 성령이 무엇인지 아는 것이 중요하다. 성령은 성경에 여러 가지로 표현된다. 숨결, 불, 물처럼 비인격적으로

걸음을 내디디고서 천상천하유아독존이라고 외친 것.

표현되는 경우와 마음이나 뜻, 감정을 지닌 존재로 표현되는 경우도 있다. 성령이 비유로 표현되었기 때문에 일어나는 문제이다. 성령에 대한 주요 성경구절에 보면,

> "내가 아버지께 구하겠다. 그리하면 아버지께서 다른 보혜사를 너희에게 보내셔서, 영원히 너희와 함께 계시게 하실 것이다. **그는 진리의 영이시다**. 세상은 그를 보지도 못하고 알지도 못하므로, 그를 맞아들일 수가 없다. 그러나 너희는 그를 안다. 그것은, 그가 너희와 함께 계시고, 또 너희 안에 계실 것이기 때문이다."(요한14:16~18)

> "보혜사 곧 아버지께서 내 이름으로 보내실 성령 그가 너희에게 **모든 것을 가르치시고** 내가 너희에게 말한 모든 것을 생각나게 하시리라."(요한복음 14:26)

요한복음 14절에 성령은 진리의 영이라 정의한다. 성령을 진리 즉 신의 말씀/우주법칙으로 이해한다면 예수는 진리로 임신되었다는 말이다. 참으로 기발하고 멋진 상징이다. 존재하는 모든 것은 법칙(진리)을 따른다. 신은 법칙이고 신과 하나인 모든 혼은 법칙과 하나이다. 예수의 혼은 신과 하나였고 법칙과 하나였고 성령 즉 진리 그 자체였다. 그래서 예수는 성령 즉 진리로 태어났다고 말할 수 있는 것이다.

예수는 하느님 말씀(우주 법칙, 진리)을 전하기 위하여 이 세상에 왔다. 그러나 안타깝게도 예수가 남긴 참 가르침은 일반 복음서에는 거의 남아 있지 않다. 더군다나 남아 있는 그것도 엉뚱하게 해석되어 기상천외한 교리의 소재가 되었다. 신이 부여한 이성을 부정하고 맹목적인 믿음만 강요하는 교리가 과연 하나님의 뜻에 가까운가 아니면 사탄의 뜻에 가까운가?

참고 도서

(1) 국내도서

권터 보른캄. “바울”. 이화여자대학교, 2006(허혁 옮김)

길희성. “보살예수”. 현암사, 2004

김경재. “이름 없는 하느님”. 삼인, 2002

김용옥. “기독교 성서의 이해”. 통나무, 2007

김우타. “소리 없는 소리”. 두레미디어, 2004

김태항. “카발라의 신비열쇠”. 하모니, 2009

김태항. “슬픈 예수”. 하모니, 2011

김테항. “도마복음과 카발라”. 하모니, 2016

달라이라마. “달라이라마 예수를 말하다”. 나무심는사람, 1999(류시화 옮김)

도널드 크레이그. “모던매직”. 물병자리, 2005(김태항 옮김)

로돌프 카세르 외. “예수와 유다의 밀약”. YBM SISA, 2006(김환영 옮김)

루돌프 볼트만. “기독교 초대교회 형성사-서양고대종교사상사”. 이화여자대학교출판부, 1993(허혁 옮김)

리 스트로벨. “예수는 역사다”. 두란노, 2002(윤관희 외 옮김)

리 스트로벨. “리 스트로벨의 예수 그리스도”. 두란노, 2009(홍종락 옮김)

리처드 킥헤퍼. “마법의 역사”. 파스칼북스, 2003(김현태 옮김)

마르틴 부버. “하시디즘과 현대인”. 현대사상사, 1994(남정길 옮김)

마이클 베이전트 외. “사해사본의 진실”. 예담, 2007(김문호 옮김)

마크 털리. “예수의 생애”, 문학동네, 2004(윤희기 옮김)
민희식. “성서의 뿌리: 오리엔트 문명과 구약성서”. 블루리본, 2008
바트 어만. “성경 왜곡의 역사”. 청림출판, 2006(민경식 옮김)
바트 어만, “예수 왜곡의 역사”. 청림출판, 2010(강주헌 옮김)
브라이언 랭커스터. “유대교 입문”. 김영사, 1999(문정희 옮김)
세명의 입문자. “헤르메스 가르침”. 하모니, 2014(김태항 옮김)
아리예 카플란. “성경과 명상”. 하모니, 2012(김태항 옮김)
아리예 카플란. “유대명상”. 하모니, 2011(김태항 옮김)
아리예 카플란, “카발라 명상”. 하모니, 2015(김태항 옮김)
에밀 루드비히. “예수의 전기”. 지호, 1998(김문호 옮김)
예후다 베르그. “내 영혼의 빛”. 나무와 숲, 2002(구자명 옮김)
예후다 베르그. “신의 72가지 이름”. 반디미디어, 2003(윤원섭 옮김)
오강남. “예수는 없다”. 현암사, 2005
윌리엄 슈니더윈드. “성경은 어떻게 책이 되었을까”. 에코리브르, 2006(박정연 옮김)
이동진. “제2의 성서”. 해누리, 2005
이스라엘 핑컬스타인, 닐 애셔 실버먼. “성경: 고고학인가 전설인가”. 까치, 2002(오성환 옮김)
자크 뒤켄. “예수”. 바오로딸, 2002(김현주, 피에르 메지니 옮김)
제라르 베시에르. “예수, 사랑의 율법”. 시공사, 2001(변지현 옮김)
제프 벤 시몬 할레비. “카발라”. 안그라픽스, 1997(박태섭 옮김)
조지프 댄. “카발라: 유대교 신비주의”. 안티쿠스, 2010(이종인 옮김)
조찬선. “기독교 죄악사”. 평단출판사, 2000
찰스 폰스. “카발라”. 물병자리, 1997(조하선 옮김)
티모시 프리크, 피터 갠디. “예수는 신화다”. 동아출판사, 2002(승영조 옮김)

티모시 프리크. “웃고 있는 예수: 종교의 거짓말과 철학적 지혜”. 어문학사, 2009(유승종 옮김)
폴 존슨. “유대인의 역사”. 살림, 2005(김한성 옮김)
허셀 셍크스. “사해 두루마리의 미스터리와 의미”. 경서원, 2007(허종열 옮김)

(2) 외국 도서

Aivanhov, Omaraam. “The Fruits of The Tree of Life”. Los Angeles: Prosveta, 1989
Ahmed, Rollo. “The Black Art”. London: Senate, 1994
Barnstone, Willis. “The Other Bible", New York: HarperSanFrancisco, 1984
Berg, Michael. “The Way: Using Wisdom of Kabbalah for Spiritual Transformation and Fulfillment”. Hoboken: John Wiley & Sons, Inc, 2001
Berg, Rabbi. “Reincarnation: Wheel of a Soul”. New York: The Kabbalah Learning Centre, 1991
Berg, Rabbi. “Kabbalah for the Layman”. New York: The Kabbalah Learning Centre, 1991
Berg, Yehuda. “The 72 Names of God: Technology for soul”. New York: The Kabbalah Centre, 2003
Berg, Yehuda. “True Prosperity”, New York: The Kabbalah Centre, 2005
Cooper, David A. “God is a Verb: Kabbalah and the Practice of Mystical Judaism”. New York: Riverhead Books, 1997
Dan, Joseph & kiener Ronald. “The Early kabbalah”, New York: Paulist Press. 1986

Doreal, M. “Four Gospels: An Interpretation”. Denver: Brotherhood of the White Temple, 1942

Doreal, M. “The Occult and Mystery teachings of Jesus”. Denver: Brotherhood of the White Temple.

Doreal, M. “The life of Jesus”. Denver: Brotherhood of the White Temple.

Doreal, M. “Sepher Yetzirah: The book of Creation”. Denver: Brotherhood of the White Temple, 1941

Doreal, M. “The Kabbala(1~3)”. Denver: Brotherhood of the White Temple, 1960

Dunn, James D. “Window of the Soul: The Kabbalah of Rabbi Isaac Luria”. San Francisco: Red Wheel/Weiser, LLC, 2008

Fortune Dion. “The Mystical Qabalah”. Maine: Samuel Weiser, Inc. 2000

Frank, Adolphe. “The Kabalah. Trans. John C. Wilson”. New York: University Books. 1967

Gawin Shakti. “Creative Visualization”. CA: New World Library. 1995

Goleman, Daniel. “The Meditative Mind”. New York: Putnam Book, 1988

Goodrick-Clarke, Nicholas. “The Western Esoteric Traditions”. Oxford: Oxford University Press, 2008

Green, Nan F. “Discovering Jewish Meditation”. Woodstock, Vermont: Jewish Lights Publishing, 1999

Guiley, Rosemary. “Harper's Encyclopedia of Mystical and Paranormal Experience”. Edison, NJ: Castle Books, 1991

Hall, Manly P. “The Secret Teachings of All Ages”. New York: Penguin, 2003

Hauck, Dennis. “Alchemy”, New York: Penguin Group, 2008

Holroyd, Stuart. “The Elements of Gnosticism”, Rockport: Element, 1994

Hoffman, Eward. “The Wisdom of Maimonides”. Boston: Trumpeter Books, 2008

Kalisch, Isidor. “Sepher Yezirah”. New York: L. H. Frank & CO., Publishers and Printers, 1877

Kaplan, Aryeh. “Meditation and Kabbalah”. York Beach, ME: Samuel Weiser, Inc. 1982

Kaplan, Aryeh. “Jewish Meditation: A Practical Guide”. New York: Schocken Books Inc, 1985

Kaplan, Aryeh. “Sepher Yetzirah: In theory and Practice”. York Beach, ME: Samuel Weiser, Inc. 1997

Kaplan, Aryeh. “Meditation and the Bible”. York Beach, ME: Samuel Weiser, Inc. 1978

Kaplan, Aryeh. “Kabbalah and The age of the Universe”. USA: BN Publishing. 2007

Kaplan, Aryeh. “The Bahir”. York Beach, ME: Samuel Weiser, Inc. 1979

Kraig, Donald. “Modern Magick: Eleven Lessons in the High Magickal Arts”. St. Paul, MN: Llewellyn Publications, 2002

Kurzweil, Arthur. “Kabbalah for Dummies”. Hoboken, NJ: Wiley Publishing, Inc. 2007

Laitman, Michael. “A Guide to The Hidden Wisdom of Kabbalah”. Ont, Canada: Laitman Kabbalah Publisher, 2002

Levi, Eliphas. “Transcendental Magic(Translated by Arthur E. Waite)”. York Beach, ME: Samuel Weiser Books. 2001

Levi, Eliphas. “The History of Magic(Translated by Arthur E. Waite)”. York Beach, ME: Samuel Weiser Books. 2001

Mathers, MacGregor. “The Kabbalah Unveiled”. York Beach, ME: Samuel Weiser, Inc. 1970

Mathers, MacGregor. “The key of Solomon the King(Translated and edited from manuscripts in the British Museum)". York

Beach, ME: Samuel Weiser, Inc. 1989
Matt, Daniel C. "Zohar; The Book of Enlightenment". New Jersey: Paulist Press, 1983
Matt, Daniel C. "The Essential Kabbalah". New York: HaperOne, 1995
Murphy, Joseph. "The Power of Your Subconscious Mind". New Jersey: Prentice Hall, 1963
Nataf, Andre. "Dictionary of the Occult(Translated from the French by John Davidson)". Hertfordshire: Wordsworth Editions Ltd. 1994
Oliver, Charles. "Handbook of Magic & Witchcraft". London: Senate, 1996
Parfitt, Will. "The Element of The Qabalah". Rockport, MA: Element Books, 1991
Ponce, Charles. "Kabbalah: An Introduction and Illumination for the World Today". Wheaton, IL: Quest Books, 1995
Regarie, Israel. "The Middle Pillar". St. Paul, MN: Llewellyn Publications, 1970
Regarie, Israel. "The Tree of Life: a Study in Magic". York Beach, Maine: Samuel Weiser, Inc. 1972
Regarie, Israel. "A Garden of Pomegranates: An Outline of the Qabalah", St. Paul, Minnesota, Llewellyn Publishings, 1987
Ribner, Melinder. "Everyday Kabbalah". New York: Kensington Publishing, 1998
Ribner, Melinder. "New Age Judaism: Ancient Wisdom for the Modern World". Florida: Simcha Press, 2000
Robinson, James M. ed., "The Nag Hammadi Library In English", New York: HaperOne. 1988
Scholem, Gershom. "Kabbalah". New York: Penguin Books, 1978
Scholem, Gershom. "Origins of the Kabbalah(독일어의 영어 번역본

임)". The Jewish Publication Society, 1987

Waite, Arthur Edward. "The Book of Ceremonial Magic". New York: Carol Publishing Group, 1994

Waite, Arthur Edward. "The Holy Kabbalah". Hertfordshire, England: Oracle Publishing Ltd. 1996

Wescott, W.W. "Sepher Yetzirah".

(ttp://www.mdconnect.net/~xe/qabalah/sefer_yetzirah/versions.php)

Yudelove, Eric Steven. "The Tao & The Tree of Life". Minnesota: Llewellyn Publications, 1996

Ziranda. "Symbolism of the life of Jesus". Denver: Brotherhood of the White Temple.

하모니 도서

★ 마음챙김과 감정치유 ★

(쉐리 반 디크 / 251쪽 / 15,000원)

이 책은 변증법적 행동치료(인지행동기법과 동양의 마음챙김 명상의 결합)에 나오는 유용한 여러 기법을 사용하여 감정을 평온하게 다스리는 법을 보여준다. 감정을 이해하고 다스리는 데 어려움이 있는 사람에게 이 책은 커다란 도움이 될 것이다.

이 책은 (1)근심과 두려움에서 벗어나게 하며 (2)자신과 타인을 더 잘 이해하고 받아들이게 하고 (3)감정에 지배당하지 않고 위기 상황에서 벗어나게 한다. (4)그리고 균형 잡힌 건강한 삶을 살게 한다.

목차

★ 진짜 삶을 위한 개념 넘어서기 ★

(김태항 / 288쪽 / 15,000)

〈진짜 삶을 위한 개념 넘어서기〉는 사람들에게 진실로 받아들여지는 세상의 틀(사회구조, 종교, 문화, 사상, 가치관 등)이 거짓과 환상으로 이루어진 개념의 세계임을 밝히고 이것에서 벗어날 수 있는 방법을 제시한다.

이 책은 (1)우리 삶 속에 자리 잡고 있는 그릇된 개념과 이것으로 인한 왜곡된 삶의 실상을 보여주고 (2)개념이 어떻게 우리 삶에 창조적으로 작동하는지를 최면과 잠재의식의 연구를 통하여 보여주고 (3)개념의 세계인 삶과 죽음 그리고 죽은 후에 가는 바르도에 대하여 알려주고 (4)그릇된 개념으로 진실이 왜곡되어 있는 종교, 과학, 문화, 언어 등의 분야를 새로운 시각으로 바라보게 하고 (5)그릇된 개념으로 생겨난 질병을 치유하는 방법을 알려주고 (6)최종적으로 개념을 넘어서 원래의 자리로 돌아가는 방법을 보여준다.

이 책은 그릇된 개념에서 벗어나 세상의 주인이 되어 자유롭게 살아가기를 바라는 사람들에게 필요한 안내서이다.

목 차

6장　살며 생각하며

소중한 일 / 바른 삶 / 외롭다는 생각이 외로운 것이고 슬프다는 생각이 슬픈 것이다 / 육체의 삶, 생각의 삶, 혼의 삶 / 카르마에 대처하는 방법 / 채식과 육식 / 바람직한 삶의 지침 / 우울증과 외로움 / 현재에 머물기 / 과거 기억에서 벗어나기 / 전생과 기억 / 잘 먹고 잘살았다 / 삶은 깊고 경이로운 그 어떤 것

7장　개념 넘어서기

무지와의 전쟁 / 의식의 확장과 에고의 소멸 / 부정적 생각패턴 부수기 / 깨달음의 길 / 감정 통제 / 영원한 지금 / 신체와 마음의 관계 / 마음의 정화 기법 / 지켜보기 / 자아 성찰 / 기도 / 참된 기도에 사용되는 법칙 / 명상 기법 / 우주적으로 생각하기 / 우주적 관점에서 보는 세상

★ 구도여행과 소리 없는 소리 ★

(김우타 / 548쪽　/ 22,000)

삶이란 무엇인지, 누구나 한번쯤 깊게 생각해 본 문제이다. 태어나서 살다가 죽는 것 외에는 삶의 다른 의미는 없는 것일까?

다른 무엇이 있으리라고 생각은 하지만 확실하게 잡히는 것이 없어 이리저리 흔들리며 살아가는 것이 대다수 사람들의 현실이다.

이 책은 우리 존재의 의미가 무엇이며 신과 나와의 관계가 무엇이며 우주와 생명현상의 비밀이 무엇인지 명료하게 보여준다.

이 책은 참 행복과 삶의 의미를 찾아가는 구도에 대한 지침서인 〈구도여행, 2002년〉과 행복의 원천인 내면의 신성/불성을 찾는데 필요한 고대 지혜 가르침을 담은 〈소리 없는 소리, 2010년〉의 합본이다.

★ 완성의 길 -세상 속으로- ★

(김우타 / 300쪽 / 15,000)

위로 지혜를 구하고 아래로 중생을 교화하는 일은 모든 종교에서 중시하는 일이다. 이것은 모든 중생이 고에서 벗어날 때까지 이 세상에 남아 가르침을 전하겠다는 보살의 정신이고 자신을 희생하여 진리를 전한 예수 그리스도의 마음이다.

그러므로 공부와 수행을 통하여 지혜를 얻는 일과 사람들에게 그 지혜를 전하여 사회를 성숙하게 만들어나가는 일은 참으로 중요하다.

참 행복과 삶의 의미를 찾아가는 구도에 대한 지침서인 〈구도여행〉과 행복의 원천인 내면의 신성을 찾는데 필요한 고대 지혜 가르침을 담은 〈소리 없는 소리〉의 후속 작품이다.

〈완성의 길〉은 세상 속으로 들어와 내면에서 찾은 지혜를 사회에 적용하여 모두가 행복해지는 실천서의 성격을 띠고 있다.

이 책은 모두가 하나가 되는 세상, 모두가 행복한 세상을 위한 안내서이다.

★ 성경과 명상 ★

(아리예 카플란 / 246쪽 / 16,500원)

위대한 성경주석가이며 카발라학자인 저자는 고대 유대 문헌과 성경 그리고 카발라 가르침을 충실하게 반영하여 성경(구약)을 혁신적이고 깊이 있게 해석한다.

구약 상당 부분은 예언자들의 작품인데 이들이 신비상태를 얻기 위하여 어떠한 방법을 사용하였는지는 밝혀지지 않아서 큰 신비로 남아있다. 이런 상태가 어떻게 얻어졌는지는 성경에 언급이 없다.

이 책은 카발라 문헌과 출간되지 않은 고대 필사본을 참고하여 명상이 예언자들이 사용한 기법에 중요한 역할을 하였음을 이끌어낸다.

작가는 예언자가 사용한 명상기법, 만트라, 예언 자세, 케루빔의 신비, 신의 이름, 음악의 역할 등을 탐구하는데 특히 신비체험의 전형인 에스겔 비전에 대한 해석은 엄청난 신비를 드러낸다.

카발라 가르침의 핵심인 생명나무와 우주의 4계에 대한 성경 출처를 밝히고 신비 방법과 높은 의식 상태를 묘사하기 위하여 사용된 성서어휘를 찾아서 재구성한다. 성서어휘 분석만으로도 성서 연구에 대변혁을 일으킬 것으로 보인다. 유대문화 속에 존재하는 풍부한 명상기법을 보여준다. 특히 카발라 명상과 유대기도 명상법이 잘 드러나고 있다.

★ 카발라의 신비 열쇠 ★

(김태항 / 334쪽 / 15,000)

목차